L'ERREUR EUROPÉENNE

DU MÊME AUTEUR

POLITIQUE ÉCONOMIQUE : LE RAPPORT ROSA, Bonnel, 1983.

En collaboration

L'Économique retrouvée : vieilles critiques et nouvelles analyses, avec Florin Aftalion *et alii*, Economica, 1978.

LA RÉPRESSION FINANCIÈRE, avec Michel Dietsch, Bonnel, 1981.

THE WORLD CRISIS IN SOCIAL SECURITY, Bonnel, 1982.

THE ECONOMICS OF TRADE UNIONS : NEW ANALYSIS, Kluwer Nijhoff, 1983.

COMPARATIVE HEALTH SYSTEMS IN TEN INDUSTRIAL COUNTRIES, JAI Press, 1990.

JEAN-JACQUES ROSA

L'ERREUR EUROPÉENNE

BERNARD GRASSET
PARIS

INTRODUCTION

Le dilemme : la prospérité ou l'Etat unique, il faut choisir

Qui parmi les Européens pourrait être contre l'Europe ? C'est, dans le monde, le continent où le niveau de vie est le plus élevé, celui où la culture est à la fois la plus ancienne et la plus riche dans sa diversité, où le style de vie est le plus agréable, et où la démocratie est la plus généralement répandue.

Mais si les Européens tiennent tous à leur continent, quelle Europe veulent-ils pour l'avenir ? Partant de la constitution du marché commun à la fin des années 50, destiné à rétablir le libre échange des biens, des services, des hommes et des capitaux après la vague de protectionnisme et d'isolationnisme des années de la dépression et de la guerre, les élites dirigeantes européennes en sont venues à échafauder le projet d'une Europe monétaire et donc politique, celui d'un très grand Etat et d'un Etat unique, faute duquel nous serions voués à la décadence et à l'impuissance et finalement à la disparition. Ne pas vouloir une Europe unifiée, étatiste et monétaire, serait ne pas vouloir l'Europe, comme si cette dernière n'admettait qu'une seule définition, qu'un seul projet. Exemple typique de la pensée unique.

En réalité, le projet européen et par conséquent l'avenir du continent sont marqués par une profonde ambiguïté. La conception est économique et libérale lorsqu'il s'agit de réintroduire le libre-échange sur un continent qui s'adonnait au dirigisme et au protectionnisme depuis un demi-siècle, c'est le marché unique et la politique de la concurrence face aux interventions étatistes nationales. Mais initialement destinée à soutenir les Etats-Unis contre la menace soviétique, l'entreprise en a conservé une vocation étatiste et militaire, qui tend à se définir comme une fin en elle-même.

C'est ce dernier aspect, l'étatiste, qui vient aujourd'hui au premier plan précisément au moment où la menace soviétique disparaît, alors que le premier, celui du marché et du libre-échange concurrentiel, est pour l'essentiel réalisé ou en voie d'achèvement. C'est le moment que choisissent les dirigeants politiques européens pour nous intimer d'avancer sur la voie d'une monnaie unique qui conduit logiquement et nécessairement à la construction d'un Etat unique, fédéral ou confédéral.

L'ambition paraît naturelle si l'Europe veut conserver un rôle politique dans le monde. Bien sûr, cela ne plaît pas aux Américains qui craignent la concurrence dans la gestion des affaires de la planète. Mais raison de plus pour le faire ! Et il paraît tellement plus simple pour les entreprises et les voyageurs de disposer d'une seule monnaie sur tout le continent.

Malheureusement cette simplicité apparente est trompeuse. Comme le savent les scientifiques, tout problème complexe admet toujours une solution claire, de bon sens, simple... et fausse ! A l'examen superficiel, la diversité qui engendre la concurrence, celle des Etats et des monnaies comme celle des firmes, apparaît toujours comme un gaspillage. Ne fabriquer qu'un seul produit pour tous les consommateurs, que ce soit la Ford noire modèle T du début du siècle ou l'uniforme unisexe imposé aux Chinois par Mao, séduit fatalement l'ingénieur social qui somnole en chacun de nous.

De même un seul Etat paraît plus efficace, plus « rationnel » que plusieurs, aux esprits platoniciens et cartésiens qui peuplent les organisations hiérarchiques et administratives. C'était la « solution » de la planification soviétique inventée par Lénine : gérer le pays comme une seule immense entreprise. Ce qui a abouti au résultat que l'on sait. La source de l'erreur, comme l'a montré par la suite Hayek, vient de ce que la planification centrale atrophie la production et la diffusion de l'information qu'autorise au contraire la concurrence. La hiérarchie unique réduit dramatiquement le niveau d'information de la société et détériore la qualité des produits comme celle des politiques.

Mais que dire alors de l'exemple des Etats-Unis ? Ne donnent-ils pas la preuve de l'efficacité supérieure d'un grand Etat continental capable d'innover et de multiplier les richesses à un rythme jamais atteint auparavant ? Pourquoi ne pas les imiter une fois encore en créant les Etats-Unis d'Europe ?

Le parallèle est lui aussi séduisant mais faux. Les circonstances de la fin du XXe siècle diffèrent radicalement de celles de la fin du XVIIIe. Lorsque la Fédération américaine s'est constituée sa population était homogène et peu nombreuse. Faire les Etats-Unis en 1776 c'était un peu comme créer un pays de la dimension de la Suisse d'aujourd'hui. Au début du XIXe siècle l'Union ne comptait guère plus de huit millions d'habitants et elle ne devait atteindre les trente millions qu'à la veille de la guerre de Sécession.

Par la suite, une réussite exceptionnelle vint couronner un petit Etat fédéral qui est devenu grand parce qu'il était efficace, et non pas un Etat supérieurement efficace parce qu'il était grand au départ. Il ne s'agissait nullement à l'époque de créer un géant par fusion d'Etats-nations très différents. Les Etats-Unis représentent l'exemple de la petite entreprise qui réussit, et donc grandit, et non pas du « champion national » imaginé par des fonctionnaires se piquant de « Meccano industriel ». De ce fait, l'aventure américaine a été et restera l'exception.

Une autre différence fondamentale devrait pousser les eurocrates à la réflexion. Pendant longtemps les Américains n'ont pas eu besoin de monnaie unique. Et ils se sont passés de banque centrale au niveau fédéral pendant plus d'un siècle, de 1790 jusqu'à la création du Système Fédéral de Réserve en 1913.

Le projet de monnaie unique et de Très Grand Etat appartient au domaine de l'utopie administrative. D'abord en ce qu'il propose la création ex nihilo d'une monnaie commune à plusieurs Etats, ce qui n'a jamais réussi dans le passé. Ensuite parce qu'il suppose la construction d'un Etat unique, le super-Etat continental, par fusion de grands Etats très différents et de populations hétérogènes, ce qui n'a jamais été vu non plus.

La tentative paraît d'autant plus absurde que la monnaie unique ne sert pratiquement à rien. Au contraire, elle dessert nécessairement les économies nationales. Qui plus est, l'Etat unique s'inscrit à contresens de l'évolution générale des organisations privées et publiques. Il sera coûteux, inutile, et rendra plus difficiles encore les adaptations indispensables d'Etats nationaux hypertrophiés.

Les élites au pouvoir en Europe nous proposent en réalité de reproduire sur le continent le modèle de la Chine ancienne, à l'encontre de l'esprit même du « miracle européen » qui a conduit les Etats-nations de ce petit cap de l'Asie à la domination mondiale. Comment en effet l'Europe en est-elle arrivée à ce qu'elle est devenue ? Par la rivalité et la concurrence des Etats, processus bien décrit par l'historien britannique E.L. Jones [1]. C'est la compétition entre nations rivales qui explique la qualité inhabituelle des services publics dont bénéficient les populations européennes et qui détermine à son tour les progrès exceptionnels de l'économie et des techniques caractéristiques de notre continent. A l'inverse de la Chine, qui a établi très tôt un empire gigantesque détenant un monopole hiérarchique à service pauvre qui a paralysé l'innovation et détruit l'esprit d'entreprise pour plusieurs siècles. Demain la Chine explosera comme l'URSS et la Yougoslavie. Aux Européens d'éviter de s'engager dans cette impasse.

A l'issue de la deuxième guerre mondiale, Hayek décrivait la route de la servitude sur laquelle avançaient inconscientes les démocraties victorieuses. A nous aujourd'hui d'éviter la pente dangereuse du déclin unique européen. Le danger n'est plus celui du totalitarisme extérieur, il est dans notre propre capacité d'erreur et dans le totalitarisme mou de nos élites.

C'est ainsi que l'Europe continentale fait fausse route. Pour ce club de pays anciens qui comptent parmi les plus riches du monde, la dernière décennie du XXe siècle entrera dans l'histoire comme une période de découragement moral et d'affaiblissement économique.

Paradoxalement, car cette période aurait dû être marquée par l'optimisme et le dynamisme. Les nations européennes ont réussi un parcours économique sans faute et obtenu une croissance remarquable depuis le désastre de la Grande Dépression et de la deuxième guerre mondiale. Elles ont, en trente ans, entre 1945 et 1975, rattrapé le niveau de vie et de technologie du leader mondial de ce siècle, les Etats-Unis. Avec la disparition de l'hypothèque communiste sur ses marches de l'Est, et l'ouverture sur un monde en pleine globalisation des marchés, l'Europe devrait être à l'heure de l'optimisme et des mutations audacieuses. L'allégement de l'effort de défense, le retour à la normale du prix de l'énergie, et le triomphe du système démocratique de marché auraient dû dispenser en abondance les dividendes de la paix.

Mais tout au contraire, c'est la morosité et la stagnation, l'incapacité de réformer et le vieillissement des structures qui dominent depuis l'effondrement de l'Union soviétique. La croissance continentale est frappée d'anémie depuis la désinflation des années 80 et la réunification allemande qui était censée, selon les discours officiels de l'époque, apporter un dynamisme extraordinaire à l'économie d'outre-Rhin ainsi que, par contagion, à celles de tous les autres partenaires européens. Au lieu de quoi le chômage atteint désormais des niveaux voisins de ceux des années 30 et la perspective d'une poursuite indéfinie de politiques financières d'austérité qui étouffent l'expansion décourage les plus entreprenants qui choisissent désormais d'autres espaces économiques.

Sur cet arrière-plan de ralentissement et de difficultés économiques et sociales, les gouvernements manquent de courage pour s'attaquer aux réformes fondamentales de l'Etat-providence redistributeur de revenus, enflé démesurément depuis la dernière guerre par les recettes fiscales faciles que prodiguait une croissance exceptionnelle. Les impôts et les charges atteignent les limites de ce que les actifs acceptent de supporter, gonflant l'économie souterraine et contractant l'offre de travail. Les investisseurs se détournent d'un continent où le coût du travail est devenu prohibitif par rapport à sa productivité. La base productive de nos sociétés tend à s'éroder tandis que la croissance ralentie freine la modernisation des entreprises.

Le résultat est que la plupart des économies d'Europe continentale cheminent lentement et péniblement là où l'Amérique du Nord, l'Amérique latine qui a digéré la crise de la dette, l'Asie des dragons mais aussi la Chine continentale en dépit d'inévitables incidents de parcours, et la Grande-Bretagne qui a su se réformer en profondeur, ressentent les effets d'un nouveau dynamisme mondial.

***

Pourtant, il n'y a pas de fatalité de la stagnation continentale. Les économies européennes disposent de richesses immenses. Leur population est jusqu'à présent celle qui bénéficie de la meilleure formation dans le monde. Les infrastructures sociales sont abondantes et bien entretenues. Les systèmes politiques connaissent depuis longtemps les avantages de démocraties évoluées.

Il n'y a pas non plus de mystère de la croissance. Les pays qui adoptent de bonnes politiques macroéconomiques, ni trop laxistes, ni trop restrictives, et qui savent surtout les moduler de façon pragmatique en fonction des circonstances, ceux également qui ont eu le courage de lancer des réformes de fond de leurs systèmes de redistribution, de leur fiscalité et des dispositifs qui affectent la rémunération réelle du travail, le démontrent chaque jour par leur performance. Mais ils se situent presque tous hors d'Europe. L'initiative désormais est ailleurs, en Nouvelle-Zélande travailliste, au Chili de la dictature puis de la transition démocratique, dans les pays de l'Est qui vivent au sens propre une révolution sans précédent, en Grande-Bretagne et aux Etats-Unis qui ont montré la voie des réformes structurelles. Mais elle fait défaut sur notre continent qui est à la traîne, toujours en retard d'une idée et d'une réforme.

C'est que la croissance, dans un environnement international porteur, est une question – d'abord – de politique macroéconomique, c'est-à-dire de politique financière de l'Etat. En effet, la politique macroéconomique c'est la gestion de la monnaie (qui est un instrument de dette de l'Etat) et celle du budget. La monnaie, omniprésente dans l'économie contemporaine, est gérée par les gouvernements et les banques centrales et affecte par les taux d'intérêt et le taux de change toutes les décisions des producteurs et des consommateurs. Le budget détermine les dépenses de l'Etat et doit donc prévoir les moyens de son financement, c'est-à-dire les recettes fiscales et le recours à la dette publique.

Dans des économies où le poids du secteur étatique au sens large, incluant l'appareil redistributif de l'Etat-providence, avoisine souvent la moitié du revenu national, prélevant par l'impôt des masses comparables, il est clair que les décisions financières de cet acteur prépondérant vont affecter les revenus et les décisions financières de tous les autres décideurs, entreprises et ménages.

En France, les années 1986-1988 et 1994-1995 montrent qu'une politique macroéconomique expansive permet à l'économie de retrouver un peu de son dynamisme, même si les rigidités se maintiennent sur le marché du travail. Dans le premier cas la dévaluation et le déficit budgétaire ont permis de relancer l'activité. Dans le second, c'est le seul déficit qui a suscité un peu de croissance, trop modeste en raison de la poursuite imposée d'une politique monétaire restrictive. Dans les deux cas les réformes structurelles et l'amélioration de la flexibilité n'ont pu être engagées, faute d'une expansion suffisamment forte, qui dépendait d'une politique monétaire beaucoup plus réaliste.

La croissance dépend aussi de la réforme de l'Etat, et plus particulièrement de l'Etat-providence, redistributeur de revenus et producteur d'assurances de tous types avec l'argent prélevé sur les contribuables. C'est la croissance de l'Etat-providence, depuis un demi-siècle, qui explique l'essentiel de l'alourdissement des prélèvements obligatoires. Ce lourd appareil, qui ne jouait intialement qu'un rôle d'appoint, est devenu énorme sans reconsidérer ses objectifs ni ses méthodes. Il est caractérisé aujourd'hui par un conservatisme pesant, des structures dépassées et inefficacement centralisées, alors que partout en dehors de notre continent l'Etat remet dans le circuit économique concurrentiel le plus possible de ses activités de production et d'assurance, choisissant de faire faire ou de laisser faire plutôt que de faire lui-même, moins efficacement que des producteurs concurrentiels.

Les dépenses de l'Etat sont en quelque sorte les frais généraux de l'économie nationale. Il arrive un moment où ces frais généraux s'avèrent excessifs et grèvent le potentiel de création de richesse de l'entreprise.

***

C'est dire, en fin de compte, que la responsabilité du malaise européen incombe à la politique choisie et aux responsables qui la mettent en œuvre. Contrairement à la litanie des gouvernements qui s'abritent à tout propos derrière la « tyrannie des marchés financiers » et les « contraintes de la globalisation », censées les priver de toute marge de manœuvre, il faut bien reconnaître que la politique financière de l'Etat, la politique « macro-économique », n'est pas dictée par l'environnement international. Elle résulte en l'occurrence d'un choix qui est fondamentalement politique et non pas économique : celui de la construction d'un Etat européen, destiné à se superposer aux Etats nationaux en place.

Au lieu de consacrer en priorité leurs efforts à se réformer, à se restructurer, à se recentrer sur leur métier de base comme le font les entreprises, et à rechercher une plus grande efficacité, donc un moindre coût c'est-à-dire un allégement des prélèvements fiscaux, les Etats européens se sont engagés à contretemps dans une opération de croissance externe par fusion politique au niveau de l'Europe. Ce qui n'était à l'origine qu'un espace régional de libre-échange assorti d'une coopération entre Etats souverains est devenu, sous le règne des socialistes, un projet de création d'un super-Etat par fusion des entreprises étatiques indépendantes engendrées par l'histoire, opération qui commence par la création d'une monnaie commune. Et cette ambitieuse fusion des corps politiques est lancée au moment même où tous les Etats, de par le monde, tendent plutôt à se fractionner et à se diviser pour mieux satisfaire les attentes de leurs citoyens en économisant sur les frais de la gestion collective.

Certes, des entreprises peuvent rechercher l'économie de ressources par la fusion en étalant des frais fixes sur un chiffre d'affaires plus important. Mais rien de tel n'est envisagé à propos de la création d'un super-Etat européen qui découlerait comme une nécessité de la mise en place de la monnaie unique. Tout pousse à croire au contraire qu'il s'agit de superposer un échelon supplémentaire d'administration politique à ceux qui sont déjà en place dans les appareils nationaux.

Cette opération à contresens des réalités de la fin du siècle contraint les Etats qui s'y engagent à adopter une politique financière ultra-conservatrice qui ralentit la croissance et induit une montée inexorable des demandes de dépenses publiques. Elle s'avère ainsi autodestructrice et compromet les possibilités de réforme structurelle.

C'est la même perspective politique qui détourne les gouvernements européens de la réforme des structures hypertrophiées de l'Etat-providence. Ce dernier, qui constitue un département majeur de l'entreprise Etat, reste imperturbablement figé et refuse de s'adapter. Il maintient coûte que coûte – et cela coûte de plus en plus en termes d'emplois et de croissance perdus – des dépenses toujours plus fortes, refuse les licenciements et la restructuration compétitive alors que, dans un environnement institutionnel fondamentalement semblable, les entreprises privées et leurs salariés s'adaptent et supportent tout le coût des mutations nécessaires.

Justifiée jusqu'à une date récente par les nécessités de la guerre froide, la tentative de construction d'un super-Etat européen passant par la création d'une monnaie unique ne l'est plus aujourd'hui : les marchés mondiaux sont largement ouverts, la menace communiste a disparu et la guerre froide avec elle.

Elle n'est poursuivie aujourd'hui que parce qu'elle correspond aux intérêts étroits et conforte les ambitions de la classe dirigeante française, soucieuse en priorité de favoriser la clientèle électorale de la fonction publique et sa culture centralisatrice. La construction programmée d'une nouvelle pyramide bureaucratique à l'échelle du continent ouvre à nos fonctionnaires-politiques des perspectives de carrière et de pouvoir autrement séduisantes que celles d'un Etat national soumis à la concurrence et qui doit réduire son emprise sur l'économie et ses frais de fonctionnement.

Elle correspond aussi à la volonté de puissance des dirigeants allemands, plus d'ailleurs qu'à celle de leurs électeurs eux-mêmes peu désireux d'abandonner le deutsche Mark, et à leur souci de regagner un rôle politique international, ce qui suppose l'accord de la France. Mais la démarche reste tout aussi centralisatrice et étatiste que de ce côté du Rhin : on agrandit le pré carré du Reich. Cette politique expansionniste a été réussie avec l'absorption des Länder de l'Est qui, certes, faisaient naturellement partie de l'Allemagne moderne constituée il y a un peu plus d'un siècle. Mais elle se poursuit aujourd'hui avec la monnaie unique, reproduisant de façon frappante la démarche qui a présidé à la constitution de l'Empire au XIXe siècle, par intégration des Etats du Sud voisins de la Prusse, et en premier lieu par fusion de leur monnaie avec celle du Nord.

Cette conjonction de deux traditions étatistes, la française et l'allemande, au mépris des nécessités et des conditions économiques du moment, détermine des politiques à contresens dont le pivot est la monnaie unique. C'est ce choix politique dirigiste, contraire aux nécessités économiques, qui explique l'euro-malaise et l'euro-stagnation.

L'impasse européenne repose en définitive sur plusieurs erreurs de jugement, incarnées en une série de contrevérités quotidiennement assenées qu'il n'est que trop urgent de réfuter :

Non, la monnaie unique n'est pas un avantage décisif pour le continent. C'est un boulet.

Non, l'austérité monétaire et la déflation budgétaires ne nous sont pas imposées en tout état de cause par la tyrannie des marchés. Et elles ne préparent pas l'économie à une croissance plus saine : elles l'empêchent au contraire de trouver son équilibre dynamique et résultent du choix politique de la monnaie unique comme instrument de la fusion politique.

Non enfin, l'Europe n'a pas besoin d'un super-Etat. Il compromet nos chances et met nos économies à la traîne en s'inscrivant à rebours des données de l'environnement économique et politique mondial. Partout l'heure est à l'allégement et à la réduction de la dimension interne et externe des Etats.

Choisir la monnaie unique et le Très Grand Etat revient à renoncer à la prospérité.

CHAPITRE PREMIER

L'impasse

L'Europe continentale est en mauvaise posture. Depuis le début de la décennie la croissance y est faible, le chômage élevé, l'investissement stagne, le malaise s'installe. Parmi les pays du continent la France est particulièrement à la traîne avec un chômage record qui tend vers les treize pour cent de la population active, du jamais vu depuis la Grande Dépression des années 30. Et si l'inflation a disparu, la croissance est anémique, bien loin des records des années d'après-guerre !

La perversité particulière de cette situation vient de ce qu'elle s'installe insidieusement et durablement malgré quelques intermèdes de rémission, sans pour autant apparaître catastrophique, ce qui suscite le fatalisme individuel et favorise la résignation collective. Elle n'incite pas à réagir, ni par une meilleure analyse des causes de cette évolution, ni par des politiques bien fondées qui pourraient l'infléchir.

FAUSSE ROUTE

Certes de nombreux commentateurs dénoncent la gravité, économique mais aussi sociale et politique, du déclin continental qui s'amorce, de l'euro-malaise. Mais on a malgré tout le sentiment que leur cri d'alarme est exagéré. Les difficultés économiques sont bien réelles mais elles restent cependant celles de pays très riches où le niveau de vie n'a pas baissé. La croissance se poursuit même si elle s'affaiblit. Il ne s'agit somme toute que d'un ralentissement du rythme de l'enrichissement qui n'appellerait pas d'autre réponse qu'un peu de courage, de patience, et le sens des perspectives.

La comparaison souvent faite avec la Grande Dépression apparaît donc excessive. La conjoncture de l'époque était caractérisée par une baisse absolue de la production comme du niveau général des prix. C'était l'ère de l'appauvrissement et de la déflation. Le chômage était sensiblement plus élevé qu'aujourd'hui et frappait une population dont le niveau de vie était beaucoup plus faible et qui n'était que peu ou pas indemnisée lorsqu'elle perdait son emploi.

Et l'ensemble des pays industriels était concerné alors qu'aujourd'hui, si l'Europe végète, c'est dans un contexte mondial de croissance forte et même exceptionnelle pour quelques pays nouvellement industrialisés.

Les gouvernements et leurs conseillers nous paraissent également mieux armés, et incapables de commettre des erreurs de politique économique aussi grossières que celles du passé. Les dangers de la déflation sont désormais bien connus et nous devons d'ailleurs constater que si elle est souvent annoncée comme imminente elle ne se produit nulle part de façon flagrante. Il n'y a pas de baisse absolue et durable du niveau général des prix mais simple ralentissement du rythme de l'inflation qui nous amène progressivement vers la stabilité complète des prix. Or on nous affirme de tous côtés que l'inflation zéro représente l'idéal de la bonne gestion macroéconomique – si l'on en croit du moins les dirigeants des banques centrales les plus conservatrices.

Faut-il alors conclure que les inquiétudes sont peu fondées et que dans l'ensemble tout va bien ou que tout ira mieux ? Ce n'est malheureusement pas le cas. D'abord parce que le coût économique et social de l'enlisement est très élevé, mais surtout parce que, loin d'être fatal, il résulte de la plus grave erreur de politique économique commise par les gouvernements des grandes démocraties depuis les années 30. Elle pouvait être évitée. Elle peut l'être encore. Faute de quoi le malaise perdurera, s'aggravera et pourrait bien déboucher sur une catastrophe économique, sociale et politique.

C'est cette opportunité manquée, présente mais aussi future, c'est la poursuite de politiques dangereuses et nuisibles qui rend le gaspillage économique et humain actuel intolérable.

LE RETOUR DU CHÔMAGE DE MASSE

La dégradation de la situation économique en Europe se mesure à la montée d'un chômage de masse liée au ralentissement de la croissance.

Disparu dans les années de reconstruction et de croissance forte, il a refait son apparition à la fin des années 60 sur l'ensemble du continent. Depuis, il s'est progressivement installé, ne faisant que croître par paliers successifs mais sans éclat intempestif, franchissant seuil après seuil sans provoquer l'explosion sociale régulièrement annoncée. Il a cependant atteint une ampleur qui interdit la résignation.

L'absence de réaction politique directe à ce nouveau chômage ne doit pas nous abuser. Elle ne signifie pas que le phénomène soit négligeable ou qu'il ne comporte pas de coût significatif, individuel et collectif. Ce coût est simplement plus divers, diffus, moins immédiatement apparent et plus difficile à mesurer dans ses manifestations multiples au sein de sociétés riches que celui du chômage de pauvreté des années 30.

Si la situation des chômeurs était restée celle des années de l'entre-deux-guerres, le chômage actuel apparaîtrait politiquement insupportable. A l'époque, celui qui perdait son emploi était souvent le seul soutien financier de sa famille. Le niveau de vie était faible. L'indemnisation était limitée et n'offrait ni protection vieillesse ni assurance-maladie systématique. Dans de telles conditions un chômage frappant plus de 10 % de la population active ne peut que provoquer une mobilisation sociale intense et pousser à une révision rapide des politiques économiques.

Nous n'observons rien de tel aujourd'hui parce que les conditions ont radicalement changé. Les revenus réels sont beaucoup plus élevés. La situation du chômeur est moins dramatique. Il y a habituellement plusieurs salaires par foyer. Le chômage est bien indemnisé, pour des périodes assez longues. La couverture sociale reste acquise. Le RMI de plus en plus largement diffusé apporte des ressources de substitution à ceux qui ne parviennent pas à s'insérer dans la société active. Le non-travail n'est plus une impossibilité radicale pour des adultes et des adolescents. Il n'entraîne plus la pénalité financière insupportable de jadis. Par suite certains en viennent à soutenir qu'il est acceptable. On entend dire, notamment à gauche, qu'il vaut mieux après tout un chômage bien indemnisé qu'un travail mal payé. Mieux vaudrait être chômeur en Europe que vendeur de hamburgers aux Etats-Unis.

Cette thèse trouve son expression caricaturale dans l'idée récemment popularisée selon laquelle notre époque verrait l'avènement de la « fin du travail ». Ce sont les entreprises et les marchés qui le voudraient ainsi. Il n'y aurait pas moyen d'y échapper. La recherche de la haute productivité que nous imposerait la concurrence internationale réduirait la demande de travail peu qualifié. Il faudrait se résoudre à la nouvelle ère des loisirs.

Cette vision est, faut-il le préciser, totalement fausse comme le soulignent la plupart des économistes. Elle est non seulement trompeuse mais socialement inacceptable.

C'est un des thèmes récurrents de la pseudo-économie depuis le début de la Révolution industrielle que d'attribuer au progrès technique un chômage croissant et la disparition du travail. Après des siècles de progrès technique force est de constater que cette prophétie ne s'est jamais réalisée. Le progrès technique provoque, on le sait, un chômage transitoire rapidement résorbé par le développement d'activités nouvelles engendrées par ce même progrès.

S'il est vrai que l'augmentation du niveau de vie conduit à une diminution tendancielle de la durée du travail, hebdomadaire et annuelle, celle-ci reste modeste. Elle n'a pas de lien particulier et ne doit pas être confondue avec les variations brusques de l'activité et les déséquilibres importants qui caractérisent les fluctuations de la conjoncture telles celles que nous observons actuellement. De plus la réduction tendancielle du temps de travail est demandée par les salariés eux-mêmes alors que le chômage de masse est pour l'essentiel subi comme une perte de richesse. Vouloir le réduire par une diminution générale du temps de travail individuel, imposée par des gouvernements qui cherchent à gommer les conséquences malheureuses de politiques macroéconomiques défectueuses, c'est confondre deux phénomènes totalement distincts qui ne sont pas d'un ordre de grandeur comparable, qui ne répondent pas aux mêmes demandes, et qui ne se situent pas dans la même durée.

En réalité, la moindre utilisation du travail inhérente au chômage de masse s'explique par des conditions économiques contingentes. Toutes les études montrent que le niveau de l'emploi, dans une économie donnée, varie dans de fortes proportions au cours des cycles et s'explique par un certain nombre de paramètres connus comme le prix du travail, le niveau et la croissance des revenus et de la demande globale, qui dépendent pour une large part des politiques macroéconomiques. A nouveau, l'exemple des Etats-Unis au cours des dernières décennies montre que le chômage connaît des hauts et des bas en fonction de la conjoncture économique, que celle-ci répond aux incitations de la politique monétaire et budgétaire, et qu'il n'existe en conséquence aucune fatalité de l'augmentation régulière du nombre des demandeurs d'emploi insatisfaits.

Il ne faut donc pas se résigner ni accepter les évolutions européennes actuelles sous prétexte qu'elles découleraient du mode de production moderne et offriraient à une partie de la population des loisirs permanents financés par ceux qui travaillent.

Le chômage de masse est un désastre social, une absurdité économique qui n'est pas tenable à terme.

UN DÉSASTRE DIFFUS

Le terme de désastre n'est certainement pas trop fort à une époque où la moindre sécheresse qui compromet quelques récoltes, la moindre inondation qui emporte quelques maisons, semblent amplement en justifier l'emploi.

On ne l'applique guère pourtant au chômage de masse qui appauvrit plus durablement des centaines de milliers de personnes et gâche, directement et indirectement, des milliers de vies chaque année.

Il frappe plus fortement les moins riches. Et en premier lieu les jeunes, beaucoup plus touchés que les adultes. Le phénomène est certes habituel et pour une part normal dans la mesure où les jeunes sont par définition dans la période des essais et cherchent leur voie en faisant des expériences, en tâtonnant sur le marché du travail. C'est la période de l'apprentissage et de la mobilité.

Cependant, alors que le taux global dépasse les 10 % de la population active, le chômage des 16-24 ans atteint des niveaux beaucoup plus élevés qui dépassent les 25 %. Cela devient un phénomène de société qui excède largement la mobilité normale des débutants et traduit la difficulté pour tous, et l'impossibilité définitive pour beaucoup, de s'insérer dans le monde du travail.

Les conséquences de ces difficultés sont sérieuses. Les jeunes chômeurs qui n'arrivent pas à prendre pied dans l'entreprise gâchent leurs années d'apprentissage. Ils n'accumulent pas d'expérience professionnelle et ne peuvent acquérir de qualification. Leurs chances d'insertion ultérieure sont alors réduites, de façon définitive. Et d'autant plus que l'apprentissage dans l'entreprise joue souvent un rôle plus important dans l'évolution des rémunérations au cours de la vie active que la formation scolaire initiale, surtout lorsque celle-ci est limitée.

Il en résulte un gaspillage humain majeur pour des générations entières et qui frappe, de façon totalement injuste, ceux qui sont au départ les moins bien formés et donc les moins favorisés dans une société qui exige un niveau croissant de compétence.

Mais cela vaut également pour tous les autres chômeurs. On met généralement l'accent sur la perte de production immédiate que le chômage entraîne. Indemnisés ou non les chômeurs ne produisent pas. On mesure l'ampleur de cette perte, à un instant donné, par la différence entre la production effectivement observée et celle qui serait obtenue si l'économie avait poursuivi sur sa tendance de pleine activité, ce que les économistes appellent la production « potentielle ». Partout en Europe la production courante continue de stagner nettement au-dessous de son potentiel de croissance. Le gâchis est énorme.

Mais on ne mesure pas les conséquences à terme du chômage pour les chômeurs eux-mêmes comme pour la collectivité. L'inactivité se traduit par une perte d'expérience, pour les adultes comme pour les jeunes. Il y a de ce fait un véritable manque à gagner de compétence engendré par le chômage. Et il devient tout à fait significatif en cas de chômage de longue durée. Au point qu'un trop long passage au chômage devient un handicap très lourd lorsqu'il s'agit de retrouver un emploi. C'est ainsi que, pour le chômeur individuel mais aussi pour la collectivité, la productivité et la production futures sont amoindries par la déqualification ou la moindre qualification que le chômage entraîne, c'est-à-dire la déperdition du capital humain. Le non-travail d'aujourd'hui compromet les progrès économiques de demain.

Mais le coût du chômage n'est pas seulement économique et ne concerne pas les seuls chômeurs. Il apparaît ailleurs, dans les conséquences morales, sociales et politiques de la stagnation et du sous-emploi.

Le ralentissement économique est directement lié au malaise social, à l'exclusion, à la recrudescence de la délinquance et de la criminalité. Il ne s'agit pas de soutenir, à la manière de certains sociologues, que la délinquance trouve sa source exclusive dans les caractéristiques pathogènes de l'environnement, l'individu n'y ayant aucune part ni responsabilité. Pour les économistes au contraire, c'est l'individu qui choisit ses activités comme ses consommations. Se lancer dans une activité criminelle ou dans la délinquance résulte d'une décision individuelle qui repose sur la comparaison des coûts et des avantages.

Le principe de cette analyse initialement conçue par le prix Nobel d'économie Gary Becker [1] est universel. Il est facile de comprendre que la tentation d'exercer une activité illégale est plus forte lorsqu'il est impossible de trouver un emploi normal dans l'économie « officielle » et que l'on a de ce fait à la fois peu de ressources et du temps à revendre. La gamme des possibilités illicites est alors très vaste, depuis le simple travail « au noir » qui implique une fraude fiscale, jusqu'au vol, aux violences diverses, et au trafic de drogue.

Pour un niveau de répression sociale donné et constant, la délinquance sera d'autant plus forte que les opportunités d'emploi normal seront plus réduites. L'analyse économique rejoint ainsi le bon sens qui explique l'agitation et la délinquance croissantes dans les banlieues « chaudes », au-delà des causes le plus souvent invoquées comme la décomposition de la famille et le désarroi culturel, par la dégradation des conditions économiques et le chômage quasi permanent qui frappe les jeunes les moins qualifiés, ceux justement qui pour diverses raisons se trouvent concentrés en majorité dans ces banlieues.

C'est ce que montrent Christian Bachmann et Nicole Le Guennec dans une analyse très précise qui souligne les deux poussées de l'agitation et de la délinquance à partir de 1981 et surtout depuis le début des années 90 [2]. Les émeutes se multiplient dans les « zones urbaines sensibles » et les « quartiers difficiles » dont le nombre ne cesse d'augmenter. Comme celui des incidents violents et agressions qui visent toutes les institutions : 3 018 en 1992, 3 462 en 1993, 4 665 en 1994 et 6 818 en 1996 d'après les Renseignements généraux.

Pour les jeunes sans formation, les perspectives d'obtenir un emploi et d'acquérir une qualification sont des plus faibles. Leur avenir dans le monde du travail officiel est problématique. La solution alternative que constitue le choix des activités non officielles ou illégales est d'autant plus attrayante, voire irrésistible. On observe ainsi une corrélation directe entre la faiblesse du salaire et la criminalité des jeunes. Avec l'âge, les salaires augmentent et la délinquance diminue. Celle des 22-23 ans est presque deux fois moindre que celle des 17-18 ans [3].

Mais pour les jeunes sans emploi le salaire précisément est nul. Et lorsque cette situation se prolonge la probabilité de participation à des activités illicites augmente.

Vouloir résoudre ce problème par l'accroissement des ressources de la justice et de la police, par la simple voie de la répression, peut et doit faire partie d'une stratégie d'ensemble mais ne saurait suffire. Ce n'est pas la méthode la plus efficace pour la collectivité, car pour stabiliser le niveau de délinquance il faudra augmenter d'autant plus les ressources consacrées à la répression que le chômage des jeunes se développera. On peut aussi envisager une action sociale et éducative en direction des familles, ou destinée à transformer les cultures et les mentalités. Mais ce sont des méthodes dont l'efficacité reste limitée et qui demandent à la fois beaucoup de persévérance et des ressources humaines, par conséquent financières, considérables.

La politique la plus directe et la plus immédiatement

efficace pour réduire ce gâchis social consiste à stimuler l'emploi et à réduire le chômage des jeunes. Ce qui demande des politiques économiques précises sur lesquelles nous reviendrons.

Dans l'intervalle, les sources économiques de la délinquance et des désordres entraînent une autre conséquence sociale sur laquelle les observateurs ne cessent de s'interroger : le chômage, l'exclusion du monde de l'emploi officiel déterminent une décomposition rapide de l'éthique sociale fondamentale, l'éthique du travail qui structure les comportements.

La déprime collective, les comportements asociaux de déprédation, de vandalisme, d'agressivité gratuite, se développent parallèlement au « malaise » dans l'économie. Celui-ci, qui n'est pas la pauvreté classique ou la misère, vient de l'absence de perspective personnelle, de la perte de l'espoir et de la marginalisation par rapport à la société officielle. Marginalisation d'autant plus forte que la dégradation économique n'est que relative, ce qui fait que la prospérité de certains côtoie plus souvent, et de façon plus contrastée, la détresse des autres. Et cette détresse qui n'est plus flagrante n'attire pas particulièrement la compassion ou l'altruisme dans la mesure où elle ne se quantifie pas directement en termes matériels tels que la faim ou l'impossibilité de se vêtir. L'exclusion, pour être immatérielle et morale, n'en est que plus insidieuse et destructrice.

On en observe une trace mesurable dans le développement du pessimisme en Europe. Les sondages d'opinion font apparaître une baisse du moral des Européens au fur et à mesure du ralentissement de la croissance et de la montée du chômage. Il suffit de prendre l'*Eurostar* pour constater l'étonnante différence d'atmosphère entre Londres, où l'activité est intense, l'imagination fébrile, où le dynamisme et l'optimisme dominent, et le continent qui paraît par comparaison soudainement terne et stagnant.

Les chiffres du suicide des jeunes, qui augmentent de façon chronique, devraient retenir notre attention. Là encore, sans prétendre à tout expliquer, les économistes montrent que les fluctuations du taux de suicide sont directement liées aux perspectives d'activité et d'enrichissement individuelles. On se suicide davantage, toutes choses égales par ailleurs, dans les périodes de récession et de chômage. Que le suicide des jeunes augmente plus vite que celui des adultes est de plus parfaitement cohérent avec la dégradation inégale des perspectives des uns et des autres. Ce sont les jeunes qui pâtissent le plus de la mauvaise tenue de l'économie européenne, au moment où ils doivent construire leur avenir professionnel et où ils sont de moins en moins nombreux à payer pour les retraites des plus âgés dont le nombre s'accroît.

Enfin, conséquence particulièrement inquiétante de la destruction des emplois et du ralentissement de la croissance, la montée de la xénophobie, en France et en Allemagne par exemple, constitue désormais un risque politique que l'on ne peut ignorer. Cette régression politique, classique dans les temps difficiles, est explicitement liée au développement du chômage, l'étranger étant accusé de voler l'emploi des nationaux. Rappelons-nous qu'un phénomène du même genre se développait en Grande-Bretagne au temps de la stagnation économique sous l'impulsion d'Enoch Powell et aux Etats-Unis dans les années d'incertitude, lorsque le gouverneur Wallace et d'autres politiciens d'extrême droite mobilisaient une fraction non négligeable des votes. Tout ce courant a été réduit à peu de chose par le retour de la prospérité. C'est dire que le seul discours moralisateur a peu de chances de renverser la dérive vers l'extrémisme politique si l'économie continue de s'enliser en détruisant les emplois.

Mais le désastre social ne se limite pas à ces effets, si graves soient-ils. Le chômage réduit aussi la population effectivement occupée au sein de la population active, qui comprend les personnes employées et les chômeurs. Selon la définition officielle, les chômeurs sont des personnes en âge de travailler et qui voudraient un emploi au salaire courant mais n'en trouvent pas. Quand leur nombre augmente le taux d'activité global diminue. Cette évolution est un défi au bon sens alors que la tendance démographique est déjà préoccupante pour le financement des systèmes de transferts et de redistribution qui prennent une place si importante dans les économies du continent.

Le ralentissement de la croissance et le chômage de masse remettent ainsi en question les équilibres établis en fonction d'un rythme de progrès qui était naguère plus vigoureux. Il s'ensuit une série de problèmes chroniques et difficiles à résoudre : baisse des recettes fiscales, accroissement des dépenses sociales de transfert, déficits publics, difficultés de financement des systèmes de retraite et d'assurance-maladie, dont les dépenses financées par l'impôt sur le travail croissent à un rythme devenu insoutenable, induisant l'alourdissement des taux de prélèvements obligatoires et l'accroissement du chômage.

Il est impossible de continuer dans cette voie, à cause notamment du problème des retraites qui exige l'élargissement de la population active pour financer les pensions de retraités de plus en plus nombreux, pour des périodes de retraite de plus en plus longues. Les échéances démographiques qui se feront lourdement sentir à partir de 2005 nous imposent de réagir dès aujourd'hui.

Réduire le nombre des actifs tout en maintenant des dépenses publiques inchangées revient à accroître le poids de la fiscalité par actif. De façon perverse, le non-travail est ainsi mieux traité que le travail : on écrase et on décourage ceux qui produisent par le poids croissant des prélèvements obligatoires, encourageant du même coup le développement de l'économie souterraine ou non officielle, qui, à son tour, tarit les ressources financières des Etats et accroît le poids des prélèvements sur les actifs « officiels ».

Les transferts en nature, qui ne subissent pas l'impôt, sont alors plus demandés que les revenus monétaires qui, eux, subissent de plein fouet tous les prélèvements obligatoires. Nous entrons toujours plus avant dans l'économie de redistribution au détriment de l'économie de production. Des transferts de plus en plus lourds reposent sur une base d'activité productrice qui va en s'étiolant. L'Etat fiscal tend à l'hypertrophie.

Là encore la tendance ne peut se poursuivre indéfiniment, parce que la compétition internationale plus intense traduit en délocalisations d'entreprises et en perte rapide de substance économique le poids croissant des fiscalités nationales. Il existe une compétition fiscale entre Etats pour attirer les investissements et les entreprises, qui détourne les ressources des pays dont les coûts fiscaux sont les plus élevés. C'est pourquoi l'atonie économique qui réduit l'emploi et la base d'activité productive aggrave la pression de l'Etat fiscal sur la production et amène le pays qui en est victime à s'exclure progressivement de la compétition internationale.

L'avenir se présente ainsi sous un jour beaucoup plus sombre que ne conduit à le penser le simple constat du ralentissement actuel. Passé les chocs démographiques de 2005 et 2015, l'appauvrissement des retraités risque de se conjuguer à la dégradation des perspectives des jeunes peu qualifiés en un mélange dangereusement explosif.

D'où l'importance cruciale de l'établissement d'un diagnostic fondé. Il est indispensable à la définition et à la mise en œuvre, qui ne peut plus désormais attendre, de politiques appropriées. La nécessité est tout aussi forte que dans les années 30, même si les circonstances apparaissent différentes.

Mais pour cela il faut renoncer aux tabous politiques et mettre un terme à la véritable conspiration du silence qui lie et domine les responsables et dirigeants politiques et économiques de nos pays.

DES CAUSES CONNUES, MAIS TUES

L'absence d'expression politique significative du problème économique et social que constitue le chômage de masse s'explique, outre la difficulté d'analyse et de mesure de ses effets diffus, par la complicité objective entre les responsables d'une politique économique fautive qui est prônée aussi bien par la gauche que par la droite, et par les gestionnaires de l'Etat-providence qui appartiennent à la fois au monde patronal, aux syndicats et à l'administration publique. Il y a en somme collusion corporatiste pour défendre un système et des politiques qui entretiennent et amplifient le chômage. Les chômeurs quant à eux, indemnisés de multiples façons, sont en quelque sorte réduits au silence par leur position d'assistés qui leur permet d'obtenir de la collectivité une aide sans contrepartie. D'ailleurs, les jeunes étant souvent peu intégrés à la vie sociale, politique et syndicale, ils sont mal représentés politiquement. Ce sont des « outsiders » qui pèsent peu face aux « insiders » des groupes organisés et des appareils politiques. Le débat est alors esquivé.

Pourtant, tous les économistes et les chefs d'entreprise le savent mais aucun homme politique ne veut l'entendre : le chômage pourrait être réduit dans des proportions considérables et dans un laps de temps assez bref si l'on s'attaquait sérieusement à ses causes principales qui sont bien identifiées. Mais rien n'est fait ni n'a été fait dans ce sens, contrairement à ce qu'affirment pratiquement tous les responsables politiques qui adoptent, bien légèrement, la célèbre contrevérité énoncée par François Mitterrand, « contre le chômage, on a tout essayé ».

Ce qui a été fait se ramène en réalité à un concours permanent de gadgets administratifs et de distribution d'aides diverses, le « traitement social du chômage », et à des velléités de partage du travail, pseudo-solution issue d'une vision administrative de l'économie comme d'un ensemble fixe de « postes » budgétaires à répartir entre des postulants trop nombreux. Toutes ces tentatives se sont révélées plus inefficaces les unes que les autres. Cela commence même à se savoir, au point que certains envisagent de tailler dans les montants considérables de fonds publics qui sont gaspillés en pure perte ou, pis encore, contribuent à augmenter le volume total du chômage en raison des incitations perverses que leur attribution engendre.

Ce que savent et disent, en vain, tous les économistes, c'est que l'on pourrait être optimiste à nouveau si de bonnes politiques étaient adoptées, parce que le volume total de l'emploi est élastique. Il peut augmenter considérablement avec la croissance économique, mais aussi en fonction du coût du travail qui comprend à la fois le niveau du salaire et le coût des réglementations et de la fiscalité qui frappent l'emploi.

L'évolution du chômage dépend de la politique macroéconomique, monétaire et budgétaire, de la politique fiscale, et des politiques de réglementation qui concourent à augmenter le coût du travail et en raréfient la demande au profit des machines.

CONSERVATISME FINANCIER ET RÉPRESSION MACROÉCONOMIQUE

Le premier facteur de chômage c'est la politique macroéconomique, qui peut, à court terme de huit à dix-huit mois, gonfler ou comprimer la demande de biens et services des ménages et des entreprises. Lorsqu'elle est restrictive, et penche trop dans le sens du conservatisme financier, comme chez nous depuis le début des années 90, elle freine le développement du crédit et de la demande globale en anémiant l'activité et en déprimant l'emploi. La responsabilité en revient au choix malheureux de l'alignement du franc sur le mark. La fixation administrative du taux de change a conduit les autorités monétaires françaises à maintenir en permanence des taux d'intérêt à court terme à un niveau plus élevé que ne le justifiait la conjoncture, pour attirer les capitaux internationaux vers la France et soutenir ainsi une parité du franc qui ne correspond pas à son niveau d'équilibre spontané.

On nous dit certes que les taux d'intérêt à court terme, que fixe la Banque de France, ont considérablement baissé depuis le début de la décennie. Mais cela s'explique principalement par la baisse spectaculaire de l'inflation, qui n'est d'ailleurs pas propre à notre pays mais s'est produite dans tous les pays développés. Ce qui compte en réalité pour les emprunteurs, ménages ou entreprises, ce n'est pas le taux d'intérêt « nominal » aujourd'hui légèrement supérieur à 3 %, mais le taux d'intérêt « réel », inflation déduite. L'inflation correctement mesurée, qui est inférieure à celle de l'indice officiel, ne doit pas dépasser 0,5 %, ce qui donne des taux réels à court terme de 2,5 % ou plus, très supérieurs à la norme historique qui se situe en moyenne au voisinage de zéro.

Ce qu'ont choisi les pays qui ont relancé leur économie comme les Etats-Unis au début de la décennie, c'est une politique de taux courts nominaux pratiquement nuls. Mais notre politique monétaire reste restrictive, l'effet des taux réels élevés qui dissuadent les consommateurs et les investisseurs s'ajoutant à la surévaluation du change dans le sillage du mark, qui décourage les exportateurs.

Au total l'activité économique est réprimée en permanence, pour le seul bénéfice de la bonne réputation de nos autorités financières lorsqu'elles veulent placer des obligations sur les marchés internationaux. Mais à cette influence déflationniste du change et des taux d'intérêt vient s'ajouter l'effort de réduction des déficits budgétaires, imposé par le traité de Maastricht selon des normes arbitraires et économiquement non fondées. La recherche de l'équilibre des finances publiques se fait, en France, non par réduction des dépenses mais par augmentation de la charge fiscale. Ce qui réduit encore la demande globale comme le constatent tous les chefs d'entreprise, chacun sur son marché.

Là où des pays mieux gérés connaissent une croissance vigoureuse et soutenue, comme les Etats-Unis, la Grande-Bretagne et l'Italie jusqu'à la période récente de réévaluation de la lire pour motif de candidature à la monnaie unique, les pays de conservatisme financier aveugle comme la France s'enlisent et n'obtiennent qu'une croissance anémique : 1,3 % en 1996 et sans doute guère mieux que 2,2 % en 1997, malgré les pronostics absurdement gonflés dont nous abreuvent les autorités publiques et les économistes qui en dépendent.

Un taux de croissance aussi faible ne permet pas d'enrayer la montée du chômage conjoncturel, et nous en faisons l'expérience depuis 1990, alors que les périodes de plus forte croissance comme en 1986-1988 sous le gouvernement Chirac, ou même la légère reprise de 1994-1995 en raison de la politique de déficit budgétaire du gouvernement Balladur, avaient permis d'améliorer un peu les choses.

Mais le tabou politique interdit aux responsables de reconnaître ouvertement cette simple réalité et d'adopter la politique macroéconomique moins conservatrice qui s'impose. Ce tabou a pour nom monnaie unique. En l'absence de toute pression inflationniste en France et dans le monde, l'endettement de l'Etat n'atteignant pas non plus de niveau alarmant dans notre pays, c'est l'échéance de 1999, la volonté de maintenir la parité de change avec le deutsche Mark, et le respect des critères arbitraires de Maastricht, qui conduisent nos gouvernants à appliquer à l'économie française une inutile purge financière qui paralyse l'activité économique.

Il faut abandonner cette politique désastreuse qui est responsable selon les experts d'au moins 4 et peut-être 5 points de chômage sur les 12,5 % et plus enregistrés aujourd'hui. Et les effets d'une nouvelle politique macroéconomique de flottement du change, de taux d'intérêt à court terme ramenés à zéro et de réduction de la charge fiscale générale pourraient se faire sentir en l'espace de huit à dix-huit mois.

EFFETS ANTISOCIAUX DE L'IMPÔt SUR LE TRAVAIL

La deuxième cause de chômage se trouve dans le niveau particulièrement élevé, et rapidement croissant, de l'impôt sur le travail que sont les cotisations sociales. L'impôt sur l'essence décourage la consommation d'essence ; l'impôt sur l'alcool réduit la consommation d'alcool ; l'impôt sur le travail diminue la demande de travail qui émane des entreprises. Il accroît ainsi le chômage.

Certains croient encore que les cotisations sociales constituent un « avantage » pour les salariés parce que l'impôt serait en réalité payé par les employeurs. Mais il n'en est rien comme le montrent les travaux économiques et en particulier ceux de l'Ocde [4]. Ce sont les salariés qui supportent l'essentiel de la charge réelle puisque les salaires nets baissent, sur le marché du travail, à peu près en proportion des hausses de cotisations sociales. Cependant les employeurs supportent malgré tout une partie de la charge, sous forme d'une augmentation du coût total du travail (le salaire brut plus les cotisations des employeurs et des salariés) lorsque le taux des cotisations augmente. Cet accroissement du coût du travail les dissuade de développer l'emploi. Il devient pour eux plus avantageux de recourir davantage aux machines et moins aux hommes. Mais en même temps le volume total de l'investissement n'augmente guère tant que la demande globale, régie par la politique monétaire et budgétaire, reste stagnante.

Le tabou, pour cette deuxième cause de chômage, est à nouveau politique. Pour réduire l'impôt que sont les cotisations sociales il faudrait rendre aux ménages la responsabilité de l'achat direct d'assurance-maladie auprès des assureurs publics et privés, dans le cadre d'une obligation légale comme c'est le cas pour les conducteurs d'automobiles, au lieu de prélever d'office sur les salariés un impôt immédiatement reversé à l'assureur de monopole qu'est la sécurité sociale. Il est possible d'introduire ainsi la concurrence dans le secteur de l'assurance santé en allégeant les cotisations sociales tout en maintenant le rôle redistributeur de la sécurité sociale. Celle-ci ne prélèverait plus la prime d'assurance mais seulement un impôt de solidarité, beaucoup plus léger que les cotisations actuelles, sur les salariés aisés pour aider les salariés les moins favorisés à acheter une couverture maladie équivalente à celle qu'ils ont aujourd'hui, à moindre coût. Cette réforme n'aurait donc rien d'antisocial, contrairement à ce qu'essaient de faire croire les tenants du système de monopole qui entretiennent à plaisir la confusion entre assurance, monopole et redistribution des revenus pour effrayer les assurés et interdire toute réforme.

Mais aucun homme politique ne veut clarifier la discussion pour remettre en question le monopole actuel de l'assurance-maladie, générateur de rentes que défend avec acharnement le lobby de la sécurité sociale, soutenu dans ce combat conservateur par les syndicats patronaux et de salariés qui la gèrent. Le changement suppose un effort considérable d'information et une ouverture du débat dont nous sommes encore très éloignés.

DES RÉGLEMENTATIONS QUI EXCLUENT

Le troisième facteur de chômage repose également sur un tabou particulièrement résistant : les réglementations qui augmentent le coût du travail, au premier rang desquelles la réglementation du prix minimal du travail. Il a été abondamment prouvé, dans tous les pays du monde, que le salaire minimum légal détruisait l'emploi des jeunes et des salariés les moins qualifiés [5].

On dit aujourd'hui qu'il n'aurait plus d'effets nocifs du fait de l'existence du RMI qui dissuade ses bénéficiaires de rechercher activement un emploi à un salaire proche du minimum. Mais cette conclusion est excessive. En effet, le RMI est sensiblement inférieur au salaire minimum, et ceux des jeunes qui veulent entrer dans l'entreprise et progresser ultérieurement ne peuvent le considérer comme une solution durable. Ils bénéficieraient donc d'un abaissement du salaire minimum qui leur ouvrirait largement les portes du premier emploi. D'autre part, le smic constitue un « plancher » auquel viennent s'ajouter les cotisations sociales. Ce qui fait que le coût minimal du travail pour l'entreprise se situe bien au-dessus du smic, et atteint un niveau tel qu'il décourage beaucoup d'employeurs d'embaucher des salariés débutants ou peu qualifiés dont la productivité est inférieure à cette rémunération.

Là encore le tabou est politique : contre toute évidence, les élus responsables veulent croire que le smic n'a pas d'effets néfastes sur l'emploi des jeunes peu qualifiés. En réalité, l'intérêt du salaire minimum, qui explique le tabou, vient de ce qu'il garantit les salariés en place dans les entreprises contre la concurrence des plus jeunes qui cherchent à y entrer. Les « insiders » exploitent ainsi les « outsiders » qui sont condamnés à errer à l'extérieur du monde de l'emploi et de l'apprentissage.

Une simple abolition du smic pourrait créer, dans une conjoncture normalement soutenue, quelques centaines de milliers d'emplois pour les jeunes les plus défavorisés. Mais quels responsables politiques prendront des risques pour défendre cette clientèle inorganisée ?

Dire qu'il existe en France une « préférence pour le chômage » est à la fois provocateur et inexact. L'expression laisse en effet croire à un choix issu d'un consensus social. Il n'en est rien. Ce sont les responsables politiques et les protagonistes du jeu corporatiste qui interdisent de mettre en œuvre des politiques efficaces de réduction du chômage en faisant appliquer la loi du silence aux trois tabous qui s'opposent à la discussion ouverte et publique de ces politiques.

Si ces tabous pouvaient être brisés, les politiques adéquates ne tarderaient pas à être expérimentées et le chômage pourrait rapidement décroître. Mais pour cela il faudrait un débat démocratique éclairé et courageux. Et qui commencerait par mettre clairement au premier plan de la réflexion sociale l'étroite liaison de la croissance et du chômage. Quelles que puissent être les diverses causes de chômage, elles exercent leurs effets avec une intensité qui varie selon le rythme de la croissance. Une économie en forte expansion les atténue, une récession ou un simple ralentissement les aggravent.

LE CHÔMAGE N'EST PAS FATAL

Pour s'en persuader il suffit d'examiner les évolutions contrastées du chômage aux Etats-Unis et dans l'Union européenne.

Le chômage suit en Europe une trajectoire spécifique : il augmente par paliers, mais de façon apparemment irréversible. Le contraste est frappant avec les Etats-Unis où il fluctue assez régulièrement en fonction de la conjoncture, s'élevant dans les périodes de ralentissement pour diminuer à nouveau dans les phases d'expansion. Mais au total il tend à revenir, dans ce dernier cas, vers son niveau bas des années 60. C'est particulièrement vrai de l'expansion en cours, exceptionnellement forte et durable, qui le ramène vers les 5 % de la population active sans pour autant que se manifestent de tendances inflationnistes notables.

Le parcours américain prouve à l'évidence un fait important : il n'y a pas de fatalité du chômage de masse contemporain. Ce dernier peut être réduit à son minimum incompressible, « frictionnel », « structurel » ou « naturel » (tous ces termes sont interchangeables) par une expansion vigoureuse.

Et quelles que puissent être les influences qui contribuent à augmenter le chômage structurel, il existe un lien solide entre la croissance de la production et la réduction du chômage. C'est ce que les macroéconomistes baptisent « loi d'Okun », du nom de l'ancien président du

« Conseil économique » de la Maison Blanche qui a le premier signalé cette régularité empirique. En France, on peut observer de façon approximative qu'au-dessous de 3,5 % à 4 % de croissance de la production il n'est guère possible de réduire le taux de chômage.

Le rapprochement des courbes des chômages américain et européen souligne avec force la divergence récente des évolutions des deux côtés de l'Atlantique. L'écart se creuse à partir du début des années 80. Alors que les Etats-Unis enregistrent une baisse spectaculaire, le chômage européen acquiert son originalité en deux fortes poussées, de 1979 à 1985, puis à nouveau à partir de 1991.

Il faut donc en conclure qu'il n'est pas seulement « naturel », dû aux rigidités du marché du travail ou aux conditions de la concurrence internationale, phénomènes qui, structurels, ne se modifient guère d'une année sur l'autre. Il doit être lié à des facteurs à évolution rapide et changeante, à la conjoncture en d'autres termes.

C'est ce que confirme l'examen des chiffres de la croissance européenne. Les deux périodes de forte augmentation du chômage sont aussi des périodes de ralentissement de la croissance, début des années 80 d'une part et années 90 de l'autre. Au contraire, la fin des années 80, qui se caractérise par un regain d'expansion des économies européennes, en partie sous l'influence du contre-choc pétrolier (la baisse marquée du prix du pétrole et des matières premières), correspond à une diminution très nette des taux de chômage. Preuve à nouveau que celui-ci n'est pas fatal.

Mais il y a plus intéressant encore si l'on veut poursuivre l'analyse. Les deux phases de poussée du chômage et de ralentissement de la croissance en Europe ne sont pas inexplicables. Elles sont liées à des politiques macroéconomiques délibérées. La première correspond à la lutte contre l'inflation à deux chiffres de la fin des années 70, inflation qui découlait elle-même des deux augmentations massives du prix du pétrole, en 1973 et en 1979. Tous les gouvernements européens de l'époque ont mis en œuvre des politiques monétaires et budgétaires restrictives : augmentation des taux d'intérêt d'intervention des banques centrales, réduction des déficits budgétaires par la hausse des impôts. Il s'en est suivi presque immédiatement un freinage très marqué de l'activité économique, sous l'influence duquel l'inflation s'est ensuite progressivement ralentie. La lutte contre l'inflation a ainsi porté ses fruits, au prix d'une récession, tout comme en Amérique un peu auparavant, en 1979-1981, lors de la « récession Volcker », du nom du président du Système Fédéral de Réserve (le Fed) qui avait mis en place une politique de freinage monétaire particulièrement vigoureuse.

La deuxième poussée du chômage européen est ensuite intervenue après une période trop courte pendant laquelle il amorçait une retombée progressive. Le ralentissement du début des années 90 devait casser cette tendance au retour à des niveaux plus faibles.

Le freinage résultait cette fois de circonstances différentes. La réunification allemande provoquait dans ce pays une augmentation massive des dépenses publiques en direction des Länder de l'Est. Ce qui engendrait des tensions inflationnistes contre lesquelles la Bundesbank entreprit de lutter énergiquement par une politique monétaire très restrictive. Ce qui eut pour effet de casser à la fois l'inflation et la croissance.

Mais les autres pays européens, qui venaient justement de confirmer et d'accentuer la fixité de leurs parités de change avec l'Allemagne, furent alors obligés, pour maintenir ces parités, de fixer des taux d'intérêt à court terme, que contrôlent les banques centrales, au niveau des taux allemands. Faute de quoi les capitaux se seraient orientés massivement vers l'Allemagne, plus rémunératrice, et les parités de change auraient dû être révisées.

Ce sont ces politiques monétaires restrictives, adoptées dans plusieurs pays pour suivre la politique allemande et fixer les changes, qui ont cassé l'expansion partout en Europe, mais surtout chez ceux, comme la France notamment, où n'existait plus aucune tension inflationniste. L'impact récessif de telles politiques qui ne correspondaient pas aux besoins du moment devenait alors dévastateur pour la croissance. Le chômage était propulsé vers de nouveaux sommets.

À LA RECHERCHE DE LA CROISSANCE PERDUE

L'enlisement progressif de la croissance européenne en cette fin de siècle n'est pas discutable. Il n'est pas contesté en dépit des prévisions conjoncturelles officielles et quasi officielles, c'est-à-dire celles de la presque totalité des conjoncturistes de la place, qui nous annoncent avec une belle régularité que la prospérité est au coin de la rue. Le biais optimiste de ces prévisions n'est plus à démontrer : elles se situent en effet toujours au-dessus des taux de croissance effectifs ultérieurement enregistrés alors que la difficulté reconnue de la prévision et les erreurs qui doivent inévitablement l'affecter devraient, si l'exercice était mené de façon objective ou impartiale, aboutir à des erreurs qui se répartiraient à peu près aussi souvent du côté de la sous-estimation que de celui de la surestimation. C'est que la pression des autorités monétaires et gouvernementales se fait fortement sentir sur les économistes qui s'aviseraient d'indiquer à l'opinion que le roi est nu et que les périodes de difficulté sont loin d'être terminées.

Cependant, il ne suffit pas de constater la performance

décevante de l'économie européenne et sa coïncidence de phase avec les poussées du chômage pour conclure que les politiques macroéconomiques sont les responsables toutes désignées du fléau. Après tout, le ralentissement de la croissance pourrait provenir d'autres politiques publiques, par exemple en matière de transferts de revenus ou de réglementations, ou de structure fiscale, ou il pourrait tout aussi bien n'être que le résultat de facteurs échappant à la volonté et aux possibilités d'action des gouvernements nationaux, comme le passage à la maturité de nos économies ou la concurrence accrue des pays émergents.

Nous devons donc essayer de cerner plus rigoureusement les causes de l'enlisement pour définir les remèdes appropriés.

La question a évidemment fait l'objet d'un intérêt soutenu chez les économistes dans la période 1975-1985, puis à nouveau au début des années 90, c'est-à-dire dans les deux périodes de ralentissement. Les explications proposées se rangent dans trois grandes catégories.

Les unes évoquent des facteurs naturels et inévitables : la fin d'une période de rattrapage du retard économique antérieur et le coût accru du progrès technique depuis la fin des années 70.

Les autres avancent un diagnostic « classique » rebaptisé « eurosclérose » : le ralentissement s'expliquerait par le coût croissant du travail, dû aux impôts qui financent un Etat-providence envahissant et aux réglementations multiples qui figent le marché du travail et rigidifient les salaires. La concurrence accrue des nouveaux pays industriels où les salaires sont très faibles rendrait, par comparaison, le coût du travail européen encore plus prohibitif.

D'autres enfin suggèrent un diagnostic macroéconomique ou « keynésien » mais que l'on pourrait tout aussi bien qualifier de « monétariste », qui se situe du côté de la demande qui s'adresse aux entreprises : c'est l'insuffisance de la demande globale, résultant de politiques monétaires et budgétaires trop restrictives, qui étouffe la croissance et provoque la montée d'un chômage conjoncturel.

Le choix du diagnostic n'est pas, le plus souvent, formulé de façon sereine, uniquement en fonction de considérations scientifiques. Selon ses préférences politiques chacun mettra plutôt l'accent sur telle ou telle cause : les entreprises sur le coût du travail lié à l'Etat-providence et sur la perte de compétitivité internationale face aux nouveaux pays industriels. Les syndicats et les partis de gauche exonèrent de toute responsabilité l'Etat-providence et les transferts de revenus mais dénoncent, comme les patrons, la globalisation des marchés et la concurrence des pays à bas salaires ainsi que la tyrannie des marchés financiers qui exigent des entreprises une rentabilité toujours plus forte. Les gouvernements et les banquiers centraux se lamentent également sur la dureté des temps résultant de la concurrence des pays à bas salaires et à politique sociale rudimentaire ou inexistante, mais ils en tirent argument pour défendre les politiques monétaires et financières conservatrices qui ont leur préférence.

Les économistes proches de ces différents milieux tendent également à privilégier telle ou telle explication pour des raisons plus politiques que scientifiques, ce qui explique la pauvreté et l'atmosphère confinée du débat intellectuel sur les politiques économiques qu'il conviendrait d'adopter.

Il n'est cependant pas impossible de dégager un diagnostic d'ensemble, plus rigoureux et plus complet, à partir des explications partielles dont certaines se complètent plus qu'elles ne s'opposent. Examinons brièvement la portée de ces diverses analyses et leur éventuelle compatibilité.

LE VIEILLISSEMENT ÉCONOMIQUE ?

Cette hypothèse a déjà été formulée dans les années 30 pour expliquer la Grande Dépression. Aujourd'hui comme alors, le ralentissement viendrait d'une insuffisance de l'investissement, principal moteur de la croissance. C'est que les occasions d'investir de façon rentable se feraient rares dans une économie ayant atteint la maturité.

De nos jours la thèse se présente sous une forme un peu différente. L'enlisement européen ne serait que le revers de la médaille d'une croissance exceptionnelle de trois décennies due à la reconstruction d'économies ravagées par la deuxième guerre mondiale et au rattrapage des retards accumulés pendant les années 30. A partir de 1973 les économies européennes auraient retrouvé un niveau de vie se situant sur leur tendance séculaire de croissance, un peu supérieure à deux pour cent l'an si l'on se réfère à l'expérience du XIXe siècle.

Il est de fait très probable qu'une partie du ralentissement de la croissance correspond à un simple retour à la normale après l'accélération des « trente glorieuses ». Il est, certes, plus facile de s'enrichir en imitant les progrès techniques accumulés ailleurs qu'en créant de nouveaux produits et de nouveaux procédés de fabrication. Situées derrière les Etats-Unis, en position de suiveurs tant en termes de niveau de vie que d'innovation et de progrès technique tout au long du siècle, les économies européennes ont rattrapé le produit par tête de l'Amérique vers le au milieu des années 70. Elles doivent désormais innover par elles-mêmes pour croître, ce qui est plus difficile et plus coûteux que de se reposer sur l'imitation ou l'adaptation.

Au même moment, l'ouverture internationale des

échanges et le démarrage parfois fulgurant des nouveaux pays industriels venaient porter une concurrence inattendue et plus âpre aux productions des entreprises européennes. Les conditions de leur prospérité ont donc radicalement changé en l'espace de quelques années.

Cette analyse n'est pas précisément nouvelle puisque je la présentais déjà il y a quinze ans [6]. Il y aurait eu après guerre un véritable « âge d'or » européen dû au rattrapage du rythme de croissance antérieur à la guerre et à la crise mondiale.

Depuis, de nombreux travaux théoriques et empiriques sont venus confirmer cette interprétation [7]. L'évolution de dix-sept pays européens depuis le début du siècle jusqu'aux années 90 montre que la croissance récente se situe sur la ligne de tendance séculaire extrapolée à partir des années antérieures à la première guerre mondiale. La production, qui était tombée au-dessous de cette tendance séculaire dans les années 30 et 40, a rejoint ce sentier tendanciel entre 1945 et le milieu des années 70. A cette date l'écart de production par tête entre les Etats-Unis et tous les pays européens (sauf la Grande-Bretagne) se trouvait réduit pour la première fois à un niveau inférieur à ce qu'il était en 1913. A la fin des années 70 le rattrapage économique était achevé.

Il était dû pour l'essentiel à la mise en œuvre d'investissements massifs dans des équipements nouveaux incorporant la technologie la plus récente. Ce qui explique un second aspect du ralentissement postérieur à 1973, le coût soudainement croissant du progrès technique pour les économies européennes.

Le rattrapage technologique a été particulièrement rapide jusqu'au milieu des années 70 et a joué un rôle important dans le rapprochement des niveaux de production par tête entre pays industriels. Mais ce phénomène est pour l'essentiel épuisé dans les années 80, ce qui ne laisse de place, pour la croissance future, qu'à un effort d'investissement autonome dans de nouveaux progrès techniques [8].

L'Europe est désormais dans la même position que les Etats-Unis : elle doit créer elle-même les conditions de sa propre prospérité.

Mais cette thèse, qui explique une partie du ralentissement observé, ne suffit pourtant pas à rendre compte des fluctuations conjoncturelles de la croissance dans les années 80, ni du freinage marqué des années 90 qui place l'Europe loin derrière les Etats-Unis. En effet, ces derniers, imités plus récemment par la Grande-Bretagne, ont montré qu'il n'y avait pas de fatalité de la croissance lente et du chômage pour les économies parvenues à maturité.

D'autre part, le simple infléchissement de la tendance de croissance après 1973 n'apporte pas par lui-même d'explication de la montée du chômage quinze ans plus tard. Ce délai de réaction paraît excessivement long, même pour des marchés du travail frappés de sclérose institutionnelle. Il n'y a d'ailleurs pas de raison pour qu'une croissance durablement plus lente s'accompagne de plus de chômage, passé une période d'adaptation pendant laquelle les intervenants sur le marché du travail doivent s'habituer à ne demander que de moindres augmentations de salaires, désormais proportionnées à la moindre croissance de la productivité du travail. On peut concevoir que pendant quelque temps les demandes d'augmentation de salaires continuent à se faire en fonction des habitudes anciennes et soient trop fortes pour des progrès de productivité désormais plus modestes. Mais les adaptations finissent par s'opérer. Et il peut alors y avoir plein emploi quel que soit le rythme de long terme de la croissance.

Par ailleurs, la nouvelle tendance de la croissance ne

devrait pas changer sensiblement d'une année à l'autre. Elle ne peut donc expliquer les variations à court terme, conjoncturelles, de l'activité et du chômage. Elle ne peut guère expliquer non plus des évolutions divergentes entre la Grande-Bretagne et l'Italie et d'autres pays du continent.

Enfin, les économies européennes dans leur ensemble ont fait moins bien encore que leur tendance séculaire dans la période récente, se bornant à 1,5 % de croissance en moyenne alors que la tendance longue est supérieure à 2 %.

LE DIAGNOSTIC CLASSIQUE : COÛT DU TRAVAIL ET EUROSCLÉROSE

C'est l'explication préférée des entreprises, issue des difficultés quotidiennes de leur gestion, mais aussi celle des financiers conservateurs qui veulent exonérer de toute responsabilité la politique des taux de change et d'intérêt.

Cette analyse fait dépendre l'affaiblissement de la croissance de la montée d'un chômage permanent, « structurel », qui résulte de réglementations excessives du marché du travail et de l'hypertrophie des systèmes de protection sociale.

Pour une entreprise, la production et l'emploi dépendent du coût de production, dont la composante principale consiste en la rémunération du facteur travail. Lorsque son coût est trop élevé par rapport à sa productivité, l'emploi doit être réduit, soit pour lui substituer des machines, moins coûteuses, soit pour restreindre le volume de la production.

Pour l'économie dans son ensemble le mécanisme est identique. C'est ainsi que la source du ralentissement de la croissance en Europe entre 1975 et 1985 était attribuée il y a quelques années à « l'eurosclérose », terme forgé par Herbert Giersch, l'ancien président de l'Institut de l'économie mondiale de Kiel, pour désigner un coût du travail trop élevé et qui ne pouvait pas s'adapter à la baisse. Le marché du travail ainsi « sclérosé » réduit les capacités de production des entreprises et par conséquent la croissance de l'économie.

Rigidités salariales. La raison de la rigidité des salaires à la baisse, de leur insuffisante « flexibilité » pour utiliser un euphémisme courant, est à rechercher, selon la thèse de l'eurosclérose, dans la multiplication des interventions de l'Etat-providence et en particulier dans le développement de règles contraignantes concernant le licenciement, mais aussi dans les réglementations du salaire minimum, les indemnisations généreuses du chômage, qui toutes limitent la mobilité du travail. Un salarié subventionné et dont l'emploi est protégé par un maquis réglementaire refusera la mobilité et n'aura pas à accepter de réductions éventuelles de sa rémunération, même si la productivité du travail diminue.

Il en résulte un coût du travail élevé, supérieur à son niveau d'équilibre. Il s'ensuit que les créations d'emplois nouveaux seront rares et que les victimes de cette situation sont ceux qui cherchent à entrer pour la première fois sur le marché du travail. Notamment ceux qui n'ont que de faibles qualifications, et dont la productivité est insuffisante pour rentabiliser les salaires relativement élevés en vigueur sur le marché.

Par ailleurs, si les demandeurs d'emploi, le plus souvent indemnisés – et de façon généreuse par rapport à ce qui se fait ailleurs en Europe, Allemagne exceptée –, sont moins pressés de trouver un employeur, ces derniers cherchent de leur côté à remplacer le travail par des machines, ce qui réduit l'emploi global. La tentation sera d'autant plus forte que les achats de retraites et d'assurance-maladie sont financés par l'impôt sur les salaires, qui contribue à augmenter encore le coût du travail pour les entreprises.

Enfin les subventions versées dans le cadre de la politique industrielle maintiennent en survie artificielle les entreprises les moins rentables et confortent les emplois existants, contribuant aussi à la résistance des salaires à tout ajustement à la baisse.

Les interventions de l'Etat sur le marché du travail, le système de protection sociale au sens large, ont pour effet d'augmenter le coût du travail pour les entreprises, donc de réduire l'emploi et par suite la production, ce que montre clairement le parallélisme entre la croissance des dépenses sociales, génératrice d'accroissement de l'impôt sur le travail, et le niveau moyen de chômage [9].

Ce diagnostic peut être qualifié de « classique » parce qu'il représentait le courant dominant d'explication du chômage et de la Dépression avant Keynes et le développement de l'analyse macroéconomique. C'est celui, notamment, de Jacques Rueff en France dans les années 30. La gravité du chômage et de la Dépression résultait, selon cette analyse, d'un coût excessif du travail qui se maintenait en dépit du chômage, sur un marché faussé par les interventions réglementaires, l'indemnisation et les pressions syndicales.

Cette analyse est incontestablement pertinente à la fois pour les années 80 et pour les années récentes d'euro-malaise (1990-1997). En particulier l'alourdissement de l'impôt sur le travail que sont les cotisations sociales explique le développement d'un chômage structurel en Europe. L'absence de flexibilité à la baisse des rémunérations rend compte également du contraste observé entre le modèle de croissance américain, riche en emplois, et le modèle européen qui maintient les salaires mais ne crée guère d'emplois comme le souligne Paul Krugman [10]. Or moins d'emploi, s'il n'y a pas de substitution de machines au travail, signifie aussi moins de production et moins de croissance.

L'interrogation sur la contre-performance européenne se polarise alors sur la différence la plus visible avec les Etats-Unis, la présence d'un vaste Etat-providence en Europe alors que son rôle est plus mesuré de l'autre côté de l'Atlantique.

D'où l'exhortation à la réforme « structurelle », celle des systèmes sociaux, et à l'accroissement de la flexibilité sur le marché du travail, diagnostic retenu par l'Ocde dans les années 80 et par les économistes libéraux en général, mais aussi par les autorités monétaires et les gouvernements européens. L'exemple des Etats-Unis et de la Grande-Bretagne est souvent invoqué. Leur forte croissance et la réduction rapide du chômage intervenue dans les années 90 viendraient récompenser des réformes courageuses de l'Etat et de libéralisation du marché du travail.

La thèse va même un peu plus loin pour les tenants de l'économie de l'offre. Selon eux ce ne sont pas seulement les cotisations sociales qui réduisent le potentiel d'emploi des entreprises. Ce sont tous les impôts qui pénalisent l'activité économique. Ils sont en somme assimilables à un coût de production supporté par les ménages et les entreprises. La réduction des taux d'imposition, et plus spécialement des taux marginaux qui sont supérieurs aux taux moyens lorsque l'impôt est progressif, doit avoir pour effet de stimuler fortement la croissance.

La réforme à mettre en œuvre n'est plus alors seulement celle de l'Etat-providence mais celle de toutes les dépenses publiques, qu'il convient de réduire pour relancer la production.

Cette explication cependant se heurte à plusieurs difficultés. Bien que l'effet négatif de la fiscalité sur toute activité soit incontestable et bien établi, en théorie comme en pratique, les travaux empiriques visant à mesurer globalement l'impact de la fiscalité sur la croissance ne sont pas concluants. Les résultats sont contradictoires d'une étude à l'autre, et l'ampleur du phénomène est jugée parfois majeure mais le plus souvent faible, voire insignifiante.

Il y a à cela plusieurs raisons. D'une part la fiscalité générale qui alimente le budget de l'Etat proprement dit n'a guère augmenté dans les pays industriels au cours des dernières années, si l'on excepte l'impôt sur le travail que sont les cotisations sociales qui servent à financer l'Etat-providence. Il est donc difficile de déceler une relation évidente entre un impôt stable et une croissance ralentie.

D'autre part, si le lien entre l'impôt sur le travail et l'emploi est direct, celui entre la fiscalité en général et l'activité économique est beaucoup plus diffus. Là encore la preuve est difficile à apporter.

Enfin, contrairement à ce que suggèrent certains des économistes de l'offre, les dépenses publiques ne sont pas toutes destinées à la seule consommation des fonctionnaires. La fiscalité a pour contrepartie la prestation de services publics. Certains sont très complémentaires de la production privée qu'ils contribuent à favoriser, comme ce peut être le cas des dépenses relatives au système de droit et de police, d'infrastructures de transport et de communication, de formation et de santé. Et même si beaucoup de ces services pourraient être produits par le secteur privé, il est abusif de considérer que leur utilité devient inexistante dès lors qu'ils sont produits par l'Etat et que dans ces conditions l'impôt qui sert à les financer est alors purement et simplement gaspillé.

S'il est vrai que la fiscalité abaisse le produit national au-dessous de ce qu'il pourrait être, par contre le lien entre fiscalité et taux de croissance est beaucoup plus complexe que la version simple de la théorie de l'offre ne le suggère. Et il pourrait bien être insignifiant.

La théorie économique de la fiscalité est plus utile pour mesurer l'importance spécifique des distorsions que chaque impôt introduit dans l'économie, et pour orienter la réforme de la structure fiscale, qu'en tant qu'explication globale du ralentissement de la croissance.

De ce point de vue c'est l'impôt sur le travail, instrument de financement de l'Etat-providence, qui joue incontestablement le rôle le plus nocif en pénalisant massivement l'emploi, et par suite la capacité de production des entreprises.

Mais la thèse de l'eurosclérose, pour convaincante qu'elle soit, n'est pas toute l'histoire. Car le niveau de production de l'entreprise n'est pas déterminé uniquement par le niveau de ses coûts. Il dépend également de l'intensité de la demande. Une demande fortement accrue permet d'augmenter la production et de dégager un profit même si le coût du travail est en augmentation.

Cet aspect est négligé par les économistes « classiques » et les théoriciens de l'eurosclérose qui supposent a priori que l'on ne peut pas agir sur la demande parce qu'ils nient l'efficacité des politiques macroéconomiques. Les gouvernements en particulier n'ont, selon eux, aucune prise sur la demande de biens et de services puisque ce sont les consommateurs qui l'orientent à leur guise, en fonction de leurs revenus et de leurs préférences.

L'analyse macroéconomique, cependant, issue des difficultés de la Grande Dépression, montre tout au contraire que les politiques financières des gouvernements, monnaie et budget, affectent de manière significative le niveau de la demande de tous les ménages. En favorisant la création de monnaie et en dépensant plus qu'il ne retire de pouvoir d'achat aux ménages par l'impôt, l'Etat peut augmenter la demande solvable de l'ensemble des consommateurs, la demande globale qui s'adresse aux entreprises.

La politique macroéconomique peut être ainsi expansive, récessive ou neutre. En faisant l'impasse sur les deux premières possibilités, les économistes « classiques » qui négligent la macroéconomie choisissent de se situer dans un cas particulier dont l'occurrence n'est pas la plus probable dans les économies réelles. Il leur faudrait, pour pouvoir se concentrer uniquement sur le coût du travail, prouver que la gestion macroéconomique des Etats est toujours parfaitement neutre, ce qu'elle n'est pas en général.

On en a une indication quand on observe que le rythme de la croissance change souvent alors même que le degré de sclérose du marché du travail reste constant. C'est que les politiques macroéconomiques qui affectent la demande globale sont susceptibles de varier sensiblement d'une année sur l'autre. Elles suivent aussi un cours très différent d'un pays à l'autre et selon les périodes. Ces politiques différentes affectent différemment des économies qui sont soumises à des conditions de demande internationale et de coûts de production identiques. C'est pourquoi l'on observe en une même période des expansions plus ou moins rapides dans des pays différents, en l'absence de modification des conditions de fonctionnement de l'Etat-providence et du marché du travail.

C'est ainsi que les politiques monétaires et budgétaires adoptées aux Etats-Unis au début des années 90 et en Grande-Bretagne depuis le retour au flottement de la livre sterling ont largement divergé de celles qui ont été préférées par les gouvernements européens sur le continent.

Le débat est au fond le même aujourd'hui que dans les années 30. La position traditionnelle, celle des « classiques » auxquels s'opposait Keynes, niait la responsabilité des politiques monétaires et financières. Pour les orthodoxes de l'époque et d'aujourd'hui, il suffisait d'attendre que le chômage pèse suffisamment sur les salaires, quitte à réformer en priorité les institutions et réglementations sociales, pour que les conditions de l'équilibre soient à nouveau réunies et que le plein emploi et la croissance reviennent spontanément. Les keynésiens soutenaient au contraire qu'il fallait surtout changer de politique macroéconomique et relancer l'activité par le budget et la monnaie.

C'est la controverse qui oppose, encore actuellement, les économistes qui critiquent la politique monétaire et budgétaire restrictive à ceux qui, proches des banques centrales, invoquent la seule nécessité de la réforme structurelle, la politique macroéconomique conservatrice étant à leurs yeux la seule possible.

Vouloir expliquer le rythme de la production uniquement par le niveau excessif du coût du travail ne constitue cependant qu'une analyse partielle et nécessairement vouée à l'échec, sauf dans des circonstances très rares où la neutralité macroéconomique est parfaitement respectée. Le mécanisme classique d'explication de l'enlisement par les coûts salariaux appelle donc une explication conjointe par les variations conjoncturelles de la demande qui s'adresse à toutes les entreprises, ce que les macroéconomistes appellent la demande globale.

Mais avant d'en venir à la dimension politique et macroéconomique du problème, il convient d'évoquer une version naïve de l'analyse classique, celle qui attribue la responsabilité de nos maux à la « globalisation » de l'économie, en raison du succès que cette thèse rencontre dans l'opinion, y compris auprès des responsables d'entreprise et des dirigeants politiques.

LA « GLOBALISATION », UN BOUC ÉMISSAIRE COMMODE

Le coût trop élevé du travail dans les économies européennes verrait ses effets néfastes sur l'emploi et la croissance majorés par la concurrence des pays à bas salaires et qui n'ont pas de systèmes de protection sociale dignes de ce nom. La concurrence d'entreprises à faibles coûts salariaux provoquerait la faillite de nos entreprises et la disparition des emplois correspondants. En effet, le prix du travail en Europe ne pourrait baisser à cause du Welfare State. Mais surtout il ne pourrait jamais tomber assez bas pour se situer au niveau de celui des pays en voie de développement, car les salariés européens ne pourraient tout simplement pas vivre avec 5 dollars par jour.

Les économistes de profession ne partagent pas habituellement une vision aussi pessimiste. Ils soulignent que les salaires des pays en voie de développement ne sont pas tellement inférieurs aux nôtres si l'on tient compte des niveaux respectifs des qualifications. Les faibles salaires des économies émergentes correspondent à de très faibles qualifications et tous les biens et services ne peuvent pas être produits avec du travail peu qualifié, ce qui limite la concurrence effective des pays en voie de développement à quelques produits de faible technologie et à quelques secteurs.

D'autre part l'environnement juridique, économique et social de ces pays est généralement rudimentaire et peu propice à la productivité des entreprises, ce qui limite en réalité les possibilités de délocalisation des productions européennes. Une entreprise lyonnaise ira, pour ces raisons, plus volontiers s'installer en Irlande ou en République tchèque qu'au Ghana, en Inde ou en Malaisie.

Enfin, lorsque le développement se produit, les salaires locaux augmentent très rapidement pour converger vers les salaires correspondants d'Amérique ou d'Europe, ce que l'on a constaté au Japon, à Hong Kong, à Singapour et aujourd'hui en Corée et en Chine.

De plus, les spécialistes du commerce international ont

établi depuis longtemps que même si un pays sous-développé avait un avantage de coût absolu dans la production de tous les biens et services que fabrique un pays riche, il ne s'ensuivrait pas pour autant l'impossibilité de toute production dans les pays aux coûts élevés, chacune des économies nationales ayant intérêt à se spécialiser dans la production pour laquelle son avantage comparatif est le plus grand.

L'exemple classique des manuels d'économie est celui de la Grande-Bretagne et du Portugal. Les Portugais sont capables de produire le vin et le drap à meilleur coût absolu que les Britanniques. Pourtant le Portugal a intérêt à se spécialiser dans la seule production de vin parce que c'est le secteur où son avantage sur l'Angleterre est le plus grand. Les travailleurs britanniques ne sont pas, de ce fait, privés de tout emploi, mais les vignerons parmi eux doivent se reconvertir dans la production de drap. Il faut cependant que la croissance de l'industrie textile soit assez forte, ou leur demande de salaire assez modérée, pour que des emplois nouveaux y soient créés, ce qui nous renvoie aux conditions de la demande globale et à la politique macroéconomique évoquées plus haut.

Il se peut aussi que la demande de qualification dans l'industrie du drap soit très supérieure à celle de l'industrie viticole. Auquel cas on observera l'ouverture de l'éventail des salaires à la suite de la respécialisation résultant du commerce international.

C'est ainsi que les pays émergents d'aujourd'hui tendent à se spécialiser dans les activités qui utilisent relativement moins de travail qualifié que les pays anciennement industriels, parce qu'ils disposent en abondance d'une main-d'œuvre peu formée tandis qu'ils n'ont que peu de travailleurs à forte qualification. Inversement, en Europe ou aux Etats-Unis, les productions faisant appel à de la main-d'œuvre peu qualifiée n'ont plus guère d'avenir. Et ce sont donc les personnes les moins qualifiées qui rencontrent les plus grosses difficultés sur le marché du travail des pays riches.

L'hypothèse est d'autant plus troublante qu'elle correspond effectivement à ce que l'on observe depuis une vingtaine d'années dans presque tous les pays industriels mais de façon beaucoup plus nette aux Etats-Unis et en Grande-Bretagne : l'écart entre les rémunérations des diplômés des universités et celles des travailleurs qui sont les moins bien formés s'est fortement accru.

Dans ces conditions les rigidités à la baisse qui concernent surtout les salaires les plus modestes, ceux des travailleurs les moins qualifiés, vont, en empêchant l'ajustement, les exclure de l'emploi. La combinaison de l'eurosclérose et de la concurrence internationale s'avère aussi délétère que socialement peu acceptable.

Dans les pays riches d'Europe continentale où l'Etat-providence est omniprésent, la moindre flexibilité du marché du travail a limité la montée des inégalités de rémunérations mais elle a augmenté du même coup la difficulté, pour les moins qualifiés, de trouver un emploi. On retrouve là l'opposition des deux modèles de croissance des Etats-Unis et de l'Europe évoqués par Krugman.

La globalisation, qui sert souvent d'épouvantail pour justifier et défendre le Welfare State sans lequel, nous dit-on, les salariés seraient réduits à la misère, se révélerait ainsi, à l'inverse, d'autant plus nocive pour les moins qualifiés que l'Etat-providence est particulièrement développé. C'est une conséquence paradoxale mais fondamentale du diagnostic classique.

Cependant, si l'ouverture de l'éventail des rémunérations est un fait, surtout dans les pays dont l'appareil de transfert de revenus est moindre, l'immense littérature économique sur la question n'a guère montré de responsabilité avérée du commerce international dans son évolution. La plupart des économistes s'accordent à reconnaître que la mondialisation des échanges n'est pas le facteur responsable de la diminution des plus faibles salaires. Il semble plutôt que le phénomène soit dû principalement au progrès technique, qui a augmenté la productivité et les salaires des plus qualifiés au détriment de la demande de travail peu qualifié qui est ainsi délaissé par les entreprises.

Il y a donc une réelle pression de la concurrence des pays pauvres sur les salaires des pays riches, mais elle est limitée à une petite partie de la population active et à un petit nombre de secteurs. Ses effets quantitatifs pourraient se limiter à un tiers environ de la baisse observée des plus faibles salaires, les deux autres tiers provenant du progrès des techniques qui appellent une qualification plus forte.

Pour l'effet réduit qui subsiste, néanmoins, et pour quelques-uns des salariés européens les moins qualifiés, elle vient s'ajouter à la dégradation des opportunités d'emploi résultant des interventions de l'Etat-providence sur le marché du travail qui déterminent une augmentation du coût du travail.

Mais ces conséquences négatives sur la croissance sont vraisemblablement trop faibles pour être prises en considération.

L'ÉTAT-PROVIDENCE, SEUL DEFENSEUR DES SALARIÉS FACE AU COMMERCE INTERNATIONAL?

En sens inverse, une interprétation plus récente tente de justifier le développement de l'Etat-providence qui serait rendu nécessaire par la globalisation. Selon Dani Rodrik de l'université Harvard [11], les économistes internationaux qui ne mettent en évidence que l'avantage de la spécialisation du commerce international vont trop loin en ignorant les inconvénients qu'elle présente pour les salariés des pays riches.

Tout d'abord, la délocalisation des activités qu'elle entraîne accroît l'insécurité de l'emploi, diminue les avantages non pécuniaires des travailleurs, et affaiblit les syndicats qui défendent leurs intérêts. En deuxième lieu elle détruit les normes sociales du travail qui garantissaient certains droits aux travailleurs. Tout cela n'étant pas pris en compte dans les chiffres du produit national. Enfin elle rend de plus en plus difficile pour les gouvernements la recherche de financement pour les assurances sociales qui contribuent à protéger les salariés contre les grands risques.

Ces inconvénients expliqueraient le développement de l'Etat-providence parallèlement à l'ouverture de l'économie, par la nécessité d'en compenser les inconvénients pour les plus défavorisés. On sait que la part des Etats au sens large, incluant les programmes de transferts de revenus, est passée de 20 % en moyenne du PNB avant la dernière guerre mondiale à 47 % aujourd'hui dans les pays riches. Ce qui, d'après Rodrik, correspond à la protection contre les risques liés au commerce international.

Mais lorsque les facteurs de production deviennent plus mobiles comme c'est aujourd'hui le cas, et en raison justement de l'ouverture internationale, il est plus difficile pour les gouvernements de lever l'impôt. Il n'est alors pas possible d'aller plus loin dans le développement des interventions compensatrices de l'Etat en raison de la crise fiscale qui s'intensifie depuis une quinzaine d'années. Il s'ensuit que la poursuite de la globalisation soumet désormais les salariés à des risques accrus, sans compensation. Et ces risques accrus se conjuguent même, pour les moins qualifiés, avec une moindre rémunération.

On peut cependant douter de la réalité de la relation

postulée entre l'ouverture de l'économie et l'importance de l'Etat-providence. La majeure partie des dépenses de ce dernier est relative au versement de retraites et à la couverture de l'assurance-maladie des salariés, services qui n'ont rien à voir avec le commerce international. Ces risques ne sont pas liés à la globalisation.

On peut montrer aussi que la montée du Welfare State n'a rien à voir avec l'ouverture des économies. En Amérique comme en Europe c'est une invention sociale qui est intervenue pour répondre aux difficultés engendrées par la Dépression des années 30, qui se produisait justement en période de protectionnisme accru. De même une bonne part des dépenses de l'Etat-providence va aux retraités qui profitent des bas prix des importations mais ne craignent pas pour leur emploi.

On peut donc reconnaître que la globalisation exerce des effets négatifs sur le bien-être des salariés occupés, et que, jointe à la rigidité des salaires, elle rend un peu plus difficile l'emploi de certains des moins qualifiés, encore que ce dernier effet soit plus probablement dû au progrès des techniques. Elle accentue indéniablement, par contre, les difficultés de financement de l'Etat-providence, mais comme elle conduit de ce fait à réduire l'impôt sur le travail qui, joint à la conjoncture, est facteur d'aggravation du chômage, elle risque plutôt d'affecter positivement l'emploi.

Il ne faut pas oublier non plus que l'ouverture internationale joue un rôle très positif. Elle contribue incontestablement à accroître le niveau de vie moyen, comme le veut la théorie classique de la spécialisation internationale et comme le montrent les études contemporaines sur les facteurs de la croissance [12].

On reviendra plus loin sur les problèmes de l'Etat-providence. Mais il faut souligner ici de nouveau combien le diagnostic classique qui met en avant le surcoût permanent du travail, s'il est parfaitement pertinent pour expliquer le chômage structurel, est peu adapté à une explication des fluctuations de l'emploi et du chômage dans le court terme. Il ne constitue au mieux qu'un diagnostic partiel. Il néglige en effet une explication plus naturelle qui tient à l'analyse des politiques financières, monétaires et fiscales des gouvernements dont il suppose qu'elles sont toujours données et parfaitement neutres, pour attribuer toute la responsabilité de la croissance ralentie et du chômage aux seules rigidités du marché du travail.

Il conforte ainsi la position de ceux qui veulent maintenir le cap de politiques monétaires et financières strictes et inchangées et se consacrer à la diminution des dépenses de l'Etat et de l'impôt, la croissance devant alors revenir d'elle-même – dès que les salaires réels auront baissé.

LA RESPONSABILITÉ MACROÉCONOMIQUE

Car l'arrêt de la croissance et la montée d'un chômage permanent en Europe s'expliquent en fait par cette politique de désinflation appliquée au début des années 80 puis relancée, après un bref intermède de reprise à la fin de la décennie, par la politique restrictive de la Bundesbank.

Les politiques monétaires conservatrices ont pour effet second de pousser vers le haut les parités de change et de pénaliser les exportateurs ainsi que les producteurs domestiques, qui sont alors soumis à la concurrence accrue d'importations dont le prix baisse. Ce qui engendre la crainte, infondée, de la « globalisation ». En réalité ce n'est pas que la concurrence des pays pauvres soit irrésistible en raison de leurs faibles salaires. C'est que nos produits sont trop chers, et nos salaires également, dans la mesure où leur prix intérieur ne s'adapte pas, ou en tout cas pas instantanément, à l'augmentation du taux de change. Ce sont nos taux de change qui pénalisent l'exportation, favorisent les importations en provenance notamment des pays émergents, et rendent nos salaires prohibitifs par rapport à ceux des pays étrangers.

La rigidité des salaires réels ne fait alors qu'aggraver la situation en rendant l'économie particulièrement sensible et comme allergique à tout épisode de désinflation, qui se traduit alors automatiquement par une forte augmentation du chômage.

Alors que dans les années 30 c'est une politique monétaire erronée des Etats-Unis qui, jointe à l'étalon-or, transforme le krach boursier en débâcle économique internationale [13], dans les années 80 c'est d'abord la volonté de lutter contre l'inflation à deux chiffres suite au double choc pétrolier de 1974 et de 1979, et dans les années 90 l'étalon-mark, qui portent la responsabilité de l'enlisement.

Le traité de Maastricht qui institua ce nouveau système de changes fixes en Europe figurera dans les manuels d'histoire comme l'erreur ou, pis encore, la faute de 1991, au même titre que les politiques déflationnistes des années 30, et en particulier celles des pays du Bloc or. Comme dans les années 30, les tensions allaient vite apparaître insupportables à plusieurs pays, Espagne, Grande-Bretagne et Italie, qui abandonnèrent l'étalon-mark à la faveur de la crise de change de la fin 1992, un an seulement après la signature du traité, comme d'autres étaient sortis rapidement du Bloc or.

Et comme dans les années 30, les pays qui ont abandonné l'étalon-mark devaient mieux tirer leur épingle du jeu que ceux qui s'étaient obstinés à s'y accrocher, dont la France. Ceux qui se sont accrochés à l'étalon-mark ou à l'étalon-or devaient subir de plein fouet le ralentissement de la croissance et la montée du chômage tandis que les « dévaluationnistes » voyaient leur croissance se rétablir et le chômage retomber, sans conséquence inflationniste notable ni dépréciation continue ou catastrophique de leur devise.

COMPLÉMENTARITÉ DES ANALYSES ET ENCHAÎNEMENT DES RÉFORMES

Au total, les trois explications de la faible performance européenne du début des années 80 et du début des années 90 ne sont pas contradictoires entre elles mais complémentaires.

L'hypothèse de la maturité explique la difficulté plus grande désormais à retrouver des taux de croissance élevés, qui impliquent des dépenses d'investissement plus lourdes et des restructurations d'entreprises plus résolues et plus profondes. Ce qui ne fait que souligner la nécessité de bonnes politiques macroéoconomiques qui nous permettent de renouer avec l'expansion, condition de la reprise de l'investissement, de la réduction du chômage conjoncturel et de la mise en chantier de l'indispensable réforme de l'Etat-providence.

Cette dernière à son tour, en redonnant de la souplesse au marché du travail et à la fixation des salaires, comme en réduisant le coût fiscal du travail et en permettant d'accélérer les restructurations d'entreprises, doit favoriser la croissance. Mais elle ne peut se concevoir que dans une période d'expansion, la chirurgie réformatrice ne pouvant être acceptée par l'opinion que dans un contexte d'augmentation des rémunérations et de multiplication des opportunités d'emploi.

Il ne s'agit donc pas de choisir une politique à l'exclusion d'une autre mais de les mettre en œuvre simultanément parce qu'elles se confortent mutuellement. Le changement de politique macroéconomique et la réforme structurelle vont de pair [14].

Les pays qui ont réussi à rééquilibrer durablement leurs finances publiques sont ceux qui ont procédé à des réductions de dépenses, en particulier dans le domaine des systèmes de redistribution, plutôt qu'à des alourdissements de la fiscalité, et qui l'ont fait dans des périodes d'expansion économique plutôt qu'en phase de ralentissement ou de récession.

Il faut donc à la fois réorienter la politique macroéconomique et débarrasser l'économie de ses rigidités structurelles. Les deux politiques sont complémentaires.

Cependant, une mise en œuvre simultanée est politiquement trop difficile. Il est plus réaliste de prévoir un ordre de priorité du changement. Or la réforme structurelle ne peut déterminer à elle seule un regain de croissance dans une économie où la demande globale est réprimée. On n'a pas d'exemple d'une telle réussite, et d'autre part il s'avère beaucoup plus difficile de réaliser des réformes structurelles profondes dans une économie en contraction ou en croissance lente que dans une économie en forte expansion.

Il existe certes des contre-exemples, comme le montrent les cas des pays anciennement communistes et de la Nouvelle-Zélande qui ont effectué des réformes structurelles profondes, voire révolutionnaires, tout en adoptant des politiques macroéconomiques d'austérité, conjuguant ainsi réforme et récession. Mais il s'agit en l'espèce soit d'économies qui s'étaient déjà effondrées du fait de la crise fiscale et de la dissolution du système économique antérieur (URSS et Europe de l'Est), soit d'un pays dont les ressources essentielles provenaient de biens et services qui étaient menacés par le développement de la concurrence internationale, et dont l'économie était effectivement au bord de l'effondrement.

Sur un arrière-plan de crise chronique qui dure depuis près de vingt ans, il n'est pas possible ni évidemment souhaitable d'attendre que les économies euro-conservatrices s'effondrent pour entreprendre de les réformer. Il faut donc relancer la croissance en priorité, ce qui n'est possible que par une politique macroéconomique appropriée, pour se mettre en mesure ensuite d'aborder la tâche ardue de la réforme des structures de l'Etat dans des conditions politiquement acceptables.

L'analyse des bonnes politiques monétaires et budgétaires est donc au cœur du débat, d'autant que la doctrine actuellement la plus répandue, l'« euro-monétarisme », engage les économies continentales dans un dramatique contresens par rapport aux nécessités présentes.

Malheureusement, la « pensée unique », c'est-à-dire l'insuffisance de la réflexion préalable, l'absence d'ouverture du débat démocratique et l'appel exclusif fait aux experts de l'administration, puis la production de masse de la propagande officielle, ont enfermé les responsables nationaux dans une impasse économique qui s'est traduite et continuera à se traduire par des échecs électoraux répétés.

LE BLOCAGE DOCTRINAL

Le blocage doctrinal est une faiblesse française qui constitue une tradition ancienne et constante du ministère des Finances. C'était déjà l'attitude de Valéry Giscard d'Estaing dans les années 60, pour qui « il n'y avait pas d'autre politique » que celle du gouvernement auquel il appartenait. Il n'était pas le seul dans ce cas et la pratique s'est encore aggravée à Bercy, en dépit des volte-face et des vicissitudes des présidences socialistes. Elle tend aujourd'hui à devenir européenne, la politique euro-monétariste étant habituellement présentée comme la seule solution qui puisse être apportée aux problèmes économiques du continent.

Changer de politique monétaire et budgétaire, est-ce concevable ? Est-ce possible ? Est-ce même souhaitable ? Ne faisons-nous pas la seule politique raisonnable ? Et d'ailleurs ne nous est-elle pas dictée par la tyrannie des marchés financiers internationaux ? Voilà la litanie de « l'économiquement correct » des années 90.

En une variante de la théorie de la globalisation, nos experts et banquiers centraux nous affirment en effet que l'ouverture internationale des marchés financiers impose dorénavant une politique monétaire et financière intégralement conservatrice aux gouvernements nationaux.

Dans la mesure où ces derniers ont constamment besoin d'emprunter pour eux-mêmes et de favoriser l'afflux de capitaux du monde entier pour financer les entreprises, ils sont en concurrence les uns avec les autres pour l'obtention de l'épargne japonaise, américaine, des pays du Golfe ou de l'Amérique du Sud. Les pays à faible inflation et à taux de change stable inspirent confiance et bénéficient ainsi d'un avantage compétitif comme emprunteurs, puisqu'ils garantissent aux prêteurs internationaux le remboursement en valeur inchangée de leur épargne.

Il n'y aurait donc aucune marge de choix pour les politiques économiques nationales parce que toute inflation ou toute variation de la parité de change serait refusée par les prêteurs et déterminerait immédiatement une fuite des capitaux internationaux, une dépréciation accrue du change conduisant à plus d'inflation et à une dépréciation supplémentaire de la devise, en une spirale sans fin. L'hyperinflation et l'effondrement économique seraient au bout du chemin.

A supposer même que l'on puisse s'arrêter avant cette issue fatale, une inflation plus forte ou un taux de change instable suffiraient à faire fuir une partie des capitaux et élèveraient le taux de rémunération par une prime de risque qu'il faudrait verser aux prêteurs pour les persuader de laisser leurs capitaux dans le pays. Ce qui ne manquerait pas de pénaliser finalement le gouvernement et les entreprises de l'économie inflationniste.

Cette vision apocalyptique est cependant doublement, et incroyablement, fausse. D'abord parce que les primes de risque n'augmentent pas nécessairement le coût réel du capital ou pas de façon significative. Elles compensent seulement les risques de dépréciation, si les marchés financiers sont efficients, ce que les économistes spécialisés et les praticiens avisés tendent à reconnaître habituellement comme un fait avéré.

Ensuite parce qu'il existe toute une gamme de politiques macroéconomiques plus ou moins expansionnistes et que toutes ne conduisent pas nécessairement ni également à l'inflation et à la dépréciation continue du change. C'est une caricature grossière, dont on ne comprend même pas qu'elle puisse être formulée par des responsables politiques bien informés, que de prétendre nier l'existence de multiples politiques non inflationnistes, comme s'il y avait d'un côté une multiplicité de politiques inflationnistes auxquelles ne s'opposerait, de l'autre, qu'une seule politique qui ne le serait pas.

Un gouvernement peut en réalité pratiquer une grande variété de politiques plus ou moins inflationnistes, comme le prouve la diversité des taux d'inflation observés, ne serait-ce que dans les pays de l'Ocde. Et un peu d'inflation ne rime pas forcément avec une moindre croissance, comme le montrent divers exemples récents, particulièrement en Grande-Bretagne, aux Etats-Unis et en Italie avant le retour récent à une convergence forcée vers le mark. Il peut, à l'inverse, se trouver des politiques excessivement désinflationnistes qui finissent par verser un jour dans la déflation.

En conséquence la « tyrannie des marchés » ne dicte certainement pas la conduite de la politique monétaire des gouvernements. Ces derniers peuvent fixer leurs taux d'intérêt nominaux d'intervention à court terme, évoluer vers tel ou tel taux d'inflation, laisser le change s'apprécier ou se déprécier selon leurs choix financiers et fiscaux, au gré de leurs préférences. Les opérateurs de marché se contentent de fixer des primes de risque correspondantes sur les emprunts.

Ce n'est que lorsqu'un gouvernement entend fixer la parité de sa monnaie de façon stricte que la tutelle des marchés entre en jeu. En effet, la tendance des changes, comme celle de tous les autres prix, est de fluctuer en fonction des conditions économiques qui varient d'un jour à l'autre, d'un mois sur l'autre. Fixer un prix unilatéralement, et de façon nécessairement arbitraire, revient à donner aux prêteurs et emprunteurs une occasion de spéculer parce qu'ils savent d'expérience que les conditions économiques vont changer et que le prix par conséquent, un jour ou l'autre, devra faire de même.

La fixité n'existe pas en économie ou en finance, pas plus que dans le monde du vivant en général. Fixer un prix, le prix externe de la monnaie en l'occurrence, c'est une invite permanente à la spéculation qui permet de réaliser des bénéfices énormes si l'on sait prévoir correctement ce que sera l'écart du prix d'équilibre futur de la devise par rapport à son prix administré actuel.

Comme le taux de change entre deux devises dépend au premier chef de la différence des taux d'inflation entre les deux pays concernés, la fixation administrative du change oblige immédiatement le gouvernement qui la décide à maintenir une inflation semblable à celle du pays partenaire. Faute de quoi la spéculation se déchaîne dans l'attente d'une modification future et inévitable de la parité qui reflétera les différences d'inflation.

Lorsque celle-ci se produit, le gouvernement qui ne réussit plus à contrôler le prix du change dénonce une « attaque » des spéculateurs, ou la « pression insupportable » des marchés. C'est une « tyrannie » qui s'exerce à l'encontre de sa volonté, laquelle est bien entendu seule conforme à l'intérêt supérieur du pays. Il en allait exactement de même à l'époque, heureusement révolue, du contrôle administratif de tous les prix, qui prétendait lutter contre l'inflation en régentant les entreprises et les commerces pour la défense prétendue du consommateur. On a un jour supprimé l'administration des prix et rien ne s'est passé du côté de l'inflation. C'est qu'elle dépendait, on l'a su depuis, de la politique monétaire et budgétaire du gouvernement et non du complot des spéculateurs, des épiciers et des fournisseurs de services que tous les responsables politiques et les fonctionnaires des finances n'avaient cessé de fustiger pendant des années.

C'est le même scénario que l'on reprend actuellement à propos du prix externe de la monnaie, qui joue un rôle essentiel dans une économie ouverte sur l'extérieur, alors que dans les années 50 et 60, dans une économie plus fermée, c'était le prix interne de la monnaie (le niveau général des prix, c'est-à-dire le prix de tous les biens et services) qui était au premier plan des préoccupations de nos gouvernants.

La « tyrannie » des marchés exercée sur la politique monétaire et budgétaire n'existe donc que dans la mesure où le gouvernement entend maintenir la fixité de la parité de change par rapport à une devise étrangère, ou tout autre critère arbitraire comme par exemple le prix de l'once d'or.

C'est dans ce seul sens que le marché exerce sa surveillance : il surveille un engagement précis que les gouvernements nationaux sont parfaitement libres de prendre ou de ne pas prendre. Si les autorités monétaires laissaient purement et simplement flotter la monnaie, la « dictature » des marchés financiers internationaux disparaîtrait du jour au lendemain.

C'est donc le choix d'une politique monétaire particulière qui suscite la tyrannie des marchés. Il s'agit en l'occurrence d'une politique de fixité « définitive » du change avec une monnaie voisine, assortie d'un objectif d'inflation nulle. Cette politique est extrême dans la gamme très vaste de toutes celles qui pourraient être choisies. Présentée sans raison valable comme la seule possible, elle correspond au choix rigide de l'intégrisme monétaire, version excessive et rejeton illégitime de la théorie monétariste.

Les difficultés économiques suscitent habituellement, avec un peu de retard, des théories destinées à guider les gouvernements dans un environnement complexe. Mais ces guides pour l'action dans un contexte particulier s'avèrent le plus souvent circonstanciels et tendent naturellement à se transformer en doctrines à prétention intemporelle qui ne s'adaptent que lentement aux conditions nouvelles et aux problèmes qu'elles suscitent.

La Grande Dépression avait conduit les théoriciens et les gouvernements à concevoir et mettre en œuvre des politiques monétaires et budgétaires de stimulation de la demande globale. Elles se sont transformées, après guerre, en politiques macroéconomiques qui prétendaient réussir en permanence un « réglage précis et fin » de la croissance, sans inflation ni chômage. La vanité de la tentative apparut clairement lors de la grande inflation qui prit son essor à partir du milieu des années 60 et explosa dans les années 70. Le contexte nouveau suscita le succès des analyses monétaristes qui soulignaient la responsabilité des politiques monétaires dans le développement de l'inflation. Cette théorie, bien confirmée par d'abondantes études et aujourd'hui acceptée par tous les économistes, engendra à son tour une grande méfiance à l'égard de toute politique monétaire expansionniste.

Mais, comme souvent, on est allé trop loin dans le mouvement de balancier. L'expérience des politiques monétaires trop laxistes des années 60 conduisit, par réaction, à une critique de toute politique d'aisance monétaire. La lutte contre l'inflation était devenue la priorité absolue, et souvent l'unique objectif de la politique macroéconomique.

Malheureusement le conservatisme financier qui s'en est suivi et fut adopté sans nuance dans le petit milieu des responsables gouvernementaux et des dirigeants de banques centrales a survécu à la fin de l'inflation intervenue dans la deuxième moitié des années 80. On continua ainsi à prôner la lutte anti-inflation dans des économies d'où l'inflation avait pratiquement disparu et où c'est la déflation qui menace.

Pis encore, allié à la doctrine des changes fixes et à la volonté de reconstruire en Europe un système de type Bretton Woods (abandonné par les Etats-Unis et comme système monétaire international en 1971), puis une monnaie unique, cet acharnement anti-inflationniste a déterminé l'application à tous les pays concernés de l'ultra-conservatisme monétaire allemand, renforcé outre-Rhin par la nécessité de lutter contre les conséquences inflationnistes de la réunification de 1989. Le projet Euro qui fut lancé dans ce contexte intervint ainsi au plus mauvais moment.

Mais le nouveau conservatisme monétaire, qui s'appuie sur la constatation rigoureuse au lien entre politiques expansives et inflation, et qui ne dit en réalité presque rien sur ce que doit être le niveau préféré d'inflation, s'est transformé insensiblement en une doctrine de lutte contre toute inflation, quel qu'en soit le niveau. Et l'objectif de cette nouvelle doctrine macroéconomique c'est désormais l'inflation zéro, dont la justification théorique repose sur des fondements très fragiles. On est ainsi passé du constat scientifique des causes monétaires de l'inflation au dogme du conservatisme monétaire, qui a fait plus d'adeptes en Europe qu'aux Etats-Unis.

L'ATTAQUE CONTRE LES POLITIQUES EXPANSIVES

Le monétarisme est l'analyse scientifique qui attribue à la création monétaire la responsabilité immédiate de l'inflation. Il n'y a pas, selon les monétaristes, de période significative d'inflation qui ne soit pas accompagnée d'une forte création de signes monétaires. Cette assertion peut être considérée aujourd'hui comme largement démontrée.

Les monétaristes ajoutent aussi que les gouvernements sont responsables de la création monétaire à travers la politique des taux d'intérêt, ce qui est tout aussi peu contesté. Et ils concluent en soulignant que l'on ne peut pas faire confiance aux responsables politiques pour garantir la stabilité des prix car la tentation est toujours forte de distribuer des signes monétaires qui créent un pouvoir d'achat temporaire au profit des clientèles électorales qui bénéficient des transferts publics. Tant, du moins, que les hausses de prix résultant de la multiplication de la quantité de monnaie n'ont pas repris aux consommateurs le pouvoir d'achat supplémentaire ainsi créé.

Dans le long terme, soutiennent les monétaristes, cette création de monnaie ne sert à rien, elle ne crée pas de richesse supplémentaire mais alimente seulement la hausse de tous les prix. Elle ne peut accélérer le rythme de la croissance économique, si ce n'est de façon éphémère. Elle n'a pas d'effet durable sur l'activité économique réelle.

Cette dernière affirmation est beaucoup plus discutée. Pourtant, certains auteurs monétaristes vont encore plus loin et affirment que dans le long terme l'inflation n'est pas seulement inefficace ou « neutre », elle serait nuisible en ce qu'elle contribuerait à réduire la croissance réelle [15].

Dans l'état actuel du débat cette affirmation n'est pas prouvée. Dans le long terme l'effet de l'inflation sur la croissance n'apparaît pas de façon nette et il s'avère en fait souvent positif. Cependant, sur des périodes plus courtes et en cas de récession ou de ralentissement, il est peu discutable que la relance monétaire joue un rôle positif. Et les défenseurs des politiques macroéconomiques expansives n'ont jamais eu en tête le long terme : leur souci est de sortir le plus vite possible l'économie des situations temporaires de récession. Leur optique est conjoncturelle. Et il n'est pas illégitime d'agir pour améliorer les perspectives de court terme de l'économie si cela ne comporte pas à terme un coût supérieur aux bénéfices immédiats.

Il ne faut pas oublier non plus que les gouvernements peuvent se tromper en pratiquant une restriction monétaire excessive. C'est l'analyse que fait Milton Friedman des raisons de la gravité de la Grande Dépression des années 30. Il montre qu'en cette occasion une politique monétaire trop restrictive a pu casser la croissance réelle et causer des dégâts considérables. Et tous les travaux récents sur la question confirment le rôle décisif, et négatif, qu'ont eu les politiques monétaires restrictives dans la plongée des économies industrielles au cours des années 30.

De nombreux auteurs montrent aussi depuis quelques années que toutes les politiques de freinage de l'inflation ont pour conséquence de freiner en même temps la croissance de l'économie réelle. Il n'y a guère de désinflation sans ralentissement de l'activité, et donc sans augmentation du chômage conjoncturel. La désinflation est toujours coûteuse.

Or, les tenants du nouveau conservatisme financier, gardant sans doute à l'esprit les circonstances de la lutte prioritaire contre l'inflation des années 70, ne tiennent compte que d'un seul aspect de l'analyse des politiques monétaires, le côté négatif. Ils veulent éradiquer l'inflation, purement et simplement, sans penser le moins du monde au danger d'une restriction monétaire excessive. Cette vision asymétrique de la réalité a créé d'autant plus de ravages dans les économies européennes qu'elle s'est conjuguée à deux croyances infondées : la supériorité de l'inflation zéro et celle des systèmes de changes fixes.

DEUX CROYANCES INFONDÉES

En effet, au constat démontré de la responsabilité gouvernementale en matière de création monétaire et d'inflation, les intégristes monétaires ont ajouté ces deux croyances qui ne relèvent pas d'un constat scientifiquement établi.

Selon eux désormais, l'inflation la meilleure est l'inflation zéro. Et ce dogme leur convient d'autant mieux qu'il constitue un critère objectif commode de bonne gestion monétaire. Il vaut mieux à leurs yeux une gestion automatique de la politique monétaire, qui peut alors être confiée à des techniciens indépendants, plutôt que de laisser les gouvernements fabriquer de la monnaie en fonction des circonstances, car on ne peut pas leur faire confiance pour se limiter à une création monétaire non inflationniste.

Or l'objectif de l'inflation zéro n'est plus du domaine de l'affirmation scientifique reconnue mais de l'hypothèse ou de la croyance, tout comme l'assertion selon laquelle l'inflation n'aurait au mieux qu'un effet nul sur la croissance, et plus probablement négatif.

Ces postulats sont confortés par les analyses des monétaristes extrêmes de l'école dite « des anticipations rationnelles », qui supposent que la manipulation de l'inflation n'a pas non plus d'effet réel sur l'activité économique dans le court terme. Cela signifie deux choses importantes, mais fausses : tout d'abord la relance monétaire n'est pas capable de stimuler l'expansion, même de façon temporaire. Et de même, symétriquement, une politique de désinflation n'aura pas d'inconvénient en termes de ralentissement de l'activité. En conséquence, les manipulations de son niveau n'ayant pas de coût économique, l'inflation peut être choisie de façon arbitraire par le gouvernement. Et comme ses effets de long terme sur la croissance sont, croit-on, plutôt négatifs, alors autant choisir le niveau zéro de la hausse des prix puisque cela ne nuit pas à la prospérité, bien au contraire.

Le seul ennemi étant l'inflation, l'objectif permanent voire unique de la politique macroéconomique doit être de la réduire. En cela consiste la vertu. La croissance sera donnée de surcroît. Et si l'économie en souffre c'est qu'elle n'est pas assez « souple » et que les salariés font indûment de la résistance. Il faut leur réapprendre la morale de l'effort et de la peine : « *No pain, no gain.* »

La doctrine monétariste extrême, ou « intégrisme monétaire », le terme étant dû à Edward Luttwak [16], va ainsi au-delà de ce que démontre l'argumentation scientifique du monétarisme friedmanien. Elle pose comme objectif l'inflation zéro au mépris des conséquences négatives de court terme sur l'expansion, réputées ne pas exister, et préconise de confier la gestion monétaire à un pouvoir technique indépendant des gouvernements élus, une banque centrale par exemple, sans plus se préoccuper des effets réels de la gestion.

Les keynésiens, au contraire, ont toujours soutenu que la création monétaire, même accompagnée d'une certaine hausse des prix, avait des effets positifs sur la croissance, au moins lorsque l'économie n'utilise pas toutes ses capacités de production et lorsque les prix sont « rigides », c'est-à-dire ne s'ajustent pas instantanément à la hausse lorsque le rythme de création de la monnaie augmente. Et ils s'accordent en fait avec Milton Friedman pour reconnaître que la politique monétaire restrictive peut créer la récession, et donc a fortiori le simple ralentissement de la croissance économique.

L'OBSESSION DES CHANGES FIXES

En Europe, mais surtout en France, le nouvel intégrisme de l'inflation zéro rencontre une autre obsession monétaire, la croyance en la supériorité absolue, en toutes circonstances, du système des changes fixes. Il y a en la matière une étonnante constance d'attitude de nos élites financières [17]. Déjà en 1933, à la conférence économique internationale de Londres, les délégués du Bloc or, menés par la France, attribuaient tous les maux de l'époque à l'absence d'une monnaie saine alors que ceux des autres pays soulignaient, à juste titre, la nécessité d'une politique de reflation monétaire et d'expansion économique.

Ce fut d'ailleurs un thème constant, pendant plus d'un demi-siècle, de Jacques Rueff, haut fonctionnaire très représentatif des milieux proches du ministère des

Finances français, que celui du rôle essentiel d'une monnaie forte pour garantir la stabilité de la société. C'est ainsi que les dirigeants français sont passés de l'idéologie du franc-or à celle du franc fort, et de l'étalon-or à l'étalon-mark. A l'inverse la Grande-Bretagne, qui avait opté avec pragmatisme et sagesse pour l'abandon des changes fixes et de l'étalon-or en 1931, récidivait opportunément en 1992 en renonçant rapidement à la parité fixe avec le deutsche Mark.

Dans l'Europe des années 80, le conservatisme monétaire a ainsi pris une tonalité particulière, liée à l'alignement sur le mark. En effet, en raison à la fois de ses expériences passées, désastreuses, de l'inflation, et de l'expérience de l'indépendance de la Bundesbank alliée à une poursuite sans faille de la stabilité des prix, l'Allemagne fait figure d'exemple de l'excellence dans le conservatisme monétaire.

La recherche de la fixité des changes avec le mark, puis le projet de création d'une monnaie unique par fusion des monnaies nationales avec celui-ci, assorti d'un accord plus ou moins explicite sur une gestion monétaire commune « à l'allemande », consiste en fait à diffuser le modèle de l'intégrisme monétaire à l'ensemble des pays européens.

C'est « l'euro-monétarisme », doctrine qui consiste à mettre en place un système de change qui se ramène à un « étalon-mark » en Europe, comme il y a eu jadis un étalon-or. Il définit une nouvelle « constitution monétaire » pour le continent qui échappe au fonctionnement courant de la politique démocratique.

C'est que les Allemands attachent au mark l'essentiel de leur fierté nationale qui n'a pu s'exprimer sur le plan politique depuis la dernière guerre. Et comme ils redoutent, pour avoir été échaudés à plusieurs reprises par l'hyperinflation, l'eau tiède de l'inflation modérée, ils n'acceptent l'union qu'à leurs propres conditions économiques et monétaires. Ils exigent ainsi que leurs partenaires dans la gestion de la future monnaie unique fassent la preuve du sérieux de leur engagement à respecter pour toujours les critères conservateurs de la Bundesbank. Pour cela, les monnaies des pays candidats à l'euro doivent devenir, avant l'union, aussi fortes que le mark. Car l'opinion et les banquiers centraux allemands ne peuvent renoncer à celui-ci pour une monnaie moins sûre.

De ce fait l'Allemagne exporte sa propre conception de la politique monétaire chez tous ses partenaires dans le système européen de changes fixes qui prend la place sur notre continent du système mondial de Bretton Woods. La politique euro-monétariste qui résulte de l'adoption de l'étalon-mark détermine une inflation qui se rapproche de zéro, qui n'est pas adaptée aux besoins réels des économies contemporaines dans lesquelles le risque n'est plus trop mais trop peu d'inflation.

CONCLUSION

Les responsabilités de l'enlisement des économies d'Europe continentale commencent à être connues. Elles trouvent leur source principale dans la tentative de construction de l'euro et dans le conservatisme monétaire et financier qui l'accompagne et la justifie. On commence même à le dire ouvertement, à droite comme à gauche, et jusque chez les plus farouches partisans de l'Europe, malgré le tabou officiel opposé au débat.

Les gouvernements engagés dans cette entreprise et les gouverneurs intégristes des banques centrales ont jusqu'à présent éludé les critiques en désignant comme responsable unique le système de redistribution de l'Etat-providence et le manque de flexibilité des marchés du travail. Le diagnostic n'est pas inexact mais il est incomplet, comme en témoigne le fait que Welfare State et rigidités salariales n'ont pas empêché la reprise de la croissance en France à la fin des années 80 et à nouveau en 1993-1994, lorsque le gouvernement, pour des raisons électorales, abandonna la politique de déflation budgétaire.

Si nous écartons les boucs émissaires fantaisistes comme la globalisation de l'économie ou la « tyrannie des marchés financiers » et la thèse excessive de l'impuissance de la politique monétaire, il ne reste comme facteur explicatif de la sous-performance européenne que l'adhésion aveugle à une politique euro-monétariste extrême, ou d'intégrisme monétaire.

Cette politique qui prône l'inflation zéro et les changes fixes nous impose, par le truchement de l'étalon-mark, l'adoption de la politique conjoncturelle allemande. Ce qui se traduit par une désinflation inutile et débilitante et une austérité budgétaire qui ne peut être qu'autodestructrice en période de ralentissement économique.

En ce sens Maastricht est responsable de nos maux parce que le traité a reflété les exigences allemandes de conservatisme financier en contrepartie de l'abandon du mark au profit de l'euro. On pouvait économiquement, mais sans doute pas politiquement, concevoir une union monétaire différente aboutissant à un euro faible, ou au moins intermédiaire entre la lire et le mark. Cet euro-là aurait ressemblé au franc à s'y méprendre, et tel est bien le rêve secret que caressaient nos représentants.

Il fallut cependant céder aux exigences allemandes. De ce fait, tout comme l'étalon-or dans les années 30, l'étalon-mark cause aujourd'hui des ravages économiques sur le continent. Et ils ne se limiteront malheureusement pas à la durée de la reconstruction allemande des Länder de l'Est.

En effet, la monnaie unique est et restera une entreprise néfaste pour les économies européennes. A ce titre elle ne pourra pas être lancée, ou alors elle explosera tôt ou tard comme nous le verrons dans le chapitre suivant.

Contrairement à ce que les intégristes voudraient nous faire croire, la mise en place de la monnaie unique ne mettra pas un terme à la stagnation parce que sa gestion continuera à reposer sur les mêmes conceptions. C'est donc la perspective d'une médiocrité durable de la croissance économique qui attend l'Europe dans les prochaines années. Le déclin apparaît sans issue. Il ne faut pas chercher plus loin les causes du désarroi si perceptible sur le continent alors que l'optimisme règne dans les économies qui ont renoué avec la croissance, de l'autre côté de l'Atlantique et, plus près de nous, de l'autre côté de la Manche.

Le plus grave est que cette saignée ne sert à rien. Elle repose sur une erreur économique et des a priori politiques, tout comme la déflation des années 30. Projets mal conçus, politiques à courte vue malgré la prétention grandiose à la construction d'une monnaie nouvelle et d'un Etat continental, refus de reconnaître les mécanismes économiques de base et les errements de politique économique, accompagnés d'intimidation de l'opinion. La faute européenne des années 90 est la plus grave erreur de politique économique du siècle après celle des années 30. Le passif des gouvernants est particulièrement lourd, leur comportement inepte et leur responsabilité immense.

CHAPITRE II

La monnaie unique contre l'économie

La politique monétaire en Europe est aujourd'hui dictée par l'objectif de change que constitue l'étalon-mark. Celui-ci pousse vers la déflation les économies qui, contrairement à l'Allemagne, ne connaissent pas de tensions inflationnistes. Les conséquences sur l'activité réelle, la production et le chômage sont graves. Ce chapitre explicite les effets néfastes de la monnaie unique sur l'économie et montre en quoi celle-ci s'oppose durablement à la poursuite de la prospérité.

Dans les circonstances présentes la gestion du franc calquée sur celle du mark entraîne, par suite de la désinflation permanente qu'elle induit, un coût prohibitif pour l'économie française. Ce qui se produit aussi, pour les mêmes raisons, dans d'autres pays européens, l'Italie par exemple.

Mais cette politique pénalisante ne finira pas avec la mise en place de la monnaie unique, si elle se réalise. En effet, dans son principe même, l'euro constitue une erreur économique car l'Europe n'est pas une « zone monétaire optimale », c'est-à-dire une zone géographique dans laquelle il est avantageux pour les économies nationales de fixer les changes, ou encore, en allant jusqu'au bout de la logique des changes fixes, de remplacer plusieurs monnaies nationales par une monnaie unique.

Une monnaie unique ne convient pas nécessairement ni également à plusieurs économies nationales, notamment parce que le taux d'inflation de plein emploi peut être différent dans chacun des pays concernés, mais aussi en raison des différences de structures qui séparent durablement les économies nationales. La mobilité du travail, la concentration des échanges extérieurs et la répartition sectorielle de l'activité restent en effet dissemblables d'une économie à l'autre, et l'intensification des échanges a plutôt pour conséquence d'amplifier ces différences que de les réduire.

De ce fait une politique monétaire unique, et qui plus est absurdement assortie de contraintes arbitraires et uniformes en matière budgétaire, celles du pacte dit « de stabilité » imposé par l'Allemagne, continuera d'infliger des coûts importants et totalement inutiles aux nations qui se lancent dans cette aventure.

Au demeurant, les dirigeants des pays concernés, c'est-à-dire au premier chef ceux de la France et de l'Allemagne, sentent bien ces difficultés et tentent de tricher avec les exigences de leurs partenaires. Chacun essaie, comme il est normal, d'imposer sa propre conception de la politique monétaire. La divergence naturelle des politiques monétaires nationales introduit par conséquent un élément de conflit politique permanent entre Etats partenaires au sein d'une zone monétaire qui par nature n'est pas optimale.

Il est alors crucial de savoir lequel des pays membres fera prévaloir ses vues monétaires. C'est la controverse sur ce que devra être la gestion de la Banque centrale européenne qui a commencé de se manifester lors du sommet de Dublin. La France a laissé percer ses préférences réelles en demandant que, à côté de la lutte contre une inflation aujourd'hui inexistante, la future politique monétaire unique se préoccupe aussi de croissance et d'emploi, en mettant les dirigeants de la future Banque centrale européenne sous le contrôle effectif des gouvernements nationaux. Ce qui revient à relativiser l'objectif exclusivement anti-inflationniste défini à Maastricht qui autorisait une gestion monétaire technocratique, indépendante de la politique.

Toute exigence autre que la stabilité monétaire apparaît cependant inacceptable à l'opinion allemande et aux dirigeants de la Bundesbank. C'est ainsi que la création d'une monnaie unique soulève plusieurs questions conflictuelles qui viennent inévitablement sur le devant de la scène à mesure que l'on s'approche de l'échéance : Quelle politique monétaire va l'emporter ? Comment seront dédommagés les perdants ? Et pour quels avantages communs ? Il est dommage, pour le moins, que ce débat essentiel intervienne aussi tardivement, alors qu'il aurait dû être lancé bien avant le début du processus.

Quelle sera l'issue de cette guerre politique pour le pouvoir monétaire dont les citoyens des pays membres font aujourd'hui les frais ? Le langage des gouvernements est aujourd'hui celui de la résolution et de l'irréversibilité. Mais il provoque un malaise dans les esprits et un scepticisme croissant dans l'opinion et dans les entreprises.

Peut-on encore échapper au piège de l'euro ? Au-delà du discours officiel il faut faire confiance aux réalités économiques. Lorsqu'une politique est inutilement coûteuse et lorsque le coût pour la collectivité va croissant, elle finit par être abandonnée. L'euro n'étant pas viable ne sera pas créé, ou s'il l'est ne durera pas.

Mais en politique comme en économie le principe d'incertitude règne. Personne ne peut prévoir la date de réalisation d'un événement, même si son occurrence ne fait pas de doute. C'est pourquoi il est impossible de dire si le projet euro sera abandonné avant même la date prévue pour sa création, ou quelque temps après. Ce qui est certain c'est que le plus tôt sera le mieux.

LE COÛT DE L'ÉTALON-MARK

L'intégrisme monétaire attribue tous les maux dont souffrent nos économies à l'absence d'une monnaie « saine », c'est-à-dire d'une monnaie forte, qui a tendance à se réévaluer. De ce point de vue, aligner la valeur du franc sur celle du mark devrait conduire l'économie française à la prospérité puisque le cours du mark tend à s'apprécier relativement à celui de toutes les autres monnaies. Malheureusement on ne constate rien de tel. Bien au contraire, depuis l'accord de Maastricht qui prévoit la fixation définitive de la parité franc-mark, prélude à la fusion en une monnaie nouvelle, on observe un enlisement de l'activité et une montée qui semble irrésistible du chômage. L'étalon-mark coûte cher à la France et à quelques autres.

Au lieu de les revigorer comme le voudrait la doctrine intégriste, la monnaie forte les étouffe. C'est qu'en réalité, à l'inverse de ce que soutiennent, contre l'évidence, les euro-monétaristes, la gestion monétaire affecte l'économie réelle. La monnaie peut stimuler l'activité quand elle se fait plus abondante, mais elle freine la croissance lorsque la création de signes monétaires se raréfie. Une politique monétaire trop restrictive va jouer contre l'économie.

Or dans une économie ouverte la fixation du taux de change détermine la politique monétaire.

Un taux de change fort, c'est-à-dire une politique de surévaluation ou de réévaluation de la devise, appelle une politique monétaire restrictive, désinflationniste ou déflationniste selon son intensité. En choisissant l'étalon-mark on importe nécessairement la politique monétaire allemande qui a pour objet de lutter contre les tensions inflationnistes outre-Rhin. On étrangle du même coup la croissance en France et dans les autres pays de la zone mark.

Les débats de théorie monétaire des dernières années aboutissent à une conclusion à vrai dire assez simple. Si l'on en juge par l'observation des économies réelles, le monétarisme classique est dans le vrai : la monnaie agit sur les prix. C'est le rythme de la croissance monétaire qui détermine l'inflation ou la désinflation. Mais par contre, le monétarisme extrême est erroné : la monnaie n'est pas neutre vis-à-vis de la production et de l'emploi. Par son influence sur le niveau des prix et l'inflation elle affecte aussi l'activité réelle. Elle stimule ou ralentit la croissance, augmentant ou réduisant du même coup le chômage.

La désinflation s'accompagne ainsi nécessairement d'un ralentissement de la croissance, tandis que la déflation est susceptible de plonger l'économie dans une dépression de forte amplitude.

Si la politique monétaire se définit presque exclusivement, dans une économie fermée, par le choix des taux d'intérêt que fixe discrétionnairement la Banque centrale sur le marché des financements à très court terme, elle découle en même temps, dans une économie ouverte, du niveau du taux de change qui est d'ailleurs directement lié au niveau des taux d'intérêt d'intervention.

Au lieu d'être la marque d'un libéralisme moderne, la défense d'une parité fixe du franc par rapport au mark, c'est-à-dire la fixation par les autorités monétaires du prix externe de la monnaie, le taux de change, s'inscrit dans la tradition des politiques dirigistes de contrôle des prix.

C'est le pendant, dans une économie ouverte, du contrôle du prix interne de la monnaie, c'est-à-dire des prix de tous les biens et services, qui a longtemps constitué le bastion ultime du dirigisme dans une économie fermée. Mais comme cette intervention externe détermine simultanément la politique monétaire interne du pays, elle comporte des conséquences beaucoup plus redoutables pour l'économie que le contrôle administratif direct des prix individuels.

C'est que la quantité de monnaie en circulation affecte de façon décisive la production et l'emploi, proposition qui se trouve au centre des controverses sur l'euro et l'unification monétaire de l'Europe. Le succès ou l'échec de la monnaie unique dépend en dernière analyse de l'influence qu'elle est capable d'exercer sur la production et sur l'emploi.

LA MONNAIE A-T-ELLE UNE IMPORTANCE?

De nombreux monétaristes contemporains ont essayé de montrer que la monnaie n'a pas d'effet sur la production ou l'emploi. Elle n'affecterait que les prix et l'inflation. Cette hypothèse extrême, dite de neutralité de la monnaie, suppose en fait que tous les prix sont parfaitement flexibles et s'adaptent instantanément à toute modification de la quantité de monnaie en circulation. Dans la réalité les choses ne se passent pas ainsi. Les prix et les salaires, c'est-à-dire le prix du travail, ne sont pas parfaitement flexibles et par suite la monnaie n'est pas neutre. C'est pourquoi la politique monétaire importe.

Les années de forte inflation ont contribué à jeter un doute sur l'utilité comme sur la sagesse des politiques monétaires. A la suite de Milton Friedman, les monétaristes « classiques » ont établi que la croissance de la masse monétaire en circulation était la source directe de l'inflation. Et comme l'inflation à deux chiffres semblait éminemment nuisible au bon fonctionnement de l'économie, qu'il coûtait cher de l'éliminer une fois qu'elle s'était produite, on en conclut qu'il valait mieux pratiquer en permanence une politique monétaire restrictive pour en prévenir le retour. Le conservatisme monétaire et financier devenait le critère de bonne gestion des gouvernements et des gouverneurs de banques centrales.

Cette nouvelle doctrine de conservatisme financier a trouvé ses premiers fondements dans la théorie du taux « naturel » (ou « structurel ») de chômage [1]. Selon cette analyse, la quantité de monnaie en circulation dans une économie n'influe sur le niveau de production et de consommation que dans le court terme. A moyen et à long terme, l'effet réel de la monnaie s'estompe. La monnaie agit bien sur les prix mais reste fondamentalement neutre vis-à-vis de l'activité. C'est dire que sur le plan pratique le gouvernement peut choisir une politique monétaire, et par suite un taux d'inflation, quelconque, sans inconvénient pour l'économie puisque la croissance et l'emploi n'en dépendent pas.

Cette analyse contredit le constat antérieur qui mettait en évidence, dans les années 60, une relation inverse entre l'inflation et le chômage. Un peu plus d'inflation permettait de réduire le chômage en accélérant la croissance de la production et donc de l'emploi offert par les entreprises. Inversement, réduire l'inflation ralentissait la croissance et augmentait le chômage.

Les gouvernements disposaient alors de toute une gamme de politiques macroéconomiques. Ils pouvaient réduire le chômage en stimulant l'inflation qui découlait d'une plus forte croissance, ou inversement rechercher la désinflation qui réduisait l'activité en accroissant le chômage. Cette observation familière était baptisée « courbe de Phillips », du nom de l'économiste néo-zélandais qui l'avait le premier étudiée systématiquement [2].

Les monétaristes cependant ont affiné l'analyse. Ils montrent que la création de monnaie supplémentaire ne se traduit en une augmentation du pouvoir d'achat des ménages que si les prix n'augmentent pas dans la même proportion. De même, les entreprises ne sont incitées à accroître leur production de richesses que dans la mesure où les salaires n'augmentent pas aussi vite que la demande de leurs produits sur le marché. C'est dire que la croissance monétaire n'aura d'effets réels sur la production et l'emploi que si les prix et les salaires sont suffisamment rigides, stables face à l'évolution de la circulation de monnaie.

Dans le cas contraire, si prix et salaires suivent instantanément l'évolution de la masse monétaire, les prix augmentant en même temps que les revenus, le pouvoir d'achat des consommateurs reste constant. Ils n'achètent pas davantage. Pour les entreprises, les prix de vente ont augmenté mais les coûts salariaux également. Il n'y a donc pas de raison de produire plus. La production ne change pas. L'emploi ne change pas non plus et le chômage ne varie pas. La politique d'expansion monétaire n'exerce pas d'effet sur l'économie réelle.

Or, nous disent les monétaristes, consommateurs et entreprises apprennent vite et réagissent en conséquence aux politiques monétaires des gouvernements. Lorsqu'ils ont compris le mécanisme de l'inflation ils vont ajuster prix et salaires à la hausse pour s'en défendre. Ce qui annule les effets stimulants de la hausse de prix initiale. La production va retourner à son niveau antérieur et le chômage aussi.

Passé le premier instant de surprise, la création monétaire n'exercera plus d'effet sur les équilibres réels. C'est-à-dire qu'après un délai assez bref, dans le moyen terme, la monnaie est sans influence sur la croissance et le chômage. Dans ce cas le niveau de chômage observé, lié à la croissance de la production, doit être indépendant, dans la durée, des variations de l'inflation. Et l'on observe effectivement que sur des intervalles de plusieurs années il n'y a pratiquement pas de lien entre les taux d'inflation et les taux de croissance moyens.

Une plus forte création monétaire détermine davantage d'inflation mais ne modifie pas durablement le chômage. Celui-ci reste à son niveau « structurel » ou « naturel » qui dépend des réglementations du marché du travail et de la générosité des systèmes d'indemnisation mais pas de la politique macroéconomique. Ce taux évolue au fil du temps de façon assez lente sous l'influence de la démographie, des créations et des disparitions d'entreprises, et des politiques microéconomiques et de transferts qui affectent l'offre et la demande de travail.

Dans ces conditions, les gouvernements peuvent faire ce qu'ils veulent, arbitrairement, en matière de politique monétaire et de taux d'inflation. Cette dernière doit se juger uniquement sur ses vertus ou ses inconvénients intrinsèques, puisqu'elle n'affecte pas la production ni la croissance.

Il apparaît alors qu'en elle-même l'inflation ne présente aucun avantage mais seulement des inconvénients. Chacun la prévoyant essaie de minimiser sa détention de monnaie pour éviter la dépréciation de ses avoirs liquides. Ce qui entraîne un coût réel c'est-à-dire une perte de richesse. En effet, la monnaie est d'usage commode. Chacun trouve intérêt à disposer de liquide. En réduire la détention au strict minimum complique la vie quotidienne, oblige constamment à faire des calculs de trésorerie, à consacrer du temps à la gestion de son encaisse, temps qui est perdu pour des activités plus productives ou plus agréables. L'inflation détermine ainsi une perte de bien-être par rapport à ce qu'il serait possible d'obtenir en son absence. Elle a aussi pour effet réel éventuel, et indésirable, de provoquer une redistribution des revenus au détriment des moins habiles : ceux qui ne calculent pas assez vite sont victimes de l'impôt d'inflation au profit de ceux qui sont plus habiles à anticiper la hausse des prix.

En réalité cependant, lorsque les économistes essaient de chiffrer ces inconvénients ils arrivent à des sommes extrêmement faibles, de l'ordre de moins du dixième de pour cent du produit national. Il pourrait donc sembler bien léger de décider de toute la politique monétaire d'un pays pour éviter des inconvénients que l'on parvient à peine à identifier. Mais pour les tenants du conservatisme monétaire peu importe finalement que ces inconvénients soient sérieux ou négligeables car, l'inflation ne présentant pas d'avantage réel, son coût même minime constitue une perte sèche. Il devient donc rationnel de combattre toute inflation en toutes circonstances.

Dans ce cas une inflation nulle devrait être la meilleure. Pour certains, même, il conviendrait de rechercher une inflation négative, comme le suggère Milton Friedman dans sa théorie de la quantité optimale de monnaie. Car une inflation négative constitue le seul moyen pratique de rémunérer la détention d'encaisses liquides qui ont une utilité économique et doivent être encouragées par un versement d'intérêts positifs (un revenu). Or il est impossible de verser un intérêt sur des billets de banque autrement que par la déflation.

En pratique toutefois aucun gouvernement ne préconise une inflation réellement nulle, et encore moins négative, ni même un objectif de stabilité totale du niveau des prix sur le moyen terme, qui impliquerait que toute période d'inflation soit compensée ultérieurement par une période de déflation équivalente. Ce qui signifie, tout comme l'hypocrisie est un hommage du vice à la vertu, que les autorités monétaires reconnaissent implicitement qu'un peu d'inflation doit être une bonne chose pour l'activité réelle.

C'est qu'il ne fait pas de doute, en réalité, que la politique monétaire affecte l'activité économique et l'emploi – en raison de la rigidité des prix. La thèse de la neutralité de la monnaie, ou de l'impuissance de la politique monétaire, suppose que les agents prévoient correctement l'inflation future et surtout adaptent immédiatement à cette prévision le prix des biens et services qu'ils offrent, y compris celui de leur travail. C'est cette absence de toute inertie dans la fixation des prix, leur parfaite flexibilité par rapport à l'inflation correctement prévue, qui dépouille la monnaie de tout pouvoir sur la croissance et l'emploi.

Dans le monde réel, cependant, les prix ne sont jamais parfaitement flexibles. Ils sont lents à s'adapter et plutôt « rigides » – ne serait-ce qu'en raison de l'incertitude qui frappe les prévisions d'inflation comme toutes les autres prévisions. Il n'est que de voir les erreurs qui sont commises chaque année et chaque trimestre par les conjoncturistes professionnels qui passent tout leur temps à essayer de prévoir la croissance et l'inflation. Pourquoi le salarié moyen, ou le commerçant moyen, ferait-il mieux que ces professionnels qualifiés ?

En serait-il capable, d'ailleurs, qu'il ne le voudrait peut-être pas. En Europe, en effet, la rigidité des salaires est confortée par le vaste appareil de l'Etat-providence qui prodigue aides sociales, indemnités généreuses de chômage, salaire minimum réglementé, et impôt progressif sur les revenus, autant de dispositions qui accroissent l'avantage relatif du non-travail sur le travail. De plus les aides aux entreprises, en écartant la perspective de la faillite et de la réallocation des facteurs de production qu'elles emploient, contribuent à pérenniser l'emploi, ce qui détermine une résistance à la baisse des salaires, et donc à terme un accroissement du chômage.

A côté de la rigidité des salaires, la rigidité générale des prix détermine des réactions semblables dans l'économie et rend efficace la manipulation de la politique monétaire. Si les prix restent inchangés, une augmentation de la masse monétaire crée des revenus supplémentaires bien réels et donc une demande additionnelle de biens et de services, ce qui stimule la production. Inversement une réduction de la masse monétaire détruit des revenus et diminue par conséquent la demande effective de biens et de services.

C'est ce que Friedman souligne à de multiples occasions dans son *Histoire monétaire des Etats-Unis*, lorsqu'il attribue plusieurs épisodes de récessions graves intervenues aux Etats-Unis, y compris la Grande Dépression des années 30, à la gestion monétaire indûment restrictive du Système Fédéral de Réserve.

Si les prix et les salaires sont rigides, une contraction monétaire va étouffer l'activité et engendrer le chômage. Certes, à long terme, les prix et les salaires vont finir par baisser suffisamment pour qu'à revenus monétaires inchangés les consommateurs se sentent redevenus assez riches pour acheter, et pour que les coûts des entreprises aient diminué dans des proportions assez fortes pour qu'il redevienne rentable d'augmenter la production. Mais cet ajustement risque de demander beaucoup de temps. Et dans l'intervalle la dépression s'installe.

De ce fait la manipulation des taux d'intérêt et des taux de change affecte significativement la croissance, en particulier si une récession survient à la suite d'un choc quelconque indépendant des politiques macroéconomiques, comme par exemple les chocs pétroliers des années 70. On ne peut pas compter sur une adaptation rapide des salaires à la baisse pour diminuer les coûts de production des entreprises et relancer de cette façon la production et les ventes. Il faudra attendre longtemps et un niveau de chômage élevé pour que les salaires s'ajustent. Dans l'intervalle une politique de baisse des taux d'intérêt, de création monétaire et de baisse du change peut remédier à la baisse de la demande et à la hausse des coûts. C'est ce qui a été fait à l'époque et qui a provoqué la forte accélération de l'inflation, mais a permis d'éviter un freinage beaucoup plus grave de l'activité économique. On imagine ce qu'aurait été le niveau de chômage des années 70 si les gouvernements avaient mis en œuvre une politique monétaire suffisamment restrictive pour obtenir une inflation nulle !

L'efficacité de la création de monnaie pour la relance de l'économie est bien entendu conditionnée par l'existence de capacités de production disponibles dans les entreprises, tant du côté des machines que de celui des travailleurs. Si tous les équipements et tous les salariés sont déjà occupés à 100 % la création de monnaie supplémentaire ne pourra pas stimuler davantage la production et se répercutera intégralement en hausses des prix.

C'est ce qui explique que la courbe de Phillips tende vers la verticale lorsque le chômage passe au-dessous de son taux « naturel » qui correspond aux conditions institutionnelles du plein emploi. Passé ce point, la stimulation monétaire se traduit par plus d'inflation et de moins en moins d'effet sur la croissance. On paie de plus en plus cher en hausses de prix le point de croissance supplémentaire.

Mais à l'inverse, une politique monétaire peut être excessivement conservatrice, bridant trop fortement la croissance et entretenant un taux de chômage inutilement supérieur à son niveau structurel pour réduire de moins en moins efficacement l'inflation. Vouloir ramener celle-ci au voisinage de zéro peut comporter un coût prohibitif en termes d'accroissement du chômage au-dessus de son niveau « naturel ».

Sur la courbe de Phillips ce dernier détermine le taux d'inflation qui est compatible avec le « plein emploi effectif ». Essayer de faire baisser l'inflation au-dessous de ce niveau entraînera en conséquence un surchômage, un chômage conjoncturel que l'on pourrait éviter, et qui ne produit que des gains insignifiants en termes de désinflation ; on paie de plus en plus cher en termes de chômage le point de désinflation supplémentaire. Le conservatisme financier devient de plus en plus coûteux.

L'objectif d'inflation zéro, selon le positionnement de la courbe de Phillips à court terme, peut se situer très loin dans la gamme des taux de chômage, très au-dessus du taux « structurel » d'équilibre. C'est ce qui se produit aujourd'hui dans l'économie française où la hausse des prix tombe au-dessous de 1 % l'an et tend vers zéro, mais où le chômage menace de dépasser les 13 %.

La conclusion est donc qu'il convient de définir la politique monétaire par rapport au taux d'inflation « optimal », celui qui permet de réduire le chômage à son niveau durablement incompressible ou « naturel », plutôt que de se fixer un objectif d'inflation arbitraire et inflexible, indépendamment de ses effets sur le chômage, et qui est susceptible de susciter des ravages dans l'économie réelle.

CONSOMMATEURS ET ENTREPRISES SONT-ILS SENSIBLES AUX TAUX?

Dans une économie fermée la définition de la politique monétaire consiste pour la Banque centrale à fixer discrétionnairement les taux d'intérêt à court terme. Dans une économie ouverte où le taux de change joue un rôle important dans la détermination des importations et des exportations, et par conséquent du niveau général de l'activité, la parité de la monnaie, son prix externe, contribue également à définir la politique monétaire.

C'est qu'en effet les taux d'intérêt contribuent à définir le taux de change par l'influence qu'ils exercent sur les entrées et sorties de capitaux internationaux, c'est-à-dire les offres et les demandes de la monnaie nationale. Un relèvement des taux d'intérêt attire les capitaux internationaux à la recherche d'un rendement plus élevé. Les investisseurs achètent donc des instruments de placement nationaux tels que des bons du Trésor ou obligations publiques et privées. Ils doivent les payer en francs et se portent donc acheteurs de francs et vendeurs de leurs devises de départ. Le taux de change du franc vis-à-vis de ces autres devises monte. Le franc s'apprécie. Et inversement, lorsque la Banque centrale baisse ses taux d'intérêt d'intervention, les capitaux quittent la France à la recherche de placements plus rémunérateurs, les francs sont vendus et d'autres devises demandées. Le franc se déprécie.

Une politique monétaire restrictive, qui fixe des taux d'intérêt à court terme élevés, détermine du même coup un change « fort ». Et inversement, si l'on veut réévaluer la monnaie il faut relever les taux d'intérêt d'intervention de la Banque centrale. De même pour « défendre » une parité de change fixée très haut ou pour maintenir constant un taux de change vis-à-vis d'une monnaie étrangère qui tend elle-même à s'apprécier. Ce qui est le cas du deutsche Mark au cours des dernières années, et spécialement depuis la réunification.

Lorsque le mark s'apprécie par rapport au dollar ou au yen il faut que le franc s'apprécie dans les mêmes proportions et si le mark se déprécie le franc doit se déprécier également et de la même façon. Cela signifie que la Banque de France doit se calquer au plus près sur l'évolution des taux d'intérêt que fixe la Bundesbank si elle veut maintenir fixe la parité avec le mark. A moins que ce ne soit la Bundesbank qui ajuste ses taux monétaires sur les taux français, ou que les deux décident en commun de l'évolution de leurs taux d'intervention. Mais cela demande alors une communauté de vues sur ce qu'est la bonne politique monétaire pour chacun des partenaires.

Or, comme nous l'avons vu, la politique monétaire, et donc de change, affecte significativement l'activité économique nationale. Il faut donc que les conjonctures soient exactement semblables dans deux pays pour que la politique monétaire souhaitable y soit identique.

On objecte souvent que les taux d'intérêt n'ont qu'une importance négligeable, tant pour les consommateurs que pour les producteurs. Si cela est vrai pourquoi les banques ne doublent-elles pas ou ne triplent-elles pas leurs taux ? En réalité, un taux d'intérêt élevé qui rend plus coûteux le crédit à la consommation dissuade effectivement un certain nombre de consommateurs d'effectuer leurs achats à crédit, et donc d'acheter. Le consommateur qui est sensible à quelques centimes de différence sur son quotidien habituel réagit évidemment à des changements de taux qui se traduisent par des différences de plusieurs centaines ou milliers de francs gagnés ou perdus sur plusieurs années.

D'autre part, un taux d'intérêt plus élevé réduit la valeur présente des revenus futurs attendus par les ménages, et par exemple celle des actions et des rentes. Les propriétaires de ces actifs sont donc appauvris par cette hausse des taux. La théorie moderne montre que le niveau présent de la consommation ne dépend pas seulement des revenus courants de la période, mais du niveau de patrimoine. Lorsque la richesse s'accroît, les ménages consomment davantage, même si leur salaire courant n'a pas augmenté. Et inversement lorsque la valeur du patrimoine a diminué.

Un taux élevé rend aussi plus coûteux le crédit à court terme pour les entreprises. Il en dissuade un certain nombre de développer leur activité et leurs investissements, d'abord parce que beaucoup d'entreprises, et notamment les plus petites, se financent majoritairement par des crédits bancaires à court terme, et ensuite parce que le niveau des taux courts réagit sur les taux longs qui affectent plus directement les investissements des grandes entreprises.

La hausse des taux d'intervention de la Banque centrale, bien que limitée au marché monétaire, affecte ainsi par contagion toutes les décisions économiques de consommation et d'investissement. Elle réduit de cette façon la croissance de la production et, par suite, celle de l'emploi.

Ces effets internes des taux d'intérêt se doublent d'effets externes dans une économie ouverte en raison de la liaison entre taux d'intérêt et taux de change. Une baisse des taux d'intérêt provoque un reflux des capitaux hors du pays qui vont chercher ailleurs des rémunérations plus substantielles. Il s'ensuit une dépréciation du franc qui affecte les prix de tous les biens et services français sur les marchés étrangers, dans la mesure où les tarifs intérieurs en francs sont restés inchangés. En effet, les entreprises françaises fixent ces prix en francs en fonction de leurs coûts de production et de la demande sur le marché français.

Suite à la baisse du franc l'offre des entreprises françaises devient instantanément plus compétitive. Les exportations augmentent. La production française tend à s'accroître. Dans le même temps les prix des entreprises étrangères, constants en devises locales, augmentent lorsqu'ils sont convertis en francs. Leur offre sur le marché français devient instantanément moins compétitive. Les importations françaises diminuent. Les consommateurs s'en détournent au profit des produits français. La production des entreprises françaises s'en trouve stimulée.

Une dépréciation du franc revient ainsi à abaisser, sur les marchés internationaux, les coûts des entreprises françaises, comparés à ceux des entreprises étrangères. Des salaires qui étaient trop élevés par rapport à ceux des entreprises étrangères concurrentes sont ainsi « abaissés à l'exportation » par une dépréciation du franc, sans que les salariés aient à supporter une diminution immédiate de leur revenu à l'intérieur de l'hexagone. Il est vrai cependant qu'ils devront payer plus cher les produits importés qu'ils consomment, mais ils vont en partie se retourner vers des produits français concurrents.

Une appréciation du franc va produire des effets inverses, réduisant les exportations françaises et accroissant les importations, ce qui exerce un effet dépressif sur la production nationale.

Lorsque les entreprises françaises se plaignent de la concurrence internationale des pays à bas salaires, elles ne comprennent pas en général que l'essentiel de leurs difficultés provient de la surévaluation du franc qui a pour effet de « relever à l'exportation » les salaires constants payés en France. Ce ne sont pas les salaires du Sri Lanka qui pénalisent de façon significative nos entreprises sur les marchés mondiaux. C'est avant tout l'appréciation du franc dans le sillage du mark, la politique d'intégrisme financier.

A la longue les entreprises françaises vont modifier leurs prix en francs pour s'adapter à ces nouvelles conjonctures. Mais elles seront bloquées dans cette direction par les conditions d'équilibre sur le marché du travail en France. Les salariés ne vont pas accepter une diminution arbitraire de leur salaire réel pour le plaisir de voir le franc s'apprécier. Et tout le dispositif de l'Etat-providence viendra les conforter dans leur résistance. C'est la raison fondamentale pour laquelle les intégristes monétaires font de ce dernier leur cible principale. Sans baisse des salaires il n'y a pas de politique durable de réévaluation possible, à moins d'augmenter continûment le niveau du chômage, ce que nous faisons depuis le début de la décennie. Ou à moins d'obtenir un accroissement de la productivité du travail beaucoup plus rapide que celui de nos concurrents, ce qui n'est pas facile dans un monde de concurrence intense.

C'est dire que les effets réels de la variation du change et des taux d'intérêt sur l'activité économique sont fondamentaux et se situent au cœur des problèmes actuels des économies européennes. Une politique d'appréciation systématique du change tend à ralentir la croissance et peut éventuellement la stopper complètement si elle est suffisamment forte.

Si les taux d'intérêt à court terme et les taux de change n'avaient pas d'influence sur les niveaux de production et de consommation des entreprises et des ménages, et donc sur la croissance des économies, il serait indifférent de pratiquer une politique monétaire plutôt qu'une autre. Et la fixité des changes, voire une monnaie unique mondiale, s'imposerait pour des raisons de commodité dans les échanges commerciaux. Les mouvements des taux d'intérêt et des taux de change n'auraient pas de raison d'être et ne constitueraient que des nuisances qui viendraient perturber et entraver les échanges de marchandises et de services.

C'est ce que croient notamment les entreprises, parce qu'elles se concentrent sur les conséquences des variations de change qui les affectent directement sans étudier ce que la fixité peut coûter à l'ensemble de l'économie. Ce dernier aspect relève de l'analyse macroéconomique, l'étude des conséquences des décisions publiques sur le niveau d'ensemble de l'activité et des prix, que les entreprises tendent à prendre comme une donnée.

Le point de vue des entreprises sur le régime de change est donc le plus souvent partiel et de ce fait inexact. La question pertinente à leur poser devrait faire référence à l'ensemble des conséquences des taux de change et s'énoncer : « Préférez-vous la stabilité des changes, même au prix d'une croissance réduite, à la flexibilité des changes accompagnée d'une croissance plus forte ? » Cela les conduirait certainement à nuancer leur réponse.

Une monnaie unique adoptée par deux pays n'est que le cas extrême, irréversible en principe, ou du moins difficilement réversible, de la fixité des changes. Dans cette situation il ne peut exister qu'une seule politique monétaire, les mêmes taux d'intérêt à court terme et le même taux de change vis-à-vis des autres devises s'appliquant alors aux agents économiques des deux pays. La politique de l'étalon-mark, en attendant la substitution d'une monnaie unique aux monnaies nationales actuelles, constitue un tel cas extrême.

Elle impose à tous les partenaires de l'Allemagne la politique de désinflation permanente qui est justifiée dans son cas par les tensions de la réunification, mais ne convient en rien aux autres économies européennes en sous-activité, où le chômage a largement dépassé son taux « naturel ». La réévaluation tendancielle du mark qui résulte de la politique monétaire anti-inflationniste de la Bundesbank conduit ainsi à des changes trop forts pour les devises des pays candidats à la fusion dans l'euro. C'est une récession de change qui s'étend ainsi à toute l'Europe à l'occasion d'une désinflation qui n'a de sens que pour la seule Allemagne.

DESINFLATION ET « SOUS-INFLATION »

Mais cette analyse des effets de la désinflation a-t-elle une portée générale ? Vaut-elle pour d'autres pays et d'autres périodes ? Pouvons-nous vérifier que la politique monétaire et de change exerce toujours des effets significatifs sur les équilibres réels de l'économie ? Ce devrait être le cas habituel en dehors des périodes, rares, d'emploi intégral de toutes les capacités de production des entreprises.

De très nombreux épisodes de contraction de la masse monétaire dans diverses périodes et dans divers pays montrent qu'elle s'accompagne très généralement de récessions de l'activité économique, soit simples ralentissements des taux de croissance, soit baisse absolue du niveau de la production pendant quelques trimestres.

C'est le cas aux Etats-Unis en particulier, comme le montrent Laurence Ball et Gregory Mankiw [3], en citant l'expérience Volcker de 1979. Comme président du Système Fédéral de Réserve (le système de banque centrale des États-Unis), Paul Volcker était plus décidé que son prédécesseur, William Miller, à lutter strictement contre l'inflation. Dès son arrivée, en 1979, il décida de pratiquer une politique monétaire d'argent cher, et il est facile d'expliquer par ce simple fait la profonde récession qui accompagna la désinflation au début des années 80. Elle fut d'ailleurs baptisée « récession Volcker » et ce à juste titre.

Dans le même sens, Christina et David Romer [4] ont montré à partir des minutes du « Federal Reserve Board » que lorsque l'« Open Market Committee », à sept reprises, décida d'infléchir sa politique monétaire pour réduire l'inflation, il s'ensuivit dans chaque cas une régression de la production et une réduction de l'emploi. Ces observations indiquent non seulement que la monnaie n'est pas neutre à l'égard de l'activité réelle, mais qu'au surplus les contractions monétaires sont une source majeure des cycles économiques aux Etats-Unis.

Certes on peut soutenir, comme le font certains, que la causalité est inverse et que les récessions déterminent une diminution de la demande de monnaie et donc une contraction de la masse monétaire. Mais l'approche narrative et historique précise de Friedman et Schwartz, comme celle des Romer, permet de montrer que c'est bien la contraction monétaire qui précède la contraction de l'économie et non l'inverse.

C'est ainsi par exemple que la passivité des autorités monétaires lors de l'effondrement de l'économie dans les années 30 est souvent attribuée, non pas à la seule évolution de l'économie réelle qui aurait appelé une relance, mais au décès de Benjamin Strong en octobre 1928, son successeur ayant hésité à pratiquer une politique monétaire expansionniste, puis y ayant renoncé pour se lancer dans un freinage monétaire sévère destiné à calmer la spéculation haussière à Wall Street, ce qui aurait provoqué le krach en 1929 puis amplifié la crise bancaire et entraîné par contagion un effondrement de l'économie réelle.

De la même façon des travaux économiques récents, en particulier ceux de Laurence Ball de l'université Johns Hopkins, ainsi que toutes les expériences de désinflation des années 80 montrent que les politiques monétaires restrictives ralentissent la croissance et augmentent le chômage.

C'est ce que prouve l'analyse de soixante-cinq cas de politiques de réduction d'une inflation modérée appliquées dans les pays de l'Ocde depuis le début des années 60 [5]. Il ressort de son travail que l'on ne connaît pas d'exemple d'épisode de réduction de l'inflation qui n'ait pas demandé un sacrifice réel de la croissance et de l'emploi. Toute réduction du niveau de l'inflation comporte un coût économique réel en termes de croissance perdue et de réduction des possibilités de consommation.

Ce qui signifie en somme que la courbe de Phillips à court terme existe bien comme le rappelle R.J. Gordon [6]. Les responsables de la politique économique ne peuvent donc pas choisir un taux d'inflation arbitraire sans déterminer du même coup un taux de chômage. Il est par suite dangereux de se fixer un objectif d'inflation comme seul critère de gestion monétaire, sans se soucier de l'emploi.

A l'inverse, la seule conclusion de politique économique que veulent tirer de l'existence de l'arbitrage inflation-chômage les partisans du conservatisme monétaire est qu'il faut redoubler de vigilance et éviter toute inflation puisqu'elle comporte un coût économique sans apporter d'avantage durable. Il faudra donc en venir à bout ultérieurement, ce qui sera coûteux en termes de réduction de la croissance. L'inflation aura ainsi un double coût, d'abord par elle-même, mais ensuite en raison de la réduction de croissance future que sa suppression exigera.

Qui plus est, l'acceptation d'un peu d'inflation aurait pour effet de réduire le taux de chômage au-dessous de son niveau « naturel », ce qui provoquerait des tensions inflationnistes (une « surchauffe ») dans l'économie, la demande étant poussée au-delà de ce que la production peut fournir. Cette hausse de l'inflation finit par s'inscrire dans les anticipations des agents économiques, ce qui déplace vers le haut la courbe de Phillips. Il faut alors rechercher un taux d'inflation toujours plus élevé pour simplement maintenir le taux de chômage à son niveau naturel. Au total le bien-être est réduit par rapport à la situation antérieure, en raison du coût réel de l'inflation.

C'est pourquoi il conviendrait de supprimer purement et simplement toute inflation. L'idéal serait l'inflation zéro.

Mais cette argumentation ne tient pas non plus.

Comme nous l'avons suggéré plus haut, il existe en effet une inflation optimale pour une économie donnée, une inflation qui correspond au taux de chômage « naturel » sur la courbe de Phillips. En somme une « inflation de plein emploi ». Et il n'y a aucune raison, théorique ou pratique, pour que cette inflation se situe au niveau zéro.

Rechercher une inflation nulle va donc le plus souvent placer l'économie au-dessous de ce niveau d'inflation de plein emploi. Ce qui poussera le chômage au-dessus de son niveau « naturel ». L'économie fonctionnera alors en « sous-inflation » ou en « déflation relative ».

Rien n'indique en effet que la position de la courbe de Phillips à court terme soit telle que l'inflation qui correspond au taux de chômage « naturel » se situe au niveau zéro. Cela peut se produire mais reste peu probable. Ce serait même un cas très particulier, puisque le taux d'inflation correspondant au chômage naturel peut prendre a priori n'importe quelle valeur selon les réactions des ménages et des entreprises à la création de monnaie. En d'autres termes, le niveau d'inflation correspondant au plein emploi est a priori indéterminé. Il peut être très différent dans des économies différentes.

Qui plus est il évolue dans le temps puisque l'on constate que la courbe de Phillips à court terme se déplace. Ce qui fait que la réalisation du plein emploi (au taux naturel de chômage) suppose que l'on atteigne un niveau d'inflation qui va changer de période en période. Et l'inflation de plein emploi varie encore plus lorsque l'on prend en compte les déplacements dans le temps du taux de chômage « naturel ».

L'objectif de constance du taux d'inflation à un niveau quelconque, arbitraire, est alors caduc et même néfaste pour la croissance et le plein emploi car une inflation même positive peut se situer au-dessous de l'inflation de plein emploi et par conséquent, prise comme critère de la bonne politique monétaire, conduire à une situation de récession. Il ne faut donc pas s'assigner un objectif d'inflation constante si l'on veut une croissance de plein emploi mais adapter la politique monétaire à la fois à l'évolution de l'inflation et à celle de l'emploi, comme le font les banques centrales les plus pragmatiques et les plus raisonnables.

C'est une conclusion essentielle et nouvelle à verser au débat sur la politique monétaire et le choix d'un régime de change. Elle s'oppose radicalement à la doctrine européenne de l'intégrisme monétaire.

POUR UNE INFLATION POSITIVE

Le choix d'un objectif de hausse des prix compris entre zéro et deux pour cent, retenu en France pour maintenir la parité avec le mark, s'avère ainsi totalement arbitraire par rapport aux besoins de l'économie. Il pénalise de façon chronique la croissance. La notion d'un taux naturel d'inflation au contraire condamne le principe de l'union monétaire qui s'assigne une gestion de la monnaie respectant un objectif unique d'inflation aligné sur celui des pays les moins inflationnistes, tel qu'il a été défini à Maastricht.

Or les gouvernements et les banques centrales de nombreux pays retiennent désormais de plus en plus souvent des objectifs d'inflation pour guider leurs politiques monétaires et financières. C'est le nouveau dogme international de la politique monétaire. Il est adopté notamment par la Banque de France et le sera, demain peut-être, par la Banque centrale européenne si la monnaie unique devient une réalité.

Un tel objectif se caractérise par sa permanence dans le temps, car il est souvent inscrit explicitement dans les statuts de la Banque centrale, et son unicité dans l'espace. Il suppose que le même taux d'inflation est bon en toute période pour une économie nationale donnée et qu'il est également bon pour toutes les économies nationales. Il est supposé universellement valide, aussi bien pour le Canada, la Nouvelle-Zélande, l'Allemagne, la France, la Belgique, la Grèce et l'Espagne que pour le Brésil ou l'Argentine. Certes, pour ces deux derniers pays on aura quelques doutes et l'on concédera que des caractéristiques politiques particulières y justifient peut-être l'impossibilité d'obtenir des inflations aussi modérées qu'en Suisse ou en Allemagne. Mais un même taux devra pourtant s'appliquer à peu de chose près à tous les pays d'Europe occidentale en cas de réalisation de la monnaie unique.

De divers côtés, pourtant, on s'interroge sur ce que devrait être une bonne politique pour les banques centrales : peut-elle et doit-elle suivre des règles simples et automatiques de détermination des taux d'intérêt et de la croissance monétaire, et éventuellement lesquelles ? Ces réflexions tournent autour de la nécessité de pratiquer une politique monétaire qui tienne compte non seulement d'un objectif d'inflation unique et fixe, mais également de l'emploi et de la croissance économique.

C'est d'ailleurs ce que reconnaissent implicitement les gouvernements lorsqu'ils tolèrent des objectifs d'inflation légèrement différents d'un pays à l'autre. Ce pourrait être sous l'effet d'un simple choix aléatoire. Mais les défenseurs du dogme soutiendront que c'est plutôt sous la pression de certains groupes qui « aiment l'inflation » parce que celle-ci constitue une « politique de facilité » qui les avantage. Sans autre explication.

Dans cette vision manichéenne les gouvernements représentent la raison et la vérité. Les groupes qui demandent une politique monétaire autorisant la croissance représentent, eux, l'erreur et la faiblesse. Le choix d'un taux d'inflation non nul représenterait alors une concession à l'irrationalité de la politique.

Mais une raison plus profonde de la concession faite par les tenants du dogme au choix d'un taux d'inflation non nul tient à ce qu'ils reconnaissent implicitement l'insuffisance de l'analyse économique qui fonde leur conviction. Ils admettent en d'autres termes que la politique monétaire et le taux d'inflation exercent un effet sur l'économie réelle.

La rigidité des prix qui fonde cette influence était souvent niée par d'excellents économistes qui l'excluaient de leurs analyses parce qu'elle leur apparaissait comme une aberration inexpliquée. Cependant nos connaissances évoluent rapidement et des travaux récents analysent de manière convaincante les comportements optimaux qui engendrent ces rigidités souvent observées [7]. Elles résultent tout simplement de ce que les modifications de prix et de tarifs ont un coût pour les entreprises comme pour les consommateurs. Ce qui fait que chacun attendra que le changement de prix devienne réellement nécessaire, que son ampleur requise soit suffisante, pour s'y résigner.

Il s'ensuit que les prix ne sont modifiés qu'avec retard par rapport au changement des conditions de marché. Cette explication de l'inertie, ou flexibilité imparfaite, des prix et des salaires fonde rationnellement l'existence de la courbe de Phillips et l'efficacité de la politique monétaire que beaucoup d'économistes refusaient d'accepter faute de pouvoir la relier à un comportement économique rationnel.

Les chocs qui perturbent en permanence les divers marchés vont déterminer, à travers ces conduites d'inertie rationnelle et la modification relativement lente des prix qui en résulte, une hausse du niveau général des prix qui évoluera de façon aléatoire dans le temps. Il s'ensuit une inflation « naturelle » variable de période en période, pour chaque niveau d'activité réelle. Ce qui explique les déplacements et l'instabilité de la courbe de Phillips à court terme [8].

On peut alors déduire de ces analyses que le taux d'inflation « naturel » ou « optimal », dont j'ai proposé plus haut l'idée, va évoluer lui aussi de façon aléatoire en fonction des chocs qui perturbent les différents marchés.

Le taux d'inflation naturel, ou de plein emploi, est alors propre à chaque pays et à chaque période parce que les chocs perturbateurs ne sont jamais strictement les mêmes.

Avant que Milton Friedman ne proclame que l'inflation « était partout et toujours un phénomène monétaire », c'est-à-dire qui n'intervenait qu'à la suite d'une augmentation de la masse monétaire en circulation dans une économie (ce qui par extension laisse supposer que seule la monnaie peut créer l'inflation), de nombreux auteurs avaient souligné l'existence d'une inflation résultant par exemple de la hausse de certains prix sur certains marchés : les matières premières, le travail, l'énergie. En somme une inflation « par les coûts ». La faiblesse de cette analyse venait de ce qu'il fallait bien un accroissement des signes monétaires en circulation pour que cette inflation devienne effective, soit « validée ».

Selon les nouvelles analyses de la rigidité des prix, les prix d'équilibre changent en permanence sur les divers marchés qui composent une économie, en raison des variations de la demande, des évolutions de la concurrence internationale, et des modifications de la technologie. Mais les entreprises ne vont changer leurs tarifs que lorsque les hausses de coûts qu'elles subissent dépassent une certaine ampleur, parce qu'il est coûteux de changer des menus et des catalogues. Cela demande des efforts de réflexion et de jugement, et l'usage de ressources coûteuses, humaines et financières. Cela perturbe aussi le fonctionnement quotidien de la firme et les décisions d'achat des consommateurs. Il est donc rationnel pour l'entreprise de n'accepter ce coût que lorsque le changement de prix est vraiment important et nécessaire.

La plupart d'entre elles ne modifient leurs prix en moyenne que tous les deux ou trois ans.

De ce fait, si par exemple le choc de marché vient de hausses de coûts, les plus importantes donneront lieu à des hausse de tarifs, tandis que les hausses plus faibles ne seront pas répercutées sur les prix de vente de l'entreprise. Par suite, les changements des prix relatifs d'équilibre qui interviennent à chaque instant sur tous les marchés ne vont pas laisser le niveau général des prix inchangé. Lorsque quelques hausses importantes se produisent en même temps qu'une multitude de faibles baisses, le niveau général des prix va néanmoins augmenter parce que seules les premières vont être répercutées, les entreprises ne baissant pas leurs tarifs pour de faibles baisses de coûts.

Il s'ensuit que les modifications des prix relatifs dans l'économie vont déterminer, selon la distribution statistique de ces changements, soit des hausses soit des baisses du niveau général des prix, c'est-à-dire de l'inflation. L'exemple type en est la hausse du prix du pétrole dans les années 70, qui provoqua à la fois une hausse du niveau général des prix avant même qu'elle ne soit validée par une création de monnaie supplémentaire. Celle-ci n'intervint qu'ultérieurement pour faire obstacle à la forte montée du chômage.

Il peut donc y avoir une inflation qui ne résulte pas d'une création monétaire. Elle tire son existence des mouvements de prix relatifs joints à la rigidité des tarifs que pratiquent les entreprises.

Dans ce cas, si la politique monétaire est inchangée, la masse monétaire nominale restant constante, des biens et services en moyenne plus coûteux vont se disputer des moyens de paiement en quantité constante, ce qui équivaut à une réduction de la masse monétaire réelle. Les agents économiques sont appauvris et l'activité se ralentit. La politique monétaire, bien que constante en termes nominaux, est devenue plus restrictive en termes réels.

L'objectif d'inflation initial est alors inférieur au nouveau taux d'inflation d'équilibre de plein emploi. Vouloir le poursuivre dans ces conditions déterminera une sous-inflation ou encore une « déflation relative » qui poussera l'économie vers la récession et le sous-emploi.

Dans ces conditions la poursuite d'une inflation qui reste positive, mais sous-optimale, peut s'avérer « relativement déflationniste ». Une politique d'inflation positive, qui sera habituellement jugée laxiste, peut néanmoins pousser l'économie vers la récession.

L'économie française choisit ainsi aujourd'hui un taux d'inflation trop bas compte tenu de sa situation conjoncturelle, qui interdit le plein emploi, et elle paie d'un chômage massif et sans justification cette « sous-inflation » ou « déflation relative ».

L'argument des banquiers centraux en faveur d'un objectif d'inflation fixe dans le temps et identique pour tous les pays pourrait être que l'intégration progressive des économies rapprochera finalement les courbes de Phillips des pays membres d'un grand marché disposant d'une même monnaie. Mais rien n'indique qu'il doive en être ainsi. L'intensité des échanges devrait au contraire, selon la théorie du commerce international, accentuer la spécialisation de chacun des pays membres de la zone monétaire. Et si les structures d'activité de deux économies restent différentes, les chocs communs qui affectent leurs divers marchés produiront des résultantes inflationnistes différentes.

De plus la courbe de Phillips de chaque pays va se déplacer au fil du temps et rien ne garantit que ses déplacements détermineront une convergence.

Il faut donc remettre en question l'idée même d'une convergence des taux d'inflation ainsi que l'utilisation d'un objectif d'inflation constante comme guide des politiques monétaires. Or ces deux idées sont au cœur du projet de construction de la monnaie unique.

MARCHÉ UNIQUE, MONNAIES MULTIPLES

Les raisons qui ont été mises en avant, notamment à l'occasion des débats accompagnant la mise au point du rapport Delors de 1990, pour justifier la construction d'une monnaie européene sont essentiellement de nature économique. En un mot, l'intégration largement réalisée des marchés nationaux des pays membres de l'Union européenne nécessiterait le passage de plusieurs monnaies nationales à une monnaie unique, conformément au slogan « Marché unique, monnaie unique ».

L'argumentation sous-jacente à ce mot d'ordre se ramène au constat des coûts économiques de l'utilisation de plusieurs monnaies dans les transactions. Une monnaie unique qui permettrait de réduire ces coûts de transaction favoriserait les échanges. Cela est peu contestable. La question est de savoir ce qu'est l'ordre de grandeur de ces économies potentielles et comment elles se comparent aux coûts engendrés par la monnaie unique.

DES ARGUMENTS FALLACIEUX POUR LA MONNAIE UNIQUE

Les coûts de l'utilisation de monnaies multiples sont divers.

En premier lieu, les courtages de change viennent obérer les transactions entre agents appartenant à différents pays, qui sont appelées à s'intensifier dans un espace continental dépourvu de barrières tarifaires.

En deuxième lieu, il existe des coûts liés à l'incertitude sur les parités. Pour se protéger de ces risques de change, et de façon partielle seulement, acheteurs et vendeurs doivent se procurer des assurances qui coûtent cher.

Faute de quoi l'existence du risque peut les conduire à réduire le volume de leurs échanges, alors que la création du marché commun avait pour objectif de les intensifier. La Commission a chiffré ces coûts en moyenne à 0,5 % par an du produit national de chaque pays membre.

D'autre part la variabilité des changes affecterait gravement et pour de longues périodes les entreprises exportatrices et importatrices, allant, pour des fluctuations majeures, jusqu'à les faire disparaître par la faillite, sans aucune justification économique.

La nouvelle monnaie permettrait aussi, selon un troisième argument, de mieux lutter contre l'inflation. L'indépendance des banques centrales, conforme à la doctrine intégriste, apparaît comme le seul rempart durable contre un retour de l'inflation. La Banque centrale européenne, dont les statuts sont calqués sur ceux de la Bundesbank, pourrait faire preuve de la même détermination que cette dernière dans la poursuite de la stabilité des prix, ce qui est censé bénéficier à la croissance et à l'emploi, du moins à moyen et long termes.

Enfin, dernier avantage supposé, une monnaie unique pour l'Europe représenterait un tel poids international, du fait de l'importance du commerce extérieur des pays européens, qu'elle serait naturellement très demandée et permettrait d'attirer les capitaux du monde entier, ce qui favoriserait les industries financières du continent, et nous donnerait ainsi un « rôle mondial », en particulier dans les instances financières internationales telles que le FMI et la Banque mondiale mais aussi sur les marchés. L'Europe pourrait alors « parler d'égal à égal avec les Etats-Unis et le Japon ».

Tous ces avantages supposés appellent un examen soigneux du simple point de vue économique, examen au terme duquel ils apparaissent singulièrement surestimés par les promoteurs de l'Union monétaire.

Notons tout de suite que l'intérêt des changes fixes ne semble pas aussi déterminant que le soutiennent les Européens ou, en tout cas, les Français. Les Etats-Unis ou le Japon ne pratiquent pas les changes fixes à l'égard de l'Europe, ni entre eux. Et l'Allemagne pas davantage avec les pays non européens. Cela n'empêche pas les entreprises de ces pays de développer leurs activités d'exportation et leur technologie, et de le faire plutôt bien.

Des études théoriques et empiriques ont montré qu'en réalité les fluctuations de change ne semblaient pas affecter beaucoup les entreprises qui interviennent dans le commerce international. En effet, ces fluctuations interviennent de façon erratique mais autour d'un niveau approximativement stable, ou d'une tendance régulière qui, de ce fait, est anticipée par les opérateurs économiques et incorporée dans leurs calculs de prix et de rentabilité. Cette tendance centrale, définie par la « parité des pouvoirs d'achat », c'est-à-dire la parité de change qui égalise le prix d'un même bien sur les divers marchés nationaux, constitue une force de rappel. Les parités qui s'en écartent y retournent plus ou moins rapidement, généralement en l'espace de trois à quatre ans. Un mouvement de dépréciation sera suivi ultérieurement de fluctuations erratiques dans le sens de l'appréciation, ce qui fait que sur une période plus longue les gains et pertes de change tendent à se compenser.

Or la valeur des entreprises ne se détermine pas sur un horizon à trois ou quatre ans mais sur une période beaucoup plus longue, comme le montrent les études financières modernes. Il s'ensuit que si les firmes sont affectées par les fluctuations de change, il est rare que celles-ci mettent en danger leur existence même.

D'autant plus que les entreprises contemporaines, dans cette période de globalisation, ont diversifié la destination de leurs exportations et la provenance de leurs importations. Et cette tendance se renforce au fil du temps. Il ne faut pas imaginer que le commerce extérieur va se polariser de plus en plus à l'intérieur des grandes zones commerciales telles que l'Europe par exemple. Le commerce international est de plus en plus aussi un commerce intercontinental. De ce fait les risques de change de l'entreprise sont diversifiés et se compensent les uns les autres.

Une entreprise qui n'exporte que vers un seul marché une fraction importante de sa production est extrêmement vulnérable aux variations du change entre sa devise nationale et celle de son marché de destination. Mais si la même entreprise exporte vers dix marchés la même production, son risque de change est très réduit parce que les parités bilatérales ne vont pas évoluer toutes dans le même sens. De même qu'un portefeuille d'actions bien diversifié est moins risqué qu'un portefeuille investi sur un seul titre, de même une entreprise qui possède un portefeuille de clients internationaux bien diversifié verra son risque de change réduit à peu de chose.

Enfin, beaucoup d'entreprises exportatrices européennes sont plus concernées par les évolutions du cours du dollar par rapport à leur monnaie nationale que par celle des taux de change intra-européens, parce que les échanges internationaux sont principalement libellés en dollars et que beaucoup d'exportations européennes sont destinées à des pays qui se situent en dehors de la Communauté. Dans ce cas, le problème de l'instabilité des changes demeurera, même si la monnaie unique est réalisée : le risque de change d'une entreprise européenne avec le yen et le dollar ne disparaîtra pas avec la création de l'euro.

Il s'ensuit que l'argument du coût de la protection contre le risque de change pour les entreprises tombe, et qu'il en va de même, au moins partiellement, pour celui de la diminution de la volatilité des marchés extérieurs, et ce pour une fraction importante des exportations européennes. Il faudra continuer de se protéger contre le risque yen ou le risque dollar, mais sans doute aussi contre les fluctuations des monnaies européennes qui ne seraient pas admises à faire partie du noyau dur de la monnaie unique, puisqu'il apparaît aujourd'hui très peu probable que beaucoup de pays soient prêts à la fusion avec le deutsche Mark d'ici à 1999.

La question est alors de savoir si le commerce intra-européen concernant les seuls pays du noyau dur monétaire se développera plus vite, et représentera un enjeu en valeur plus important, que le commerce entre pays européens n'en faisant pas partie, et que celui existant entre pays européens du noyau dur et pays tiers hors Communauté. Compte tenu de l'ouverture déjà très grande des échanges intérieurs en Europe, ouverture réalisée depuis de nombreuses années, il y a fort à parier que ce sont les échanges avec les pays tiers qui vont à l'avenir se développer le plus rapidement. Et dans ce cas, l'Union monétaire européenne n'apporte pas de solution substantielle au problème des fluctuations de change.

La lutte contre l'inflation constitue-t-elle un argument plus fort ? Nullement. Les pays européens, et les autres d'ailleurs, ont réussi leur désinflation dans les années 80 par des politiques monétaires nationales et menées indépendamment les unes des autres. Et ce malgré les lamentations des macroéconomistes qui souhaitaient des politiques coordonnées, dont l'avantage, au demeurant, n'a jamais été prouvé de façon décisive en dépit d'une littérature surabondante et lancinante sur les vertus de feu le G7. Les divers gouvernements ont donc démontré par la pratique que l'on peut réduire l'inflation isolément, ce qui rappelle au passage que les politiques monétaires conservent de l'efficacité même dans une économie internationale ouverte où les biens et les capitaux sont très mobiles.

Certains des pays qui ont réduit l'inflation disposaient de banques centrales indépendantes. D'autres au contraire conservaient le système de subordination de la banque centrale à l'autorité politique. Il existe quelques indications tendant à montrer que, dans le moyen terme, des banques centrales indépendantes obtiennent des niveaux d'inflation plus faibles que des banques centrales sous contrôle gouvernemental. Mais la différence de résultat n'est pas très grande. Et rien ne prouve qu'une banque centrale européenne serait meilleure en la matière que des banques centrales nationales dont l'indépendance serait garantie de la même façon.

C'est d'ailleurs ce qui fait l'inquiétude des milieux financiers allemands, et plus particulièrement de la Bundesbank, à l'égard de la construction d'une monnaie unique. Et c'est pourquoi l'Allemagne demande des engagements aussi précis sur la fixation rigide de ce que doit être à l'avenir la politique monétaire européenne, en excluant notamment toute référence à un objectif de croissance ou d'emploi et en réclamant et imposant la sécurité additionnelle et superfétatoire de contraintes budgétaires inutilement restrictives.

Que reste-t-il alors de la liste des avantages supposés de cette monnaie unique ? Tout d'abord l'économie des coûts de transaction sur le change, mais cela n'est pas très important si la concurrence entre les banques et les établissements financiers joue à plein. Actuellement, les coûts de transaction élevés concernent plutôt les touristes, dont les échanges de devises ne constituent qu'une partie mineure de l'ensemble des transactions internationales, beaucoup plus faible que celle de l'ensemble des autres secteurs de l'économie.

Est-ce pour cela qu'il faudrait mettre en place « l'usine à gaz » de l'euro et accepter l'engrenage de la construction étatique fédérale dans laquelle il nous engage ?

Il reste en fait un argument très vague, mais obsessionnel, sur les avantages de « puissance économique » d'une « grande » monnaie internationale. Mais personne ne définit jamais précisément ce que seraient les avantages hypothétiques de cette « très grande monnaie » (TGM).

Il est vrai que l'utilisation internationale d'une monnaie dépend pour une bonne part du volume du commerce international du pays qui la gère, et particulièrement de ses exportations. De ce point de vue, une monnaie unique utilisée par tous les exportateurs européens jouerait un rôle plus important que le mark actuel, et a fortiori que le franc.

Mais le sens de la causalité va de l'importance de l'économie nationale à l'importance de la monnaie et non l'inverse. On peut, certes, avoir une monnaie assez largement utilisée au niveau international même si l'on est un petit pays, comme la Suisse. Mais personne ne prétend que la Suisse bénéficie d'une puissance économique particulière du fait que sa devise sert de refuge à beaucoup d'investisseurs internationaux.

Inversement, l'avantage éventuel pour les institutions financières locales de disposer d'une monnaie largement utilisée dans le monde existe certainement. La monnaie est la matière première des entreprises financières. Celles-ci perçoivent des marges sur son utilisation. Et l'on peut penser que les institutions financières nationales gagnent davantage que leurs concurrentes étrangères sur les transactions effectuées en leur propre monnaie.

Mais l'intérêt des institutions financières n'est que celui d'un secteur de l'économie. Il ne se confond pas avec l'intérêt de l'ensemble du pays. Si une monnaie forte et largement utilisée dans le monde est bonne pour les comptes d'exploitation des banques, elle peut être désavantageuse pour ceux des producteurs d'automobiles ou de produits chimiques, voire pour les industries agro-alimentaires. Une monnaie forte peut s'assortir d'inconvénients non négligeables : la demande internationale de la devise peut provoquer une appréciation, comme le constatent l'Allemagne depuis plusieurs années, ou la Suisse de façon récurrente. Ce qui rend la tâche des entreprises exportatrices plus difficile et ralentit la croissance économique, voire contribue à détruire entièrement certains secteurs industriels. Dans une période où l'industrie bancaire mondiale est en surcapacité et où sa rentabilité économique devient douteuse, il n'est pas évident qu'il soit de bonne politique de sacrifier d'autres secteurs à son profit.

Il existe en effet un « fardeau des économies à monnaie de réserve ». C'est celui qu'a éprouvé l'Angleterre dans le passé lorsque le sterling était la première monnaie internationale. C'est également la raison pour laquelle les Etats-Unis ont renoncé à jouer un rôle explicite de gestionnaire d'une monnaie de réserve en 1971 en abolissant le lien avec l'or et en laissant flotter le change en une politique de « douce négligence » *(« benign neglect »).*

En somme, pour un pays ou un continent, disposer d'une monnaie de réserve répond davantage à un rêve de banquier qu'à une opération profitable pour les industriels, les exportateurs, ou finalement pour les consommateurs. Il y a en effet des limites aux gains de productivité que peuvent réaliser les entreprises pour faire face à une réévaluation chronique du taux de change.

Il se trouve que les promoteurs de la monnaie unique étaient plutôt des financiers et banquiers publics que des industriels ou des exportateurs. Se pourrait-il que leurs vues aient été trop étroitement corporatistes ?

LES MARCHÉS COMMUNS NE SONT PAS NÉCESSAIREMENT DES ZONES MONÉTAIRES OPTIMALES

Mais à côté des avantages illusoires de la monnaie unique il faut tenir compte de la réalité du coût permanent qu'elle infligera sans aucun doute aux pays qui l'adopteront.

Dans ce qui précède nous avons vu que la fixité du change, qui impose une politique monétaire identique à deux économies nationales, risque de déterminer une inflation sous-optimale dans l'une ou l'autre de ces économies, ou dans les deux. Elle compromet alors le plein emploi dans l'économie concernée. La politique monétaire garde donc tout son intérêt pour l'obtention du plein emploi, y compris dans une économie très ouverte sur l'extérieur pour laquelle le taux de change joue un rôle décisif dans la détermination du niveau de la production. Cette conclusion va radicalement à l'encontre de l'orthodoxie monétaire, qui soutient que la gestion de la monnaie devient d'autant plus inefficace que l'économie est plus ouverte sur l'extérieur.

Pour que deux économies fixent leur taux de change de façon définitive, ce qui correspond dans le cas extrême au passage à une monnaie unique, il faut donc que le taux d'inflation « naturel » y soit le même. C'est une des conditions pour qu'un régime de change fixe entre deux pays soit avantageux.

Mais contrairement à ce que laisserait croire le dogme du conservatisme monétaire, qui ne prend en considération que le taux d'inflation pour définir les politiques conjoncturelles, la convergence des inflations n'est pas la seule condition économique de la fixité des changes ou encore de sa variante extrême, la création d'une monnaie commune. Il en existe d'autres, tout aussi importantes.

Il est particulièrement intéressant d'observer que ces conditions ne sont pas réunies pour l'ensemble des pays européens. Ces derniers ne constituent donc pas entre eux une zone monétaire unique, « naturelle » ou « optimale ».

Dans ce cas l'institution d'une monnaie unique (ou un simple système de change rigidement fixé) entre pays qui ne constituent pas naturellement ou structurellement une zone monétaire optimale provoque des pertes de production et de croissance par rapport au potentiel de l'économie et interdit le plein emploi des facteurs de production, dont le travail.

La plupart des pays d'Europe ayant des caractéristiques qui ne font pas d'eux des membres d'une zone monétaire « naturelle », la constitution d'une monnaie unique y provoquera des retards de croissance récurrents et y abaissera en conséquence le niveau de vie par rapport à ce qu'il pourrait être sous un régime de change flexible et de politiques monétaires indépendantes.

En effet, à côté d'avantages des plus limités, ou même illusoires comme on vient de le voir, l'unification monétaire comporte des coûts qui n'ont été, jusqu'à une période récente, qu'assez peu étudiés. La théorie existe pourtant depuis longtemps. C'est celle des conditions qui doivent être réunies pour que plusieurs pays tirent avantage de la participation à une même « zone monétaire », théorie dite des « zones monétaires optimales ». Elle montre qu'une monnaie commune à plusieurs pays n'est avantageuse que lorsque leurs structures économiques présentent certaines caractéristiques bien définies. Dans le cas contraire, elle détériorera le niveau de bien-être des pays participants.

Cette analyse s'oppose donc au slogan « Marché unique, monnaie unique », qui implique que tous les pays ayant décidé de pratiquer entre eux un libre-échange poussé devraient bénéficier de l'abandon de leur autonomie monétaire.

Rappelons rapidement ce que sont les caractéristiques qui rendent avantageux le recours à une monnaie commune, puis les conséquences que cette création entraîne pour les pays qui ne possèdent pas ces caractéristiques et ne font donc pas partie d'une zone monétaire optimale.

Dans le cas le plus simple, celui de deux pays, il est facile de montrer que la fixité du change, et donc sa version extrême, la création d'une monnaie commune qui exclut par définition toute modification ultérieure de parité, est d'autant plus souhaitable que le commerce extérieur de chacun des deux pays est plus important et massivement orienté vers l'autre plutôt que vers les pays tiers, que la mobilité des hommes, des biens et des capitaux y est plus grande, que les structures de production y sont semblables, que les taux d'inflation habituels sont voisins, et que les dimensions des économies sont différentes, l'une étant beaucoup plus petite que l'autre. Ce qui signifie, en somme, que les deux économies ne font en réalité qu'une entité économique, la plus petite n'étant qu'un appendice de la plus grande.

En effet, une économie très ouverte sur l'extérieur sera d'autant plus pénalisée par l'instabilité des changes qu'une fraction plus importante de ses consommations et de ses exportations va subir des variations de prix importantes qui vont bouleverser les calculs des producteurs et des consommateurs. Ce sera d'autant plus vrai que l'économie est de faible dimension et donc que ses prix intérieurs vont tendre à s'ajuster sur les prix internationaux, plutôt que l'inverse.

Pour la même raison, une économie qui effectue l'essentiel de ses échanges avec un partenaire principal aura évidemment intérêt à stabiliser ses prix dans l'échange avec ce partenaire qui affecte de façon déterminante ses activités. Au contraire, un pays dont le commerce extérieur est géographiquement très diversifié ne dépendra qu'assez peu de ses échanges avec l'un de ses nombreux partenaires. Une modification du change avec l'un d'eux pourra être compensée par d'éventuelles modifications en sens inverse avec d'autres. La fixation des parités sera donc moins nécessaire, les risques de change se compensant entre eux.

Nous avons déjà examiné en détail les raisons qui rendent souhaitable une similitude des inflations, effectives mais aussi « naturelles », entre des économies qui veulent adopter des changes fixes ou une monnaie unique. Mais jusqu'à présent, dans la conception devenue traditionnelle d'un taux d'inflation arbitrairement choisi par les autorités monétaires, seule une volonté politique, par ailleurs inexpliquée, pouvait conduire à une divergence des taux d'inflation.

La nécessaire convergence des inflations, dans un système de change fixe, reposait donc finalement sur des préférences semblables de la part des gouvernements ou des banques centrales. Par contre, dans la conception d'un taux « naturel » d'inflation, il faut que les comportements d'optimisation des agents économiques en matière de fixation des prix soient semblables et que les économies considérées soient soumises à des chocs identiques. Ce qui nous ramène à la condition de similitude des structures de production énoncée par la théorie des zones monétaires optimales.

Enfin une forte mobilité des facteurs de production, travail et capital, facilite également la fixation des taux de change parce qu'elle constitue un bon mécanisme amortisseur des chocs aléatoires qui affectent l'économie locale. Si une économie participant à une zone de changes fixes subit seule une récession, elle peut s'adapter dans la mesure où ses travailleurs et ses capitaux émigrent temporairement vers les autres régions ou pays de la zone, dans lesquels l'activité est plus soutenue. La première peut alors se dispenser du stimulant d'une dépréciation de change pour soutenir son activité et l'emploi des facteurs locaux.

Il est possible que deux économies disposant de toutes ces caractéristiques hormis la convergence des inflations soient conduites à adopter des changes fixes. Par exemple, deux économies qui ont des taux d'inflation naturelle différents mais un commerce très concentré, une forte mobilité des facteurs et une forte ouverture internationale, peuvent avoir intérêt à fixer leur taux de change, tous ces facteurs compensant les différentiels d'inflation.

Il est possible aussi de compenser l'absence de certaines des autres conditions nécessaires à une zone monétaire optimale par des interventions publiques, en particulier des transferts de revenus entre les régions en expansion et les régions en récession. Une politique monétaire unique qui ne permet pas de relancer l'activité dans la zone en récession pourra être maintenue si les contribuables de la zone en expansion versent à un Etat central des impôts qui serviront à aider les chômeurs de la zone touchée par la crise. C'est ce qui se passe notamment aux Etats-Unis qui ne constituent pas véritablement une zone monétaire optimale bien qu'ils disposent depuis longtemps d'une monnaie unique.

PLUSIEURS DOLLARS POUR LES ÉTATS-UNIS?

Les Etats de l'Union nord-américaine ont des structures d'activité assez différentes. De ce point de vue ils ne répondent pas à toutes les conditions d'une zone monétaire optimale bien que la mobilité des facteurs y soit élevée. Mais leur taux d'inflation effectif diffère tandis que leur commerce « extérieur » n'est pas nécessairement concentré sur les Etats voisins.

Selon une étude de la Banque Fédérale de Réserve de Boston [9], cinq ou six grandes régions constituent des zones monétaires optimales à l'intérieur même des Etats-Unis. Ces derniers de ce fait ne remplissent pas les critères économiques qui justifient l'utilisation d'un « dollar unique ». Il pourrait donc y avoir, sans surcoût notable, plusieurs dollars différents dans la Fédération américaine.

Pour le montrer, l'auteur de l'article, Geoffrey Tootell, prend l'exemple du choc pétrolier de 1974. C'est un cas parfait de « choc asymétrique » en ce que certains Etats sont exclusivement importateurs de pétrole, et forts usagers, tandis que d'autres en utilisent moins, et que certains comme le Texas en sont de grands producteurs. Suite au quadruplement du prix du pétrole, le Texas vit sa richesse augmenter soudainement, le prix de ses exportations de brut vers les autres Etats ayant été instantanément multiplié, alors que le prix de ses importations restait inchangé.

A l'inverse, le Michigan, fort producteur d'automobiles et à ce titre très sensible aux variations du prix de l'essence, fut considérablement appauvri, du jour au lendemain. Par la suite, le taux de croissance du revenu réel par tête atteignit 1 % au Texas tandis qu'il tombait à – 6 % dans le Michigan.

Dans la mesure où les prix et les salaires ne sont pas parfaitement flexibles, ni à la baisse ni à la hausse, le chômage augmenta dans le Michigan et fut réduit au Texas. En l'absence de politique monétaire indépendante dans ces deux Etats, il fallait que les salaires réels baissent dans le premier et montent dans le second, ou alors que les travailleurs licenciés du Michigan se déplacent au

Texas pour y trouver des opportunités d'emploi qui d'ailleurs s'y développaient.

Mais en réalité les salaires étaient rigides et la mobilité des salariés insuffisante, ce qui entraîna une persistance des déséquilibres. Une politique monétaire différenciée aurait permis de freiner la surchauffe économique au Texas et de relancer l'activité au Michigan, supprimant la pénurie de travail et l'inflation salariale dans le premier cas (ainsi que l'inflation des prix locaux qui devait en résulter) et réduisant le sous-emploi et la récession dans le second. Une telle politique monétaire indépendante se serait traduite par une variation du taux de change entre le « dollar texan » et le « dollar du Michigan », si elle avait été possible. Elle aurait aussi rétabli la balance des paiements dans chaque Etat, favorisant les exportations du Michigan et développant les importations du Texas.

Tootell souligne que même en cas de flexibilité des salaires et de mobilité géographique des salariés, il suffit que les gouvernements aient des préférences différentes en matière d'inflation et de croissance pour que chacun d'eux ait intérêt à conserver son indépendance monétaire.

Ces différences de préférences semblent avérées s'agissant des grands pays industriels, comme le montrent par exemple les divergences des performances économiques suite au choc pétrolier de 1973. De cette date à la fin de 1975 les Etats-Unis ont accepté un accroissement de l'inflation de 2,9 % et pour le chômage de 3,6 %, tandis que la Grande-Bretagne acceptait une augmentation de plus de 15 % de son inflation mais de 1,4 % seulement de son chômage. La France laissait ses prix monter de 4,8 % et son chômage de 1,3 % seulement, choisissant comme la Grande-Bretagne l'inflation plutôt que le chômage, tandis que l'Allemagne au contraire faisait baisser son inflation de 1 % au prix d'une augmentation de 2,7 % de son chômage.

Ajoutons que ces préférences peuvent mieux se comprendre si elles ne sont pas discrétionnaires ou totalement arbitraires mais réflètent des différences de coût structurelles dans les conditions de l'arbitrage entre inflation et chômage d'un pays à l'autre. Les élus politiques ne font alors que traduire en prix et en emploi les caractéristiques économiques des pays qu'ils représentent.

Poursuivant son raisonnement, l'auteur entreprend de montrer que les Etats-Unis ne constituent pas une zone monétaire optimale. Les mouvements de la conjoncture sont en effet très peu coordonnés entre plusieurs Etats. Par conséquent il y aurait avantage à ajuster de temps à autre les taux de change entre « dollars régionaux », s'ils existaient, au sein des Etats-Unis, compte tenu de la rigidité relative des salaires, de l'imparfaite mobilité du travail, et des chocs asymétriques qui affectent ces Etats. Il semble qu'il y ait en fait, au regard de la divergence des conjonctures régionales, plusieurs zones monétaires optimales au sein de l'Union : le Far West (Californie, Oregon), le Sud-Est, les Etats agricoles de la « Farm Belt » (Nord-Ouest), les Etats industriels du Midwest, les Etats atlantiques du Sud-Est et la Nouvelle-Angleterre. Il est d'ailleurs intéressant de noter que la division du Système Fédéral de Réserve en onze districts bancaires correspond d'assez près à ces zones optimales.

C'est aussi la conclusion à laquelle arrivent d'autres économistes utilisant des techniques différentes [10]. Concernant les Etats-Unis, les auteurs montrent que les divers Etats se regroupent en plusieurs zones monétaires optimales, qui diffèrent selon que l'on admet un nombre plus ou moins grand de telles zones à l'intérieur de l'Union. Lorsqu'on en admet cinq par exemple, la Californie, le Colorado, Hawaï, le Maine, le Dakota du Nord, l'Utah et l'Etat de Washington forment une même zone, tandis qu'à lui seul le Michigan constitue une zone monétaire séparée. Les auteurs chiffrent aussi les pertes de bien-être (substantielles) qui résultent du fait d'imposer une seule monnaie à l'ensemble des Etats de l'Union, ou deux ou trois monnaies. Ils montrent que pour vingt à trente monnaies, les cinquante Etats américains verraient les pertes de bien-être résultant de l'existence de monnaies communes à plusieurs d'entre eux tomber à presque rien.

Pourtant, bien que n'étant pas une zone monétaire optimale, les Etats-Unis ont pu conserver une seule monnaie depuis plus d'un siècle. S'ils ont pu le faire sans trop de dommages pour leur économie, c'est qu'ils ont bénéficié de mécanismes compensatoires de redistribution fiscale.

Mais est-ce un exemple pour l'Europe ?

Remarquons tout d'abord que le processus de centralisation monétaire ne s'y est produit que lentement et tardivement. Le système de la réserve fédérale, la banque centrale des banques centrales, n'a été établi qu'à la veille de la première guerre mondiale, soit plus d'un siècle après la fondation de l'Union. Ce qui montre à la fois une certaine prudence des autorités monétaires et la difficulté probable de la tâche unificatrice.

D'autre part, il est vrai, comme nous l'avons noté plus haut, qu'une politique monétaire unique peut s'appliquer à une zone monétaire non optimale si un système de transfert de revenus prélève des recettes fiscales sur les régions en croissance pour venir en aide aux régions en récession. C'est ce qui existe aux Etats-Unis du fait de la fiscalité fédérale, comme le font remarquer des économistes aussi reconnus que Martin Feldstein [11] ou Xavier Sala-i-Martin et Jeffrey Sachs [12].

C'est ce qui a permis au système de changes fixes interne au pays de se maintenir alors qu'au plan international le système de l'étalon-or, puis celui de Bretton

Woods éclataient sous la pression de déphasages de conjoncture entre pays membres.

Les transferts quasi automatiques induits par l'impôt fédéral servent en quelque sorte d'assurance aux Etats membres en redistribuant les recettes provenant des Etats prospères vers les Etats moins favorisés par la conjoncture, par le jeu des programmes fédéraux d'aide sociale. Comme le barème de l'impôt sur le revenu est progressif l'effet redistributif est majoré.

Sala-i-Martin et Sachs chiffrent l'ampleur de ce mécanisme. Ils trouvent qu'en moyenne, pour un dollar de revenu perdu, un Etat américain voit diminuer le prélèvement fiscal de 33 à 35 cents environ, tandis que les transferts fédéraux qu'il reçoit augmentent d'une valeur comprise entre 2 et 5 cents, autour d'une moyenne de 3 cents. Au total, le revenu après fiscalité d'un Etat en récession ne baisse plus que de 62 cents en moyenne pour tout dollar de production perdu. Ce qui rend les chocs différentiels (ou « asymétriques ») plus supportables pour chacun des Etats de l'Union.

Conserver une politique monétaire indépendante et les taux de change ajustables qui l'accompagnent devient de ce fait moins nécessaire. Il s'ensuit que les économistes sont enclins à conclure que c'est l'existence d'un système fiscal commun, constituant une sorte d'assurance contre les chocs conjoncturels asymétriques, qui permet de maintenir un taux de change irrévocablement fixe entre plusieurs Etats qui ne constituent pas ensemble une zone monétaire optimale.

Comme l'écrivent Sachs et Sala-i-Martin :

> ... C'est une leçon que doivent méditer les partisans d'une monnaie unique européenne : la création d'une monnaie unifiée sans un dispositif d'assurance fédéral (sous-entendu « fiscal ») pourrait bien conduire ce projet à un échec final.

Il existe, il est vrai, sur notre continent un prélèvement fiscal au niveau européen, mais son ampleur est négligeable. Selon les calculs des auteurs, une récession de un dollar dans un des pays de la CEE ne diminuera le prélèvement fiscal européen de ce pays que d'un demi-cent en moyenne, contre trente-quatre aux Etats-Unis.

La conclusion qui se dégage de cette analyse est que l'union monétaire est impossible en l'absence d'une fédération politique préalable, disposant d'un appareil fiscal étoffé.

Il pourrait néanmoins se faire que les conditions d'une zone monétaire optimale soient réalisées en pratique entre certains pays européens, rendant inutiles, ou moins nécessaires, la création d'un Etat européen et la mise en place d'une fiscalité continentale fédérale.

C'est la question empirique que nous examinons un peu plus loin. Mais il importe de souligner auparavant ce que sont les conséquences de l'unité de monnaie entre Etats qui ne font pas naturellement partie d'une zone monétaire optimale.

Dans ces conditions, des parités fixes mais occasionnellement révisables constituent un moindre mal. On peut adapter relativement fréquemment le prix externe des biens et services comme celui du travail, en tournant aisément les rigidités internes.

Mais des parités immuables, comme voudraient l'être celles des zones monétaires, sont dangereuses si les conditions économiques divergent entre pays membres, ce qui ne peut manquer de se produire un jour ou l'autre. Il n'y a plus alors de correction possible que par la disparition ou la création d'entreprises, et entre-temps par les transferts qu'opèrent les finances publiques.

Plusieurs expériences de changes fixes ont fait la preuve de ces travers. Notamment celle des années 30 où plusieurs pays européens ont, après les péripéties de la guerre, tenté de retourner aux parités d'avant le conflit en remettant en vigueur le système de l'étalon-or abandonné pendant les hostilités.

Mais c'est aussi ce que nous vivons dans les années 90 avec l'expérience en cours de l'étalon-mark. C'est enfin ce qu'ont connu les pays africains de la zone franc à la fin des années 80.

LE DRAME ÉCONOMIQUE DES ANNÉES 30

Le système de l'étalon-or, qui impliquait des parités de change fixes entre les pays participants, fut restauré après la guerre mondiale, signe d'un retour à une gestion « saine » de la monnaie après les excès inflationnistes nécessités par le conflit. Compte tenu des parités retenues à l'époque et de la rareté du métal jaune, cette décision contribua de manière décisive à la déflation qui devait transformer, entre 1929 et 1931, une crise boursière sérieuse mais non catastrophique en débâcle financière puis en dépression profonde. Les travaux récents de macroéconomistes et historiens de la monnaie comme Barry Eichengreen et Jeffrey Sachs [13] établissent ce fait et viennent conforter l'analyse par Friedman des responsabilités de la politique monétaire dans le drame économique des années 30.

En raison de la profondeur de la crise, la Grande-Bretagne, la première parmi les pays qui avaient choisi le retour au système antérieur, donne le signal de l'abandon de l'étalon-or en 1931. Cependant, dès décembre 1929 l'Argentine et l'Uruguay avaient suspendu le règlement en or tandis que la Hongrie, le Paraguay et le Brésil se trouvaient dans l'incapacité de maintenir la parité de leur monnaie. En 1930, les taux de change du Chili, du Venezuela, du Pérou, de l'Australie et de la Nouvelle-Zélande chutent.

Les difficultés internationales sont relayées, en Europe et en Amérique, par des crises financières : crise bancaire aux Etats-Unis à la fin de 1930, en Autriche et en Allemagne l'été suivant. Lorsque la Grande-Bretagne est forcée de dévaluer, plusieurs autres pays en font autant bien qu'ils n'y soient pas réellement contraints. A la fin d'octobre 1931 tous les dominions britanniques (à l'exception de l'Afrique du Sud), le reste de l'Empire britannique, les quatre pays scandinaves, le Portugal, l'Egypte, la Bolivie et la Lettonie ont déprécié leurs monnaies. Ils sont suivis dans les six mois par le Japon, la Grèce, le Siam et le Pérou.

Un nouveau cycle de dépréciations commence avec la chute du dollar en 1933. En mars Roosevelt avait introduit des restrictions sur les mouvements d'or et de devises... Le mois suivant il rend illégale la détention d'or par des particuliers. A ce point, le dollar commence à flotter. En relevant à plusieurs reprises le prix en dollars de l'or, l'administration Roosevelt réalise une dévaluation substantielle. Ce qui provoque une série de dévaluations de rétorsion ou « compétitives ». L'Afrique du Sud rejoint la zone sterling dans le flottement. Les devises d'Amérique latine poursuivent leur chute. Le yen rompt à la baisse son lien quasi fixe avec la zone sterling. Les seules grandes monnaies qui restent librement convertibles sont celle du Bloc or : la France, la Belgique, la Hollande, l'Italie, la Pologne et la Suisse. En mars 1935, confrontée à des difficultés croissantes alors que le pays est très ouvert sur l'extérieur, la Belgique doit abandonner le Bloc or. Suivie par les autres pays du Bloc en 1936.

Les effets sur la production industrielle ne se font pas attendre. Les pays qui n'ont pas déprécié leur monnaie, ou peu, voient leur production de 1935 chuter ou stagner par rapport à son niveau de 1929. C'est le cas de la France, des Pays-Bas, de l'Italie et de l'Allemagne. Ceux au contraire qui ont déprécié leur monnaie de 30, 40 ou 50 % relativement à 1929 voient leur production augmenter de 10, 20 ou 30 % par rapport à la même année. C'est le cas de la Grande-Bretagne, de la Suède, du Danemark et de la Finlande.

Il en va de même pour la performance à l'exportation. La France, là encore, paie au prix fort sa « santé monétaire ». Et les conséquences sont exactement semblables pour la propension à investir qui reste stagnante. L'orthodoxie monétaire lamine l'investissement en France, en Belgique, en Italie et en Allemagne, alors qu'il se maintient dans les pays nordiques et en Grande-Bretagne.

Incidemment les changes forts déterminent des salaires réels croissants alors même que le chômage atteint des niveaux catastrophiques, tandis que les pays qui ont choisi la voie de la dépréciation ne connaissent que des augmentations modérées du niveau réel des rémunérations.

Les pays qui dévaluent peuvent adopter une politique monétaire plus expansive et baisser les taux d'escompte de leurs banques centrales, ce qui favorise la baisse générale des taux et accroît en même temps l'incitation à investir.

Au total, les effets de la dépréciation du change apparaissent massifs et positifs. Se sont-ils produits, comme on l'a longtemps soutenu, au détriment des pays qui ont maintenu la parité avec l'or ? Le flottement à la baisse a-t-il constitué une « *beggar-my-neighbour policy* », une politique de dévaluation agressivement compétitive qui consiste à déshabiller Pierre pour vêtir Paul ?

Eichengreen et Sachs ne trouvent pas d'évidence empirique dans ce sens parce que l'effet de relance des économies dévaluationnistes a en réalité profité aux pays non dévaluationnistes en soutenant l'activité économique globale.

Finalement le dernier carré des partisans de l'étalon-or jettera l'éponge en 1935-1936, après avoir enregistré des dommages économiques considérables, et en pure perte. L'expérience du retour à la fixité des changes et à des parités excessives, le conservatisme monétaire aveugle, aura coûté cher à la France, à l'Italie et à l'Allemagne, et pas seulement en termes économiques.

LA FAUTE DES ANNÉES 90

Un scénario du même genre se produit à nouveau, incroyablement, au début des années 90. En 1992-1993, lors de l'effondrement du SME sous les assauts des opérateurs internationaux, plusieurs pays européens ont choisi une politique de retour au flottement. L'Italie, le Portugal, l'Espagne, la Suède et la Grande-Bretagne n'ont pas à proprement parler dévalué leurs monnaies car la dévaluation n'intervient que dans un système de changes fixes où l'on passe d'une parité administrée à une autre. Mais ils ont choisi de laisser flotter leurs devises par rapport au mark ainsi qu'aux monnaies des pays qui décidaient de rester alignés sur lui, à savoir la France, la Belgique, les Pays-Bas, l'Autriche et la Suisse. De fait, ce second groupe de pays décidait de poursuivre une politique de réévaluation de moyen terme dans la mesure où le deutsche Mark s'apprécie tendanciellement face à l'ensemble des autres devises nationales.

Nous avons donc une nouvelle expérience de laboratoire sur les conséquences du choix d'une politique de change conservatrice. Il est possible en effet d'examiner les performances comparées des pays qui ont laissé flotter leur monnaie ainsi que celles, très différentes, des pays qui ont choisi de suivre le mark dans son ascension.

C'est l'étude qu'a menée récemment Robert J. Gordon en mesurant les résultats des deux groupes de nations sur la période allant du deuxième trimestre de 1992 au deuxième trimestre de 1995, dernière date pour laquelle il disposait des données macroéconomiques nécessaires [14].

La réévaluation moyenne des cinq pays liés au mark a été de 10,2 % sur la période tandis que la dépréciation moyenne de l'Italie, du Portugal, de l'Espagne, de la Suède et de la Grande-Bretagne atteint 22,2 %. Les deux groupes ont connu une accélération de la croissance du produit national nominal, mais la croissance réelle a été nettement supérieure dans les pays qui ont déprécié leur monnaie, 2,7 % sur quatre ans contre 1 % pour les pays qui ont laissé s'apprécier leur devise. Et l'inflation a diminué dans les deux groupes, ce qui contredit totalement les sombres prévisions de dérapage incontrôlé que les partisans de l'euro formulaient à l'égard des pays qui renonceraient à la fixité par rapport au deutsche Mark.

On constate ainsi l'évidence : le flottement n'entraîne pas nécessairement la dépréciation continue du change ni une inflation intérieure explosive. Phénomène encore plus surprenant pour la thèse intégriste, les pays qui ont choisi le flottement à la baisse ont en fait enregistré une désinflation plus marquée que les pays réévaluationnistes ! Moins 1 % d'inflation sur la période contre moins 0,6 % seulement pour les pays qui sont restés de fait dans la zone mark !

Les nations qui ont choisi le flottement ont donc glané tous les avantages : une croissance réelle plus forte et une désinflation plus rapide que celles des pays de la zone mark, en contradiction totale avec le dogme des euro-monétaristes.

Cette expérience éclairante confirme ce que nous avons vu précédemment : le taux de change reste un instrument important et efficace de la politique macro-économique. Une modification de la parité peut altérer sensiblement l'évolution de la croissance réelle et de l'emploi.

D'autre part, l'expérience montre aussi que l'environnement international contemporain exclut une reprise rapide de l'inflation, sauf politique de relance monétaire outrageuse, et que les politiques monétaires nationales doivent en tenir compte et en tirer profit.

Compte tenu de la faiblesse de son inflation, la France en particulier dispose d'une marge de manœuvre significative pour relancer son économie. Il aurait été logique, et avantageux dans cette perspective, de réajuster la valeur du franc par rapport au mark dès 1991 ou 1992. Mais il n'est toujours pas trop tard pour le faire, quelques années plus tard, contrairement à ce que les euro-monétaristes soutiennent de façon illogique. La nécessité s'en fait au contraire sentir davantage dans la mesure où les pays de la petite zone mark ont en fait réévalué continûment leurs monnaies pendant la période, tandis que ceux du groupe des pays qui ont adopté le flottement ont laissé les leurs se déprécier. Il s'ensuit que les premiers, et la France particulièrement, connaissent aujourd'hui un taux de chômage supérieur au taux « naturel », la plupart des spécialistes estimant que ce dernier doit se situer actuellement dans une fourchette comprise entre 7 et 8 % de la force de travail [15].

Dans la mesure où l'exemple des pays « dévaluationnistes », ou plus exactement qui ont choisi le flottement à la baisse, montre que l'on peut se dispenser de la fixité du change sans relancer l'inflation, il faut nécessairement conclure que la politique monétaire et de change est responsable, avec la politique budgétaire, et sans bénéfice pour la stabilité des prix, d'au moins quatre points de chômage en France, soit d'environ un million de chômeurs.

L'AFRIQUE SINISTRÉE PAR LE FRANC FORT

L'expérience de la zone franc va tout à fait dans le même sens. Créée il y a plus d'un demi-siècle, la zone franc, qui rassemble les principaux pays francophones d'Afrique occidentale et équatoriale ainsi que les Comores, assure la convertibilité du franc CFA et du franc comorien avec le franc français à parité fixe. Celle-ci est restée inchangée depuis 1948 et 1979 respectivement, aux taux de 50 francs CFA et 50 francs comoriens pour un franc français. Ce qui a conduit tous les pays concernés à suivre l'évolution du franc français et celle de l'inflation française.

Pendant les années où le franc français se dépréciait périodiquement et où l'inflation française était dans la moyenne ou supérieure à la moyenne de ses partenaires commerciaux, cela ne posait guère de problème aux pays africains. Le cours du franc ne pénalisait pas leurs exportations et le taux d'inflation français était suffisamment élevé pour faciliter les ajustements de prix intérieurs sans crainte de récession.

Mais au cours des années 80 les choses ont changé et le danger des parités fixes entre pays qui ne font pas partie d'une zone monétaire optimale s'est révélé dans toute son ampleur [16].

En effet, depuis 1985, la situation économique globale de l'ensemble des pays membres de la zone s'est fortement détériorée, suite notamment aux contrecoups de deux chocs extérieurs majeurs.

En premier lieu, ces pays ont subi une chute de près de 50 % de leurs termes de l'échange entre 1985 et 1993, en raison de la baisse considérable et prolongée des prix mondiaux de leurs principales exportations, en particulier le cacao, le café, le coton et le pétrole. Ces évolutions appelaient, si l'on voulait éviter une trop forte contraction des recettes d'exportation, une baisse du change qui agisse rapidement sur le prix d'exportation sans obliger à une pénible déflation interne qui demande toujours du temps.

En second lieu, cette perte de compétitivité a été aggravée depuis 1985 par la forte appréciation du franc français vis-à-vis des monnaies des principaux partenaires et concurrents commerciaux de la zone. Par ailleurs, l'ensemble de la zone était handicapé par divers problèmes structurels et sectoriels, notamment des coûts salariaux relativement élevés.

Certes la réduction de la demande globale, l' « ajustement interne », aurait permis de provoquer des baisses de prix et de salaires, mais entraîné une récession. C'est ce qui a été tenté dans un premier temps, la parité avec le franc français apparaissant comme un tabou, du fait en particulier de l'attitude des autorités françaises qui voyaient dans les difficultés des pays africains le résultat d'une gestion budgétaire et monétaire trop laxiste alors qu'elles résultaient pour une bonne part des deux chocs que l'on vient d'évoquer.

Ainsi, en dépit des efforts d'ajustement interne, la situation économique et financière a continué de se dégrader et le revenu par habitant n'a cessé de diminuer. Le secteur public, notamment, a dû faire face à des problèmes croissants. Le déficit de l'Etat s'est creusé du fait du rétrécissement de la base d'imposition, imputable principalement à la perte de compétitivité des secteurs des exportations et des produits de substitution aux importations, et au développement du secteur informel, importations illégales comprises. La hausse des coûts de production, notamment des coûts salariaux, a contribué à une forte baisse de la rentabilité des entreprise publiques et a entraîné une réduction de leurs contributions fiscales tout en nécessitant des aides budgétaires de plus en plus massives.

Dans un tel contexte, l'attrait de la zone franc pour les investisseurs a beaucoup diminué – malgré la stabilité des prix et des taux de change – et la fuite des capitaux s'est considérablement accélérée. Plusieurs pays ont essayé de répondre à ces difficultés en renforçant leur ajustement interne. Cependant, l'ampleur des chocs et la dimension des déséquilibres étaient telles que ces mesures, bien que nécessaires, n'ont pas suffi à rétablir l'activité économique.

La poursuite de cette stratégie s'est soldée par un alourdissement de la fiscalité sur les secteurs productifs et par des coupes sombres dans certaines dépenses de fonctionnement ou d'équipement prioritaires (santé, éducation, infrastructures matérielles) qui ont compromis les chances d'une reprise durable de la croissance et de l'investissement privé, ainsi qu'en témoigne la comparaison des principaux indicateurs économiques et financiers de la zone et des autres pays subsahariens depuis le milieu des années 80.

C'est ainsi qu'entre 1986 et 1993 la croissance moyenne du PIB réel des pays de la zone n'a atteint que 0,1 % l'an alors qu'elle était de 2,5 % dans les pays africains qui n'en faisaient pas partie [17]. Dans le même temps le déficit budgétaire se situait à 7,6 % du PIB dans la zone contre 5,6 % pour les pays non membres.

Finalement, après avoir longtemps refusé l'évidence, et devant la menace d'un éclatement de la zone au profit d'un chacun pour soi, la France acceptait le diagnostic de surévaluation de change et le 11 janvier 1994, à Dakar, les pays membres ont décidé d'une stratégie nouvelle comprenant un réalignement des parités du franc CFA et du franc comorien : baisse de 50 % en monnaie étrangère pour le premier et de 33 % pour le second.

Le réalignement monétaire ainsi que les mesures d'accompagnement en matière budgétaire, monétaire, salariale, structurelle et sociale devaient déboucher sur une amélioration très sensible de la compétitivité des économies concernées et le rétablissement des grands équilibres économiques. La croissance globale retrouvait rapidement un taux positif pour se situer par la suite entre 4 et 6 % en termes réels. Cette stratégie permettait au surplus de réduire les besoins nets de financement du secteur public et d'éliminer les arriérés de paiement intérieurs et extérieurs.

Cette expérience radicale et réussie montre à quel point les prix, et au premier chef le prix de la monnaie nationale, le taux de change, jouent un rôle essentiel pour l'évolution de l'économie réelle. Face au déséquilibre croissant des économies des pays africains, nous avons vu que la première réaction des responsables français avait été d'incriminer le laxisme de leur gestion budgétaire et monétaire, soutenant ainsi qu'il ne fallait en aucun cas dévaluer le franc CFA de peur d'encourager ce manque de rigueur supposé. De même, de façon typique, la réaction des responsables africains eux-mêmes a souvent consisté à s'interroger sur les raisons qui faisaient que les investisseurs étrangers ne « jouaient plus leur rôle » et refusaient d'investir dans leurs pays et de prendre des risques « normaux » d'entreprise.

En réalité, aucun de ces deux phénomènes n'était particulièrement responsable de la dégradation de la situation : ils n'en étaient que les conséquences. La responsabilité fondamentale venait de la fixation rigide de la parité des changes dans des circonstances qui appelaient une adaptation flexible. Le rôle des prix, que les économistes soulignent toujours, apparaissait ainsi de façon éclatante.

Et c'est exactement le même phénomène, quoique

d'une acuité moindre, qui frappe les pays européens aujourd'hui et tout particulièrement la France : la fixation rigide de la parité de change avec une monnaie en réévaluation tendancielle, le mark, fait que les exportations sont étouffées, l'activité économique est étranglée, le ralentissement de la croissance déséquilibre les finances publiques et les budgets sociaux. Moyennant quoi, les bons esprits qui ne reconnaissent pas le rôle des prix ou ne veulent pas remettre en cause le tabou politique de la parité de change avec l'Allemagne multiplient les diagnostics sur la nécessité d'une rigueur accrue, d'une coupe sombre dans les dépenses publiques, d'une plus grande flexibilité sur le marché du travail (lire : une réduction des salaires nominaux avant même que les prix aient baissé de façon semblable) et autres politiques « d'ajustement », c'est-à-dire déflationnistes, qui ne peuvent que ralentir davantage l'activité, déséquilibrer un peu plus les comptes publics et accroître le chômage.

La leçon de la zone franc devrait être mieux étudiée par nos responsables politiques, y compris dans les conséquences ultimes qu'elle a failli provoquer, à savoir sa propre disparition, pure et simple.

LE CALCUL DE L'UNION EUROPÉENNE

Le déterminant structurel le plus simple indiquant qu'une politique monétaire commune peut convenir à plusieurs pays, c'est le parallélisme des conjonctures. S'il est fort, chaque pays aura besoin en même temps d'une politique d'expansion ou d'une politique de freinage.

Une première approche de la désirabilité d'une union monétaire consiste ainsi à mesurer les corrélations des cycles d'activité économique dans les divers pays considérés. Une forte corrélation ou une forte convergence des conjonctures conduisent à penser qu'il n'y a que peu de chocs réellement asymétriques, ou encore que ces chocs, lorsqu'ils se produisent, n'affectent que faiblement les économies de la zone considérée. Il apparaît alors possible de renoncer sans dommage à l'indépendance monétaire nationale [18].

L'observation des conjonctures croisées, au cours des années récentes, montre ainsi que les économies européennes sont assez peu en phase dans leurs évolutions. La convergence des conjonctures reste faible. Il apparaît que les convergences existantes tracent la frontière d'une zone monétaire optimale en Europe autour de l'Allemagne et des petits pays voisins (Benelux, Pays-Bas) auxquels pourrait, dans une moindre mesure, se joindre la France.

Une approche plus fine consiste à étudier les liens entre les régimes monétaires choisis par les divers pays du monde et les caractéristiques qui, selon l'analyse des zones monétaires optimales, devraient les conduire à pencher soit vers les changes fixes, soit vers les changes flexibles – telles que la concentration du commerce extérieur, la mobilité des facteurs de production, l'ouverture de l'économie et la distance avec les partenaires commerciaux [19].

On décèle effectivement une relation systématique entre ces caractéristiques nationales et les choix que font les pays entre des changes fixes et des changes flexibles. Une simple application de cette relation générale aux pays européens, en prenant pour référence le régime de change qu'il convient d'adopter à l'égard de l'Allemagne, nous montre immédiatement lesquels d'entre eux ont intérêt à maintenir des changes fixes avec la République fédérale et quels autres ont intérêt à conserver les changes flottants.

Selon ces calculs, l'Allemagne, la France, le Royaume-Uni, et dans une moindre mesure peut-être l'Italie, ont intérêt à conserver des changes flottants [20].

Au contraire le Danemark, la Belgique et les Pays-Bas ont clairement intérêt à entrer dans un système de change fixes avec l'Allemagne dans la mesure où leur indicateur synthétique du régime de change le plus adapté est négatif.

Il est frappant de constater que cette conclusion confirme approximativement le bien-fondé de l'existence de la petite zone mark, qui réunit justement les pays les plus convaincus de la nécessité de l'euro [21].

Tout cela est strictement conforme à la théorie des zones monétaires optimales, qui indique que de petits pays qui ont des échanges intenses et concentrés avec un grand voisin ont intérêt à fixer leur change par rapport à sa devise. Tel est bien le cas de la Belgique, des Pays-Bas et, de l'Autriche qui appartiennent déjà de fait à une zone mark informelle.

Il apparaît en somme assez peu indiqué pour la France, l'Italie, la Grande-Bretagne et l'Espagne de se lier par une monnaie commune avec l'Allemagne.

Mais l'extraordinaire de la situation est que, de son côté, l'Allemagne ne devrait pas avoir de penchant particulier pour le maintien de changes fixes. Les indicateurs de régime de change, calculés par rapport à l'ensemble des autres pays européens, indiquent qu'elle devrait choisir le flottement. En somme l'Allemagne n'a pas intérêt à la construction d'une zone mark en Europe !

Est-ce un paradoxe ? Pas réellement. Il s'agit de son intérêt économique bien compris. Les acteurs économiques sont d'ailleurs bien conscients de ces réalités sous-jacentes, même s'ils ne savent pas en faire rigoureusement l'analyse. C'est ainsi que l'opinion allemande, pour diverses raisons, est opposée à l'euro dans une proportion de deux contre un, rejoignant ainsi les résultats du calcul économique.

Qu'il soit optimal pour l'économie allemande de faire

cavalier seul en matière monétaire, sans partager la définition de sa politique avec d'autres pays, c'est bien ce que l'on a observé dans les dernières années. La Bundesbank a maintenu rigidement sa politique monétaire intégriste sans se soucier de ses partenaires, en laissant à ces derniers le soin de se rapprocher du mark dans la mesure où ils le souhaitaient. Mais sans infléchir sa trajectoire pour les y aider. Au contraire elle a, en deux occasions au moins, quelque peu poussé vers la sortie du système des changes fixes européen les devises qui s'efforçaient de se rapprocher du futur euro alors que les dirigeants de la Buba ne le souhaitaient pas vraiment : la livre et la lire.

Dans cette perspective, l'attitude officielle de la France est contraire à son intérêt économique puisque tous ses gouvernements ont milité en faveur de l'euro. Cela ne peut s'expliquer que par une volonté extra-économique, c'est-à-dire politique. Comme dans les années 30, c'est à nouveau pour des raisons largement historiques, politiques et philosophiques plutôt que purement économiques que certains pays sont restés accrochés à l'étalon-or alors que les circonstances poussaient logiquement à son abandon [22].

Et c'est bien ce que nous expliquent finalement nos responsables monétaires lorsqu'ils déclarent qu'ils veulent l'union monétaire pour réaliser l'union politique, de façon à maintenir l'Allemagne dans le giron des nations européennes de l'Ouest, contre la tentation du cavalier seul qui se retournerait vers le centre et l'est du continent.

La politique d'union monétaire constitue ainsi un contresens économique fondamental pour ses deux principaux protagonistes. Si l'on tenait malgré tout à plaquer une monnaie unique sur l'ensemble hétérogène que forme le couple franco-allemand, il faudrait accepter la création d'une entité politique fédérale dont le budget commun remplacerait celui des Etats membres. Comme rien de tel n'est envisageable à la date des échéances de création de l'euro, la poursuite de la construction monétaire doit engendrer des crises économiques et de change récurrentes dont la perspective rend peu probable en réalité la concrétisation de la monnaie unique.

Si elle devait cependant être réalisée du jour au lendemain par un acte politique discrétionnaire, l'Union monétaire européenne déterminerait des chocs asymétriques générateurs de difficultés économiques et sociales explosives dans certains des pays membres d'une telle zone monétaire « non optimale ».

Et les difficultés pourraient aller croissant. L'unification d'un grand marché détermine en effet un accroissement de la spécialisation industrielle au sein des économies qui s'y inscrivent. Or la spécialisation fait diverger les structures économiques nationales. Il s'ensuit que les chocs qui affectent périodiquement tel ou tel secteur vont devenir de plus en plus spécifiques à chaque nation avec le développement des échanges dû au marché unique.

On observe cette tendance à la spécialisation au sein des économies nationales sous la forme des polarisations Nord-Sud par lesquelles une région s'appauvrit pendant qu'une autre prospère. Le même effet accentuera les divergences au sein de l'espace européen, en dépit des transferts coûteux de l'aide régionale de Bruxelles. Celle-ci ne pourra pas davantage atténuer les différences locales que les aides de Milan n'ont pu résoudre le problème du Mezzogiorno, ni d'ailleurs que celles de Bonn, puis de Berlin, n'ont pu empêcher la destruction de l'industrie des Länder de l'Est, victime de l'unification monétaire allemande.

L'intégration monétaire est ainsi à double tranchant. Contrairement au slogan de la Commission, le marché unique plaide en réalité pour une différenciation accrue des politiques monétaires au lieu d'appeler une monnaie unique.

Le mot d'ordre, économiquement fondé et non conçu dans une perspective administrative simpliste, aurait dû être : « A marché unique, monnaies multiples. »

L'EURO N'EST PAS VIABLE

Dans ces conditions, l'euro n'apparaît ni souhaitable ni viable. La stagnation en Europe, qui frappe tout particulièrement les pays les plus engagés dans la construction de la monnaie unique, en témoigne.

Mettre un terme aux politiques monétaires restrictives qui alignent les monnaies européennes sur le deutsche Mark permettrait en effet de retrouver une compétitivité externe qui favoriserait l'exportation et des taux d'intérêt qui cesseraient d'étrangler la production et la consommation. Une politique monétaire nationale ayant regagné son autonomie permettrait à l'économie de renouer rapidement avec la croissance comme cela s'est produit en Italie et en Grande-Bretagne après 1992.

Au contraire, forcer des économies hétérogènes à se couler dans le carcan d'une politique monétaire unique provoque nécessairement des conflits entre les gouvernements nationaux. C'est ce que nous observons dans la phase de convergence. Mais cela continuera si l'euro est mis en place.

Il s'ensuit que, au lieu de créer la stabilité et la confiance, l'unification monétaire sera source de conflits politiques et d'incertitudes monétaires.

Le phénomène n'est pas nouveau. Plusieurs tentatives d'unions monétaires entre pays souverains ont eu lieu au siècle dernier et au début de celui-ci. Elles ont toutes abouti, au terme de quelques années, à une désintégration de ces zones monétaires non optimales. C'est un sort qui préfigure celui de l'euro si sa création devait être menée à son terme.

A l'approche de l'échéance les vrais problèmes ne peuvent plus être éludés. Quelle sera la gestion du futur euro ? En fera-t-elle la continuation du mark ou une monnaie de compromis autorisant une inflation européenne intermédiaire entre celle de la France et celle de l'Italie ? Et quelle sera la liste des pays qui seront admis dans le cercle fondateur au premier janvier de la dernière année du siècle ? L'euro sera-t-il tronqué ou large ?

UN EURO TRONQUÉ ?

C'est ce qui semble se dessiner dans les tractations en cours sur ce que pourrait être le sort de tous les pays de l'Union qui, à l'évidence, sont complètement en dehors du processus de convergence. Il resterait peut-être à la France la volonté d'adhérer seule à la zone mark de fait qui existe entre l'Allemagne, le Benelux et l'Autriche mais en dehors du processus de Maastricht. Ce qui exigerait alors de préciser qui aurait voix au chapitre pour gérer la politique monétaire commune de cette mini-union monétaire.

Les avantages de cette démarche, dont certains affirment qu'elle ménage l'avenir de la monnaie unique à laquelle adhéreraient ultérieurement les autres pays européens qui ne sont pas prêts à franchir le pas aujourd'hui, sont très réduits.

En premier lieu, une monnaie unique est d'autant plus avantageuse, lorsqu'elle l'est, qu'elle fixe les taux de change avec un grand nombre de partenaires commerciaux. En ne fixant le change du franc qu'avec l'Allemagne et le Benelux, l'adhésion de la France à la zone mark ne nous protégerait en rien des fluctuations des autres devises européennes, qui conserveraient des marges de variation substantielles bien que différentes d'un pays à l'autre. Elle laisserait en tout état de cause subsister les problèmes de fluctuations des autres devises qui sont importantes pour notre économie, comme le yen ou le dollar.

En deuxième lieu, l'idée qui avait présidé en France à la proposition de l'unification monétaire était que le gouvernement français devait participer, aidé par les autres gouvernements européens, à la gestion d'une politique monétaire réellement définie en commun, au lieu d'avoir à suivre, sans pouvoir l'influencer, la politique monétaire décidée de façon autonome par la Bundesbank, en fonction des seuls intérêts allemands.

En se retrouvant seul grand pays à intégrer institutionnellement la zone mark, la France ne pourrait s'appuyer sur aucune autre nation pour infléchir la politique de la Bundesbank. La « petite Europe monétaire » se réduirait alors à une renonciation unilatérale de la France à son pouvoir monétaire au profit de l'Allemagne, sans compensation visible.

La gravité des conséquences économiques et sociales d'un tel acte, explicitée plus haut, devrait en dissuader nos responsables. Il n'est pas interdit de se tromper mais il faut savoir à un moment donné reconnaître les réalités et changer éventuellement de politique. C'est l'enjeu du débat actuel et l'évolution des esprits laisse penser que ces réalités sont de plus en plus largement reconnues.

UN EURO FAIBLE ?

C'est l'autre possibilité, qui semble tout aussi probable. A l'été 1997 en effet, la baisse du mark et du franc sur le marché des changes renforce le dollar, ce qui laisse penser que les opérateurs anticipent un euro faible, de même que les épargnants allemands qui fuient vers le franc suisse et vers le billet vert.

Cependant ce qui domine c'est l'incertitude. L'entrée de l'Italie dans le cercle fondateur, dès le début de l'euro si ce dernier devait être créé à la date prévue de décembre 1998, pourrait aussi signifier un euro fort, la Banque centrale européenne ayant à cœur de démontrer qu'elle est tout aussi capable de gestion rigoriste que la Bundesbank. Cette dernière d'ailleurs exigerait d'autant plus de garanties d'une politique monétaire conservatrice que le cercle initial serait large et comprendrait des pays dont la vertu monétaire est récente.

L'issue dépend principalement du rapport des forces politiques en présence. Elle appelle d'ailleurs une solution explicitement politique dans la mesure où les positions de différents pays sont conflictuelles, ce qui découle du fait que les pays en question ne forment pas ensemble une zone monétaire optimale. Cela veut dire que la gestion monétaire optimale pour l'un ne l'est pas pour l'autre, et donc que les rapports de force politiques entre Etats doivent décider de la politique unique qui sera appliquée. Mais cette perspective contredit le dispositif de gestion purement technique que prévoit le traité, sans ingérences des gouvernements, dispositif que la Bundesbank défend bec et ongles.

Ces conflits profonds et les incertitudes qu'ils engendrent ne sont à vrai dire pas propres à l'Union européenne. Ils se produisent inévitablement dès lors que l'on veut asservir des Etats souverains à une règle monétaire supranationale. C'est ce que nous rappelle l'exemple récent de l'ex-Yougoslavie, rapporté par Joze Mencinger, son ancien ministre de l'Economie [23].

Se rangeant parmi la minorité d'eurosceptiques, Mencinger espère que l'euro ne sera pas créé, non pas qu'il soit opposé à l'union de l'Europe mais au contraire parce qu'il y est favorable. Selon lui l'union monétaire détruira définitivement l'idée européenne d'ici à quelques années. Il est surprenant en effet que ce projet si important dépende essentiellement d'un seul homme, le chancelier Kohl, et de délais et de règles que les leaders politiques européens ont eux-mêmes fixés mais auxquels ils ne croient pas vraiment. N'est-il pas surprenant que les critères de Maastricht s'articulent autour de la stabilité des prix, qui n'est pas un problème actuel en Europe, et oublient le chômage, qui est le fardeau majeur des dix dernières années et le restera encore au moins dix ans ?

L'euro lancé, la politique monétaire commune creusera encore davantage le fossé entre les pays membres tandis que le chômage et l'intolérance rendront impossible le libre-échange du travail, ce qui est pourtant une condition essentielle de viabilité d'une zone monétaire en l'absence de redistributions fédérales massives.

Le temps n'est alors plus éloigné où chacun se sentira exploité par tous, comme le souligne l'ancien ministre. C'était exactement le cas de la défunte Yougoslavie. Le parallèle entre l'ancien dinar et l'euro peut paraître saugrenu, mais les ressemblances entre les deux monnaies sont nombreuses. Il n'y a pas plus de confiance entre les dirigeants des pays qui doivent gérer ensemble la future monnaie européenne qu'il n'y en avait entre ceux des ex-Républiques yougoslaves, et il n'y a pas davantage de valeurs européennes communes qu'il n'y avait de « fraternité et unité » dans l'ex-Yougoslavie (dont c'était la devise). Un Sicilien diffère d'un Suédois autant qu'un Macédonien d'un Slovène. Et si la Yougoslavie est morte économiquement en 1990, c'est surtout à cause du conflit sur le dinar et la politique monétaire suivie.

Pour Mencinger, l'introduction de l'euro ressemble beaucoup à la période d'avant l'indépendance de la Slovénie, lorsque les responsables croyaient pouvoir dissocier l'indépendance monétaire de la souveraineté politique. Ce qui s'est révélé impossible. Il conclut avec ces mots : « Je crois qu'une union monétaire sans union politique ne sera pas plus viable pour l'Union européenne que pour l'ex-Yougoslavie. »

LA DÉSINTÉGRATION FINALE DES ZONES MONÉTAIRES NON OPTIMALES

Entre Etats souverains la monnaie ne se partage pas. Il y a déjà eu plusieurs essais d'union monétaire en Europe depuis le milieu du XIXe siècle retracés en un ouvrage passionnant par le directeur de la section historique de la Nederlandsche Bank d'Amsterdam, Wim F.V. Vanthoor [24]. Certains ont réussi de façon durable, d'autres ont périclité après quelques années. Il est donc particulièrement intéressant, à un an de la grande décision, de discerner les facteurs de réussite et les causes d'échec.

L'auteur répond très clairement à la question en distinguant les unions monétaires qui ont accompagné la création de nouveaux Etats englobant des unités politiques plus anciennes et plus petites, de celles qui ne correspondaient qu'à des accords de coopération économique entre Etats restant souverains.

Dans la première catégorie on trouve trois exemples : l'unification politique de la Confédération helvétique en 1848, la fondation du Reich allemand en 1871 et l'unification italienne de 1861. Dans chacun de ces cas de nouvelles monnaies ont été créées qui existent aujourd'hui encore : le franc suisse, le deutsche Mark, et la lire.

Se rangent dans la seconde catégorie l'union monétaire austro-allemande qui fonctionnera de 1857 à 1867, l'union monétaire latine fondée en 1865 et qui rassemblera la Belgique, la France, l'Italie et la Suisse plus ou moins jusqu'à la première guerre mondiale pour être effectivement dissoute en 1926, ainsi que l'union monétaire scandinave créée en 1872 qui durera aussi jusqu'à la Grande Guerre pour survivre ensuite tant bien que mal jusqu'à la disparition de l'étalon-or en 1931.

PRÉALABLE POLITIQUE

Il est facile de constater que seules les unions monétaires reposant sur une union politique préalable ont réussi tandis que celles qui ne correspondaient qu'à des coalitions ou des cartels d'Etats indépendants n'ont pas survécu aux aléas et chocs de la vie économique et politique internationale.

Sur le simple plan du raisonnement économique ce n'est guère surprenant. D'une part en effet, la monnaie étant dans le monde moderne un instrument de financement et un titre de dette des Etats, une monnaie commune à plusieurs Etats souverains ne peut que susciter des conflits politiques sérieux entre eux, dans la mesure où leurs intérêts doivent, à un moment ou à un autre, diverger. D'autre part, la théorie économique et la pratique des entreprises et des Etats nous enseignent que les cartels, lorsqu'ils ne sont pas imposés par une volonté politique étatique unique, c'est-à-dire un pouvoir de monopole, sont intrinsèquement instables. Que l'on se rappelle par exemple ce qu'il est advenu du cartel du pétrole qui faisait trembler les nations industrielles dans les années 70.

C'est que l'existence même d'un cartel incite chacun de ses membres à jouer son jeu personnel, contraire à l'avantage collectif de l'ensemble des participants, dans une stratégie du « cavalier seul » ou du « passager clandestin » qui profite de la discipline des passagers payants pour voyager gratuitement à leurs dépens. C'est bien ce que craignent aujourd'hui les responsables allemands, qui entendent imposer aux pays qui voudraient participer à l'aventure de la monnaie commune le paiement d'un sacrifice similaire au leur en termes de gestion budgétaire rigoureuse et contraignante.

L'auteur montre ainsi de façon détaillée et précise que les unions monétaires réussies ont eu comme condition sine qua non l'union politique préalable des Etats ou principautés concernés, en l'occurrence au sein de structures fédérales ou confédérales dans le cas de la Suisse et de l'Italie, ou en respectant une certaine autonomie régionale au sein de l'Empire allemand.

Le cas de l'Allemagne pourtant semble démentir la nécessité d'une union politique préalable : on observe en effet une tendance à l'union des monnaies dès la mise en place du marché commun de l'époque, le Zollverein, dès 1834, bien avant l'union politique de 1871. Mais cette union de fait se limite à l'instauration de parités de change fixes en 1838 entre le Thaler prussien, en circulation dans le Nord, et le Gulden qui circulait dans les Etats du Sud, et ceci à la faveur du rôle déjà prépondérant de la monnaie prussienne dans l'ensemble germanique. Scénario que reproduit à peu de chose près la tentative actuelle d'élargissement de la « petite zone mark » (Benelux, Pays-Bas et Autriche) à la France.

Il faut cependant attendre le 4 décembre 1871, quelques mois après la fondation du Reich, pour que soit instituée véritablement la monnaie unique sous forme du Reichsgoldwährung, pièce la plus répandue dont le mark était le dixième et constituait l'unité de compte.

Il reste donc toujours vrai que la création de monnaies communes durables a été postérieure à la création d'Etats intégrés. La politique précède le monétaire.

A cet intéressant constat historique de Vanthoor ajoutons quelques considérations économiques sur les différences de contexte entre le XIXe siècle et notre fin du

XXe qui, à notre avis, ont permis les unions monétaires du siècle dernier mais rendent improbables de telles entreprises aujourd'hui. La création de monnaies communes était à l'époque favorisée par deux tendances de fond que l'on ne retrouve pas actuellement, ou qui, pis encore, sont inversées.

La première tenait à la tendance internationale poussant à l'utilisation exclusive de l'or comme base de la circulation monétaire dans tous les Etats, ce qui soustrayait pour partie ces monnaies à la gestion politique des gouvernements. La flexibilité des prix, la liberté des mouvements internationaux de facteurs (capital et travail), l'acceptation sociale des récessions comme des fatalités indépendantes de la volonté des pouvoirs publics permettaient d'accepter la renonciation à l'amortisseur de chocs économiques que constitue la variation du prix du change.

Pourtant, en dépit de ces circonstances favorables, les tentatives de l'union austro-allemande, de l'union monétaire latine et de l'union scandinave, qui avaient été facilitées par l'existence de cette référence commune, « méta-étatique », à l'or, devaient échouer soit du fait de conflits politiques permanents entre les Etats partenaires pour la première, soit à l'occasion des conflits militaires de la première guerre mondiale et de la disparition du système international reposant sur l'or pour les deux autres.

La deuxième condition bien mise en évidence par Vanthoor tient à l'intégration politique des Etats partenaires, condition nécessaire et préalable indispensable à la création d'une monnaie unique. C'est ainsi que l'on observe que la désintégration politique et le nationalisme exacerbé des années 30 et 40 coïncide avec la disparition de ces unions fragiles pour ne laisser subsister que les monnaies des Etats intégrés.

Dans le même ordre d'idées, on peut considérer que l'instauration d'un système de changes fixes après la seconde guerre mondiale correspond à une variante de l'expérience allemande des années 1834-1871, avant la fondation de l'Empire. La domination politico-économique d'un Etat sur ses voisins peut servir de succédané à l'intégration. Et de fait, les Etats-Unis qui, en 1945, représentaient près de la moitié du PNB mondial, ont instauré une quasi-monnaie unique semblable au SME, bâtie autour de l'étalon de change or, c'est-à-dire d'un étalon dollar, comme la Prusse avait construit un étalon Thaler.

Ainsi, l'asymétrie économique de 1945 conduisait tous les pays indépendants mais de très faible taille à côté du géant américain à définir leur monnaie par rapport à la sienne, conformément d'ailleurs à la théorie des zones monétaires optimales dont l'une des conditions est l'asymétrie des dimensions entre pays partenaires. De plus, les contrôles des changes omniprésents et la faible mobilité des capitaux, au moins jusqu'au début des années 60, ont permis de défendre la fixité des parités de change nationales.

Mais le développement plus rapide des économies occidentales, en un phénomène de rattrapage des conditions de production et de niveau de vie du pays le plus avancé (les Etats-Unis), a remis en cause cette asymétrie, faisant, avec la libéralisation des changes, voler en éclats le système de Bretton Woods au début des années 70.

Nous pouvons ainsi expliquer économiquement de la même façon la période contemporaine et la tendance historique que Vanthoor constate en Europe entre 1850 et le présent.

CHAPITRE III

Le contresens du Très Grand État

Il n'y aura pas de monnaie unique sans un Etat européen unique, fédéral ou confédéral. L'euro est expressément conçu pour susciter la création d'un tel Etat continental. Selon la stratégie qui voudrait que le marché unique nécessite une monnaie unique, la monnaie unique appelant à son tour la constitution d'un Etat unique. Mettre en place la monnaie unique conduit donc nécessairement à la construction de l'Etat européen que les fédéralistes appellent de leurs vœux.

Nous avons montré dans le chapitre précédent que le maillon faible de ce raisonnement tenait au passage du marché unique à la monnaie unique. Alors que le marché commun favorise le libre développement des échanges et la croissance économique, même lorsque plusieurs monnaies nationales y coexistent comme le montrent par ailleurs les diverses expériences de libre-échange de par le monde, une politique monétaire uniforme appliquée à des espaces nationaux hétérogènes pénalise inévitablement certains d'entre eux. Elle se révèle donc inférieure, en termes de production de richesse, à des politiques monétaires différenciées qui s'adaptent plus précisément aux besoins locaux.

Un raisonnement analogue à celui qui fait préférer la décentralisation de la gestion, pour un Etat ou pour une entreprise, à la solution d'une hiérarchie unique et centralisée, uniforme et rigide, conduit à conclure à la supériorité de politiques monétaires « sur mesure » par rapport à une politique monétaire commune à plusieurs Etats. Il s'ensuit que le marché unique donne de meilleurs résultats économiques avec plusieurs monnaies nationales que sous un régime de monnaie unique.

Il est bien vrai, par contre, que la monnaie unique appelle un Etat unique. A tel point que les essais de construction de monnaies communes à plusieurs Etats souverains en Europe, tentés en plusieurs occasions depuis le milieu du XIXe siècle, ont tous avorté au bout de périodes assez courtes. Si l'on veut vraiment une monnaie unique en Europe il faudra donc procéder de toute urgence à la fusion des Etats existants en un super-Etat continental, le « Très Grand Etat ».

Mais en dehors de son rôle éventuel de gestionnaire de la monnaie unique, serait-il d'une utilité quelconque aux économies européennes ? Rendrait-il des services que les Etats nationaux actuels ne sont pas en mesure de fournir ? Et ces services supplémentaires pourraient-ils justifier le coût correspondant aux ressources nouvelles qu'il faudrait prélever sur l'économie pour le financer ? La création d'une strate étatique de plus n'apparaîtra légitime que si elle peut faire la preuve de sa supériorité sur l'organisation actuelle qui fait coexister plusieurs Etats indépendants au sein de l'espace européen. Et un Etat non légitime n'a que peu de perspectives d'avenir dans des sociétés démocratiques.

Dans le domaine de l'entreprise commerciale, la fusion de plusieurs firmes indépendantes peut sembler avantageuse dans la mesure où elle crée un « champion national » plus compétitif sur les marchés internationaux. Mais cet avantage n'existe souvent que sur le papier des ministères. Une seule grande firme n'est pas nécessairement plus efficace que plusieurs petites. Elle ne peut l'être que dans des conditions économiques très précises. Et le destin décevant de la politique industrielle des champions nationaux montre bien le côté superficiel de cette conception.

Il en va de même des Etats. La construction d'un « Très Grand Etat » par fusion des Etats nationaux existants n'est pas nécessairement une stratégie gagnante si elle accroît les coûts de fonctionnement de la superstructure bureaucratique. Un Etat que sa grande dimension rend inefficace, trop coûteux pour les avantages qu'il procure, obère la production de richesse de la nation. Les « frais généraux » de la société, trop élevés, pénalisent les entreprises et les salariés face à la concurrence internationale.

Alors que toutes les organisations de par le monde cherchent à réduire leur taille pour être efficaces, le Très Grand Etat dont veut se doter l'Europe apparaît comme une sorte de paradoxe. Les services supplémentaires qu'il est censé fournir semblent illusoires. Et l'allégement des dépenses publiques nationales qu'il est supposé faciliter n'a que peu de chances de se produire.

VERS L'ÉTAT UNIQUE

Dès le début de la construction européenne, lors du lancement de la Communauté économique par le traité signé à Rome le 25 mars 1957, un courant étatiste n'a voulu voir dans la création du marché commun qu'un processus devant trouver un jour son achèvement dans la mise en place d'un Etat fédéral continental sur le modèle américain.

Minoritaires à l'intérieur des nations, les fédéralistes amis de Jean Monnet ont recherché avec opiniâtreté le mécanisme institutionnel qui pourrait conduire automatiquement et nécessairement les pays signataires de l'union économique à une union politique qui fonderait le plus puissant Etat du monde, avant même les Etats-Unis. En mettant les peuples européens, a priori non consentants, devant le fait accompli.

Les raisons qui inspirent les fédéralistes sont multiples : pour beaucoup il s'agit de rendre impossible à l'avenir toute guerre entre nations européennes, une fois ces dernières réunies au sein d'un même Etat. Pour d'autres il faut peser sur le destin du monde en redonnant à ces nations le premier rôle, celui qu'elles avaient collectivement détenu jusqu'au début du siècle, marqué ensuite par la domination américaine et soviétique. Pour d'autres encore il est essentiel de construire le plus vaste Etat démocratique de la planète s'inspirant d'une culture ancienne et d'un modèle politique différent de celui des Etats-Unis. Pour certains enfin il n'est que logique de prolonger un mouvement séculaire d'agrandissement de la dimension de la nation, tel qu'il s'était produit dans l'histoire de la France par exemple, et plus récemment de l'Allemagne, mouvement qui leur semble inscrit dans l'ordre naturel de la politique et de l'histoire.

Le passage automatique de l'union économique à l'intégration politique paraissait plausible en première analyse : n'était-ce pas le chemin qui avait conduit, au siècle dernier, du Zollverein au Reich ? Les ambitions des élites dirigeantes, des deux côtés du Rhin, faisaient ainsi écho à l'histoire.

En France, les responsables économiques et financiers étaient traditionnellement obsédés par le choix d'un étalon de change fixe et la constitution d'une grande zone monétaire qui vienne donner au franc l'importance qu'il n'avait pas, au grand dépit de nos argentiers technocrates. Cette obsession s'était traduite par les tentatives de l'Union latine à la fin du XIXe siècle, et du Bloc or après la première guerre mondiale. La nostalgie d'un système général de changes fixes devenait d'autant plus forte après la disparition du système de Bretton Woods, en 1971. Le dollar renonçant à jouer un rôle actif de monnaie de référence reposant sur l'or, la voie semblait ouverte aux initiatives françaises pour la reconstruction du système monétaire international sur d'autres bases, en commençant par l'Europe.

DES SOURCES POLITIQUES

De ce double courant, fédéraliste européen d'un côté, de refondation par la France du système monétaire international sur la base de changes fixes, de l'autre, devait naître un projet politique de passage du marché commun à un Etat continental par le truchement de la monnaie. Il prévoyait de doter le grand marché d'un système de convergence des changes qui évoluerait progressivement vers une monnaie unique. Celle-ci à son tour engendrerait la nécessité de construction d'un Etat unique.

Et c'est bien la séquence énoncée, dans sa partie avouée, par le rapport Emerson, « Marché unique, monnaie unique », rédigé à la demande de la Commission de Bruxelles alors présidée par Jacques Delors. La fin du slogan, tenue implicite, étant « A monnaie unique, Etat unique ». Mais cette dernière partie du programme ne devait être rendue publique qu'ultérieurement, en fonction des circonstances.

La démarche était ancienne. Elle s'était mise en place en France d'abord à l'initiative de Valéry Giscard d'Estaing, en 1979, avec le lancement du système monétaire européen. Dans la mesure où il définissait des changes fixes mais périodiquement ajustables, comme dans le système de Bretton Woods, le SME était viable, car il ne comportait pas de rigidité véritable ni durable des parités. Mais la deuxième étape du processus, abordée sous le second septennat de François Mitterrand lors du traité de Maastricht de 1991, était beaucoup plus redoutable. Elle prévoyait la fixité définitive des parités présageant le passage à une monnaie unique qui serait gérée par une banque centrale indépendante à la façon de la Bundesbank.

C'est que les circonstances étaient soudain devenues plus favorables à la mise en pratique de l'ambition monétaire internationale des technocrates français.

A la fin des années 80, la disparition de l'Union soviétique et du communisme ouvre tout d'un coup la voie à la réunification de l'Allemagne qui du jour au lendemain cesse d'apparaître comme un rêve lointain pour devenir une possibilité immédiate que saisit le chancelier Kohl. Cependant, dans une Europe pilotée à deux avec la France, il ne peut être question pour Bonn d'opérer une telle fusion sans l'accord de Paris.

La condition mise par François Mitterrand, quelque peu dépassé face à un partenaire puissant et potentiellement dangereux, reproduit exactement la stratégie qu'il avait adoptée en politique intérieure face à ses alliés, et rivaux, communistes : se lier étroitement avec l'adversaire pour mieux le contrôler. Il demande donc à l'Allemagne, comme prix à payer pour le consentement de la France à sa réunification, de fondre le mark dans une monnaie unique que gérera une super-Bundesbank européenne. L'eurofusion monétaire conduira ultérieurement à l'intégration politique des deux pays et l'Allemagne sera définitivement ligotée, mise dans l'incapacité de nuire.

Le chancelier Kohl, qui de son côté a l'ambition

d'obtenir pour son pays, première puissance économique du continent, un rôle majeur sur la scène politique internationale, accepte le marché dans la mesure où la nouvelle monnaie ne sera qu'une continuation pure et simple du deutsche Mark et gérée comme telle. Ce qui est à la rigueur acceptable pour l'opinion réservée d'outre-Rhin et pour une Bundesbank réticente.

Confier la gestion d'une politique monétaire commune à un organisme indépendant calqué sur la Buba présentait, de plus, l'avantage décisif d'engager les deux pays sur la voie de l'union politique mais sans exiger dans l'immédiat la mise en place d'un pouvoir politique unique. On tournait ainsi la difficulté que présentait l'impossibilité d'une démarche consistant à proposer ouvertement à la ratification démocratique des peuples la création d'un Etat fédéral européen, proposition qui n'avait aucune chance d'être acceptée.

On proposait en même temps à l'Allemagne un modèle de gestion économique fort proche du sien. En effet, la puissance de la Bundesbank se nourrit d'un démembrement partiel du pouvoir économique du gouvernement fédéral, solution voulue par l'Amérique en 1949. Pourquoi ne pas adapter la même formule à une Europe qui par définition n'avait pas, et ne pouvait pas avoir dans un avenir prévisible, de pouvoir politique centralisé et fort ?

Cette solution permettait en somme de faire l'économie d'une intégration politique qui effrayait les opinions et aurait été rejetée, comme l'avait été en son temps le projet d'une Communauté européenne de défense, si elle avait été proposée d'emblée et franchement aux électeurs. Par contre, une banque centrale européenne détenant la réalité du pouvoir monétaire constituait, sous le contrôle d'ailleurs mal défini du Conseil des ministres des Etats membres, un substitut de gouvernement européen, qui apparaissait suffisant pour la tâche.

Les technocrates monétaristes remplaçaient du même coup les responsables politiques élus. Mais cela rendait justement l'opération d'autant plus jouable qu'à la faveur de la grande inflation des années 70 la doctrine monétariste s'était répandue dans les milieux politiques et chez les dirigeants des banques centrales. Elle préconisait une gestion « automatique » de la monnaie, excluant les interventions discrétionnaires des gouvernements pour ne suivre que des critères « techniques », tels que la croissance régulière du volume des signes monétaires en circulation, ou encore la poursuite d'un objectif d'inflation stable et proche de zéro. Les conditions particulières des années 80 poussaient donc à la séparation de la politique monétaire de la sphère des responsabilités gouvernementales.

Cette solution séduit d'autant plus le président socialiste de la France qu'elle correspond aux ambitions traditionnelles de la technocratie financière et qu'elle permet, en prime, de réaliser la convergence des centres gauche et droit tout en divisant profondément et durablement les droites. L'UDF et les centristes partagent en effet avec les socialistes l'ambition de créer un Etat européen unique. Leur entente sur une politique monétaire commune qui conduit à cet objectif donne naissance à la « république des centres », ce consensus bipartisan des années 80 qui a constitué la source de la « pensée unique ».

C'est cette dernière, étatiste et européenne, qui est responsable de la plus grave erreur de stratégie politique et économique de la deuxième moitié de ce siècle.

En effet, le projet de création d'un Etat continental par le levier de la monnaie, inspiré de l'expansion des Etats occidentaux du XIXe et du XXe siècle, allait se révéler anachronique et contraire aux conditions économiques de fonctionnement des Etats de la fin du millénaire. Un Etat continental est aujourd'hui économiquement inefficace, va à contresens de toutes les tendances organisationnelles, sera superflu pour la défense des intérêts des peuples européens et, de plus, paralysant pour l'indispensable réforme des structures qui est la clé de la prospérité future du continent.

Cependant, dans l'immédiat, les inconvénients de la construction monétaire deviennent manifestes à mesure que sa réalisation progresse. La fixation des parités de change produit ses effets délétères sur les économies nationales en ralentissant l'activité, en aggravant les déséquilibres des finances publiques et en poussant toujours plus haut le niveau du chômage.

Comme ces difficultés ne peuvent plus être niées, en dépit des propagandes officielles, et tandis que les économistes commencent à s'interroger publiquement, les promoteurs du projet renoncent à la présentation exclusivement fondée sur les avantages économiques de la monnaie unique, désormais peu crédibles, pour se rabattre sur une présentation et une défense plus franchement politiques de la démarche.

Ils amorcent du même coup un divorce avec l'opinion qui ressent directement dans son niveau de vie les inconvénients de la politique de convergence vers l'euro, alors que les gouvernements successifs, tout à leur vision grandiose du Très Grand Etat, négligent superbement ces péripéties subalternes. L'intendance suivra !

RAISON D'ÉTATS

L'argumentation en faveur de l'euro était au départ principalement économique : le marché commun appelait une monnaie unique qui, rendant les prix nationaux immédiatement comparables, favoriserait la concurrence et parachèverait son unité. La monnaie unique était ainsi réputée indispensable à l'unification complète du marché continental. Elle réduirait à rien le risque de change et les coûts des transactions cambiaires lors du déplacement des hommes et des biens entre nations.

Sans réponse convaincante aux difficultés concrètes de la phase de convergence non plus qu'aux arguments économiques qui montrent les coûts majeurs de la construction de l'euro, les fédéralistes se sont progressivement repliés sur l'argument de la primauté du politique. Qu'importaient les coûts pour l'économie quand on s'attelait à la tâche autrement importante de création de l'indispensable Etat européen. Lui seul pouvait garantir la paix en Europe et dans le monde en ne laissant plus le monopole de la sécurité aux mains des Etats-Unis, gendarme de fait de la planète. Lui seul pouvait défendre les intérêts économiques légitimes de la France et de ses voisins continentaux face à la « realpolitik » commerciale de l'Amérique. Et quelle meilleure réponse que le Très Grand Etat opposer à la menace envahissante des marchés mondiaux, c'est-à-dire en fait de ce que les responsables français continuent à concevoir comme l'insupportable hégémonie des opérateurs « anglo-saxons » et japonais ?

Dans un monde qui n'est pas vraiment global mais où règnent la rivalité coopérative de zones commerciales régionales et la « guerre économique », c'est-à-dire le protectionnisme, il nous faudrait impérativement un Etat puissant, c'est-à-dire de dimension continentale.

La réunification de l'Allemagne, qui fait craindre à la fois le retour à son tropisme naturel vers l'Europe centrale et un regain de nationalisme correspondant à sa dimension accrue, tient alors lieu de justification de tous les efforts consentis pour lier indissolublement et politiquement la République fédérale à la République française, argument idéal pour ceux qui ont toujours rêvé de construire un Etat fédéral européen sur le modèle des Etats-Unis.

Cette conception est exposée de façon directe et complète par celui qui fut gouverneur de la Bundesbank dans la période cruciale de 1991 à 1993, Helmut Schlesinger. Dans un article publié par l'hebdomadaire *The Economist* (21 septembre 1996) et intitulé « La monnaie n'est qu'un début », il résume parfaitement la doctrine euro-fédéraliste.

Il n'est pas difficile pour un économiste universitaire, écrit Schlesinger, de trouver des arguments contre la monnaie unique. Déjà, le système monétaire européen en place fonctionne peu ou prou à la manière d'une seule monnaie en laissant cependant aux gouvernements nationaux des marges de liberté macroéconomiques. Qu'apportera de plus la monnaie unique ? Et peut-on considérer que l'Union européenne constitue une zone monétaire optimale ? Est-ce que l'union monétaire ne va pas créer plus de problèmes qu'elle n'en peut résoudre ? Peut-elle contribuer à réduire le chômage ? Et qui peut garantir que les pays qui dans le passé ont eu recours à l'inflation n'y reviendront pas dans le futur ?

Toutes ces questions ont été examinées lors de la préparation du traité de Maastricht, poursuit Schlesinger. Et il faut comprendre que l'Union monétaire se situe au-delà de l'argumentation économique et doit se comprendre essentiellement comme un projet politique, tout comme l'Union européenne elle-même. Et de rappeler les débats allemands du début des années 50, avant la création de la Communauté économique européenne. Ils opposaient le chancelier Konrad Adenauer qui était favorable, comme la France, à une Europe à six, à son ministre de l'Economie, Ludwig Erhard, qui préférait une Europe à seize, conçue uniquement comme une vaste zone de libre-échange.

La plupart des économistes allemands, rappelle Schlesinger, étaient du côté d'Erhard. Et ils se méfiaient de la planification française. Mais, conclut-il, la stratégie d'Adenauer, reposant principalement sur des considérations politiques, l'emporta et fut, a posteriori, un double succès : la CEE constitua un remarquable pôle d'attraction et compte aujourd'hui quinze membres, tandis que la politique de marché d'Erhard est aujourd'hui très généralement acceptée dans tous les pays de l'Union.

Cette démonstration est cependant curieuse car on peut considérer que c'est en réalité Erhard qui avait raison. Il avait bien vu les possibilités réelles limitées ainsi que les risques inévitables de l'Europe. L'Union européenne d'aujourd'hui, qui est sur le point de s'élargir encore aux pays d'Europe centrale et orientale à l'horizon du début du siècle, n'est avant tout qu'une vaste zone de libre-échange, assortie il est vrai, comme le craignait Erhard, d'une bureaucratie ambitieuse et interventionniste sur le modèle français. Mais elle n'est pas une entité politique convaincante. Ce que rêvent toujours d'en faire les promoteurs de l'opération « monnaie unique ».

C'est bien l'ambition par exemple que lui assigne Schlesinger dans la conclusion de son article. Les pays européens rencontrent aujourd'hui des difficultés face à la concurrence des économies émergentes. Et ce serait, affirme-t-il, bien pire sans l'Union européenne. L'Union monétaire renforcera le poids du continent dans les négociations commerciales internationales, comme le SME l'a fait dans le cadre du Gatt hier, et aujourd'hui dans celui de l'organisation mondiale du commerce.

Certes, l'action commune est beaucoup plus problématique en matière de politique étrangère et de défense. Mais, conclut Schlesinger, une monnaie partagée « fusionnera les nations en une communauté indissoluble ». Elle remettra ainsi en cause toutes les dimensions de la politique qui font aujourd'hui l'objet de choix souverains des Etats membres.

Voilà, clairement exposé par l'un de ses architectes, l'objectif réel du projet euro. Il s'imposerait tout naturellement. Mais est-ce vraiment le cas ?

TOUJOURS PLUS ?

La doctrine étatiste européenne repose sur l'idée, qui paraît évidente à beaucoup, qu'un Etat étant toujours avantageux, un Etat plus grand est encore plus efficace car il permet, partout et toujours, de mieux défendre les intérêts des populations qu'il encadre et gère.

Idée typique de technocrate d'Etat mais conception en réalité très surprenante, en ce qu'elle va à l'encontre de toutes les évolutions nationales et internationales de cette fin de siècle. Cette idéologie semble une survivance de l'époque de construction des grands empires européens, le témoignage d'un retard historique des idées sur les faits.

Pourtant l'exemple de l'URSS au cours du siècle écoulé devrait au moins nous faire réfléchir. L'empire soviétique a-t-il contribué à améliorer le sort du Russe moyen, ou de l'Ukrainien, du Balte ou du Tchétchène ?

Et si un Etat plus grand est toujours meilleur, comment expliquer la disparition, depuis la dernière guerre mondiale, de tous les grands empires constitués au siècle précédent ? Pourquoi le Reich allemand a-t-il disparu, comme l'empire britannique, l'empire français, et dans une certaine mesure l'empire ou le quasi-empire américain ?

Dans le même ordre d'idées, si plus d'Etat c'est toujours mieux, pourquoi les pays les plus riches comme ceux qui aspirent à le devenir cherchent-ils tous les moyens de réduire la dimension intérieure du secteur public par la privatisation ? Pourquoi veulent-ils absolument amoindrir les recettes financières de ces Etats en allégeant la fiscalité ? Pourquoi veulent-ils aussi brider les ressources publiques en limitant l'endettement ? Et pourquoi les partisans de l'euro, notamment en Allemagne, veulent-ils des règles budgétaires suffisamment rigides et de sévères pénalités pour dépassement des critères de déficits, règles qui garantissent par avance que les Etats ne dépenseront pas trop ?

Pourquoi enfin, si plus d'Etat c'est toujours mieux, observe-t-on la désintégration d'un certain nombre d'Etats fédéraux, alors même que la formule fédérale est pourtant réputée la moins contraignante, la plus démocratique, et la plus éclairée en matière d'organisation politique ? Pourquoi, partout dans le monde, les minorités ethniques, religieuses ou régionales aspirent-elles à faire sécession, en un mouvement qui n'est pas sans rappeler celui des minorités nationales dans la première moitié du XIXe siècle ?

En un mot il semble que la justification de la construction politique européenne par l'évidence de la supériorité, pour le bien-être même des populations, d'un plus grand Etat soit bien fragile.

D'ailleurs, cette conception vague conduit directement à la solution extrême d'un Etat mondial unique qui apparaît totalement utopique à tout observateur de bon sens. Sa réalisation ne serait-elle, elle aussi, qu'affaire de volonté ? Ou faut-il admettre qu'il existe des conditions objectives qui autorisent telle construction étatique mais pas telle autre ?

Si l'on reconnaît l'utopie de l'Etat maximal pour ce qu'elle est, une idéologie d'une autre époque aujourd'hui dépassée, il faut alors admettre qu'il existe des facteurs qui rendent praticable ou non la construction de tel ou tel Etat précis, dans des conditions données. Que tout n'est pas possible. Que la dimension d'un Etat peut être trop grande aussi bien que trop faible. Qu'il doit exister en un mot une dimension optimale pour un Etat dans un contexte géographique donné, à un moment précis de l'histoire.

Faut-il alors que la raison économique s'incline, comme l'y invite Schlesinger, devant la « raison d'Etat » ? Rien n'est moins sûr, car la raison d'Etat est elle-même soumise aux contraintes de l'économie et ne peut s'en affranchir. L'Etat est une organisation, ou une entreprise, qui consomme des ressources pour fournir des services. Il est soumis comme tel à la comparaison des coûts et des avantages, c'est-à-dire à l'impératif de l'économie de moyens.

Toutes les stratégies de développement des Etats ne sont pas également dispendieuses. Le coût économique de certaines les rend prohibitives pour la collectivité, donc impopulaires, et finalement impossibles à mettre en œuvre.

La stratégie politique et organisationnelle du Très Grand Etat fait malheureusement l'impasse sur cet aspect de la question. Elle néglige ainsi de faire entrer en ligne de compte le coût élevé de la grande dimension.

LE COÛT DE LA DIMENSION

L'Etat unique réalisé à l'échelle du continent serait un très grand Etat (TGE), tout comme il y a une très grande bibliothèque ou un train à très grande vitesse. Il fait partie de ces projets grandioses de la technocratie qui fascinent les hommes politiques. On conçoit en effet qu'il soit grisant pour les dirigeants et pour les fonctionnaires d'Etats nationaux de dimension moyenne de passer aux perspectives de carrière d'une entreprise étatique infiniment plus vaste qui se situerait en troisième position dans le monde par sa taille démographique, dépassée seulement par la Chine et par l'Inde, et en première position pour le niveau du produit national par tête. Avec 280 millions d'habitants et un PNB de plus de 5 700 milliards de dollars, à peine inférieur à celui des Etats-Unis, le TGE serait pratiquement la première puissance mondiale.

Mais la perspective serait-elle aussi stimulante pour les salariés, épargnants et consommateurs du continent qu'elle l'est pour les technocrates et les politiciens ? Quelle serait en d'autres termes l'efficacité économique de la nouvelle entité géopolitique ? Serait-elle capable de contribuer à l'augmentation du niveau de vie des Européens ?

L'analyse économique de la firme met en évidence l'existence d'une dimension optimale définie par l'évolution des coûts en fonction des volumes de production choisis. Nous pouvons déterminer de la même façon une dimension optimale de l'Etat, considéré comme une entreprise productrice de services collectifs.

Ce qui rompt avec le discours habituel concernant l'Etat. Les uns sont « pour », les autres « contre », par principe et sans nuances. Ce qui implique que les uns, communistes et socialistes, veulent un Etat maximal, qui absorbe la totalité ou la majeure partie du produit national. Les autres, libéraux, n'acceptent qu'un Etat minimal, s'inspirant du rôle limité de « gardien de nuit » qui était le sien au XIXe siècle. En réalité il y a peu de chances pour que l'une ou l'autre de ces deux solutions corresponde à l'Etat optimal.

L'ÉTAT COMME ENTREPRISE

L'Etat est une institution sociale ou plus précisément une organisation. C'est-à-dire une collectivité d'individus rassemblés pour la production de services, ou encore, dans le langage de la théorie moderne de l'entreprise, une « équipe productive ».

Les progrès de l'analyse de ces « équipes » ont consisté, depuis quelques années, en un élargissement du champ d'application de la théorie à toutes les sortes d'organisations, privées et publiques, à but lucratif ou non lucratif. Toutes en effet offrent des biens ou des services grâce à l'utilisation de travail et de capital dans des proportions variables, et selon des dimensions diverses.

L'Etat est une entreprise à but non lucratif qui fournit aux autres producteurs et aux consommateurs, dans la zone géographique qu'il contrôle, des services complémentaires indispensables à leurs propres activités. La sécurité en premier lieu, sans laquelle toutes les productions et les consommations deviennent aléatoires et difficiles à mettre en œuvre. Mais aussi les infrastructures matérielles et intellectuelles telles que l'éducation, et les diverses réglementations publiques qui instituent des normes de comportement et, réduisant ainsi les coûts de l'échange dans la vie sociale, favorisent la production de richesse.

C'est dire, en termes économiques, que l'Etat est un facteur indispensable de la production nationale, complémentaire à ce titre de toutes les autres productions.

Pour cette raison, l'activité des entreprises se situant dans le cadre institutionnel des Etats-nations n'est donc pas indépendante de la bonne gestion de ces derniers. D'autant plus que l'Etat prélève des impôts pour se financer, ce qui affecte les décisions de tous les agents économiques et en particulier leur offre de travail et leur niveau de production.

Il existe pour l'Etat comme pour toute entreprise un niveau de prestations qui minimise les coûts. La production est sujette à des « économies de dimension », c'est-à-dire qu'elle s'effectue dans un premier temps à rendement croissant (ou à coût décroissant) tandis que les coûts vont ensuite progressivement augmenter lorsque les quantités produites s'accroissent. Un Etat trop léger ne va pas être en mesure de fournir au secteur privé les services publics que ce dernier attend. Un Etat trop important va l'accabler d'un prélèvement trop lourd pour le montant de services qu'il lui fournit. Il existe donc une « bonne » dimension de l'Etat, celle qui va maximiser la production de richesses privées.

C'est la conception que retient désormais la théorie moderne qui s'attache à mesurer précisément la contribution de l'Etat à la croissance des produits nationaux. Les nouveaux modèles de croissance intègrent l'Etat comme un facteur de production parmi d'autres et permettent de définir ce qu'est sa meilleure dimension, celle qui porte la richesse économique à son niveau maximal.

Sur ce point les recherches récentes sur les rythmes de croissance comparés convergent : il apparaît que la dimension optimale de l'Etat proprement dit, hors investissements et systèmes de sécurité sociale, se situe aux alentours de 22 ou 23 % du produit national si l'on en croit des auteurs tels que Robert J. Barro [1], Robert E. Hall et Charles I. Jones [2], Gerald W. Scully [3], et Georgios Karras [4].

Alors que la théorie libérale traditionnelle ne conçoit que l'Etat minimal et la théorie socialiste traditionnelle l'Etat maximal, on comprend aujourd'hui qu'il existe un Etat optimal et que dans la pratique les dimensions des Etats réels sont fort proches de cette norme.

Dans cette approche, la dimension de l'Etat est mesurée par le seul volume de ses dépenses en proportion de la production totale du pays.

Cependant, tout comme une entreprise peut changer de dimension en accroissant le volume de ses ventes à une clientèle donnée, ou en vendant un service constant à chaque consommateur mais en multipliant le nombre de ses clients, l'Etat peut accroître ses dimensions soit en augmentant ses prélèvements en pourcentage du produit national au sein d'une zone géographique donnée, soit en fournissant le même niveau de services à un ensemble géographique élargi.

La première stratégie est celle de la croissance intensive. La seconde celle de la croissance extensive.

LA DIMENSION OPTIMALE DES NATIONS

A revenu par tête identique, la dimension absolue de l'Etat d'un pays de cinq millions d'habitants, mesurée par le montant des ressources qu'il prélève sur l'économie, est nécessairement plus faible que celle de l'Etat d'un pays de cent millions d'habitants, même si le premier prélève 80 % du PIB alors que le second n'en obtient par l'impôt que 10 %.

Elle dépend de deux variables : la dimension de la nation qu'il gère d'une part, et la part du produit national qu'il contrôle d'autre part. La première variable constitue la dimension externe de l'Etat, la seconde sa dimension interne.

Considérer la dimension externe de l'Etat comme une variable stratégique, qui peut faire l'objet d'une décision, conduit à s'interroger sur la dimension optimale de la nation, c'est-à-dire celle du groupe social et de l'aire géographique que l'Etat gère.

C'est là le problème que pose inévitablement la stratégie européenne des fédéralistes. Savoir si un Etat de dimension continentale serait avantageux revient à se demander si l'Europe constitue une « zone étatique optimale ».

De ce point de vue il est pratiquement certain que l'Union européenne ne constitue pas une telle zone optimale. Même si les managers de ces Etats, constatant que leur marché intérieur est saturé et la voie de la croissance intensive par conséquent fermée, espèrent trouver de nouveaux débouchés par la croissance externe sur les marchés d'Etats voisins, il est plus probable que les Etats nationaux existants ont une dimension géographique préférable du point de vue de l'efficacité. Les nations traditionnelles sont certainement plus proches des conditions de l'efficacité économique que l'hypothétique nation continentale.

Qu'est-ce qui fait la « bonne » dimension d'une organisation ? A la fois les économies d'échelle qui proviennent de l'existence d'indivisibilités dans la production, et d'autre part le coût du contrôle croissant de la bureaucratie qui détermine des déséconomies d'échelle.

Les économies d'échelle se manifestent par la baisse du coût moyen de production lorsque le volume de cette production augmente. Elles découlent de l'existence dans toute organisation de coûts fixes, indivisibles. Ce peut être le cas d'une chaîne de production dans une entreprise automobile qui n'est rentabilisée qu'au-delà de la fabrication de quelques centaines de véhicules par jour. Le coût moyen diminue avec le volume de la production parce que l'on divise le coût fixe de l'investissement dans la chaîne par un nombre croissant de véhicules produits.

Quand les ordinateurs étaient volumineux et très coûteux seules les grandes entreprises et les administrations pouvaient en disposer, parce qu'elles seules pouvaient en amortir le coût sur un volume de production suffisamment important. Les grandes organisations étaient, de ce fait, plus efficaces que les petites qui ne pouvaient s'offrir la technologie informatique. Avec l'ordinateur individuel un artisan est désormais aussi efficace dans sa gestion informatique qu'une grande multinationale.

Mais, d'un autre côté, si les indivisibilités donnent une

prime à la grande dimension, cette dernière comporte aussi des coûts inévitablement croissants. Ce sont les coûts du contrôle bureaucratique.

Une grande entreprise emploie un personnel nombreux. Elle s'appuie sur plusieurs niveaux de hiérarchie. Il lui faut alors s'assurer que chacun fournit effectivement le travail pour lequel il est rémunéré et fait correctement ce que l'entreprise lui demande. Ce contrôle est plus difficile dans une grande collectivité humaine que dans une petite parce que la détection des erreurs et tricheries est beaucoup plus coûteuse en présence d'un grand nombre d'acteurs. Les pertes de production croissent alors beaucoup plus vite que le nombre des employés au sein de l'organisation.

L'augmentation de la dimension ira donc de pair avec une perte de contrôle bureaucratique, une moindre efficacité de la surveillance, qui va autoriser de multiples gaspillages. On sait ainsi que le « coulage » dans les super et hypermarchés représente un pourcentage non négligeable du chiffre d'affaires, alors qu'il est insignifiant pour un commerçant individuel ou pour l'artisan qui n'a que deux ou trois employés sous ses ordres.

Il faut par conséquent que les indivisibilités soient très fortes pour justifier la mise en place de grandes structures d'organisation, compte tenu du coût rapidement croissant de la gestion bureaucratique.

Lorsque les indivisibilités diminuent, c'est-à-dire lorsque les « investissements fixes » de l'entreprise deviennent moins onéreux relativement aux coûts des autres facteurs de production, les économies de dimension se réduisent également. Il n'est alors plus aussi avantageux de produire à une vaste échelle pour étaler les frais fixes sur un grand nombre d'unités vendues. Lorsqu'il n'y a plus du tout de frais fixes, il n'y a plus aucun avantage de la dimension. Les firmes les plus petites sont tout aussi efficaces que les grandes firmes. Elles offrent de plus l'avantage d'éviter les coûts et pertes d'efficacité de la bureaucratie de gestion.

Depuis le début des années 70 la tendance est ainsi à la réduction de la dimension des entreprises. Mais les facteurs qui sont en cause affectent aussi toutes les autres organisations, associations à but non lucratif et administrations publiques, et par suite le conglomérat d'administrations et d'entreprises qu'est l'Etat. C'est le phénomène général de l'atomisation des organisations, ou « atomisation institutionnelle ». Celle-ci consiste en une réduction des dimensions de l'équipe productive par recentrage sur son métier principal, la « re-spécialisation », qui entraîne aussi le laminage des hiérarchies, leur « aplatissement ».

C'est à cette tendance, qui concerne les Etats comme toutes les autres organisations productives, que vient se heurter de plein fouet le projet de l'Etat unique. L'atomisation institutionnelle révèle l'avantage que donne la réduction de la dimension externe.

L'ATOMISATION INSTITUTIONNELLE

Le projet européen, et l'erreur européenne majeure de cette fin de siècle, consiste à vouloir construire un Etat fédéral continental à contresens de la tendance au « downsizing » des organisations, la recherche universelle d'une taille plus réduite. L'ambition euro-fédéraliste, conçue à une époque différente, dans un contexte économique d'expansion continue des dimensions qui n'est plus le nôtre, ne tient pas compte des dimensions optimales nouvelles qui s'imposent aux entreprises commerciales comme aux Etats.

Que les sociétés européennes, qui sont déjà parmi les plus étatisées du monde depuis la disparition du communisme, adoptent comme stratégie géopolitique la croissance externe par fusion de plusieurs Etats existants et choisissent de renforcer encore, par une strate administrative supplémentaire, leurs hiérarchies publiques hypertrophiées défie le bon sens.

Sauf si elles entendent ainsi compenser l'accroissement de leur dimension externe par la décroissance interne. C'est ainsi que les fusions-acquisitions d'entreprises ont justement pour objectif de réduire les frais généraux de la nouvelle firme issue de l'opération. Mais le succès n'est pas acquis. Ces grandes manœuvres se révèlent le plus souvent perdantes pour la firme qui en prend l'initiative. Et la principale vertu de l'OPA est de changer l'équipe dirigeante de la firme cible. On ne voit pas que ce soit l'enjeu de la construction d'un Très Grand Etat en Europe, les responsables politiques et les fonctionnaires français ne pouvant prétendre à remplacer leurs homologues allemands ou britanniques à Berlin ou à Londres.

Par contre, ils peuvent espérer que de nouvelles strates administratives supranationales viendront créer des perspectives supplémentaires d'emploi et de responsabilité aux débouchés nationaux désormais stagnants.

L'opération de fusion des Etats européens ne constituerait pas alors une OPA en vue d'une restructuration visant une amélioration de l'efficacité d'ensemble. Il s'agirait plutôt de la création d'une coalition permanente et institutionnalisée d'Etats-nations, d'un cartel étatique qui aurait pour objet d'échapper à la nécessité du « downsizing » qui affecte toutes les organisations contemporaines.

LA RESTRUCTURATION MONDIALE DES FIRMES ET LA RECHERCHE DE LA VALEUR

Partout dans le monde, sous le contrôle des clients et des actionnaires qui demandent la valorisation de leurs titres, les entreprises se restructurent pour rechercher la plus grande efficacité par réduction systématique de leur taille.

Les opérations de fusion et acquisition aboutissent à multiplier le nombre des petites entreprises spécialisées en démembrant allègrement les grands groupes diversifiés. L'heure n'est plus aux conglomérats.

De Taylor à la petite entreprise. Les années 70 ont marqué sur ce plan un tournant très important. La tendance longue qui poussait, depuis la fin du XIXe siècle, à la centralisation de la production a pris fin. Une tendance inverse s'est instaurée.

Depuis Ford et Schumpeter on pensait que les entreprises géantes, intégrées verticalement, qui participaient à un modèle de développement cohérent reposant sur la production de masse de produits standardisés à l'aide d'équipements spécifiques et d'innovations technologiques, permettaient de minimiser les coûts en déversant de grandes quantités de produits standardisés sur de vastes marchés en expansion continue.

Les entreprises américaines bénéficiaient ainsi d'un avantage unique en raison de leur marché intérieur aux dimensions continentales, naturellement protégé de la concurrence extérieure par la distance, les coûts de transport, et l'avance technologique que la dimension elle-même avait favorisée.

L'organisation taylorienne (ou « fordiste ») du travail était la clé de la prospérité. Elle consistait à diviser les tâches pour les mettre à la portée d'une main-d'œuvre peu qualifiée dans des entreprises très hiérarchisées, gérées de façon bureaucratique, où le personnel était étroitement surveillé. Ce modèle de développement industriel décrivait bien les réalités de l'entreprise jusqu'au début des années 70 [5].

C'est le moment où David Birch, économiste du Massachusetts Institute of Technology, publia une étude qui fit le tour du monde. Dans son analyse de 1979, *The Job Generation Process* [6], il soutenait que la majorité des nouveaux emplois aux Etats-Unis étaient le fait des petites entreprises. Tendance confirmée par une étude de l'Ocde [7]. Ce rapport concluait que la création nette d'emplois avait été particulièrement forte dans les petites entreprises durant les dix à quinze années qui précédaient.

Reprenant ses travaux en 1987, Birch constate alors que 88 % des créations nettes d'emplois intervenues aux Etats-Unis entre 1981 et 1985, ont eu lieu dans des entreprises de moins de vingt employés, et que pratiquement la totalité des créations nettes revient aux entreprises de moins de cent employés.

Une étude plus récente de Gary Loveman de la Harvard Business School et Werner Sengenberger de l'OIT [8] confirme les conclusions de l'abondante littérature qui remet en question les avantages de la grande dimension, de la production de masse, et de la standardisation.

Il ressort de leurs données qu'aux Etats-Unis, au Japon, en France, en Allemagne, en Grande-Bretagne et en Italie, le début des années 70 a été marqué par une nette remontée, en pourcentage de l'emploi total, des entreprises ayant respectivement moins de cent et moins de cinq cents employés, aussi bien dans l'ensemble de l'économie que dans le secteur industriel. Et ce phénomène ne résulte ni du développement des activités de services, ni du ralentissement ou de l'accélération de la croissance.

Des séries historiques longues, qui remontent à 1882 et 1902 respectivement pour l'Allemagne et les Etats-Unis, montrent à l'inverse une décroissance régulière de l'emploi dans les petites entreprises, tendance qui se poursuit jusqu'en 1970. C'était l'époque de la croissance de dimension des organisations productives.

Le retournement spectaculaire intervenu récemment en faveur des petites ou des très petites entreprises apparaît aujourd'hui confirmé. L'avantage des grandes entreprises est un concept du passé.

La spécialisation flexible remplace la production de masse. Elle est aussi bien le fait de petites firmes indépendantes que le résultat de la décentralisation des plus grandes. Une réorganisation radicale décompose les entreprises géantes en une myriade de petites firmes qui décident de leur propre stratégie même si leur capital appartient à une même société mère. La sous-traitance et la désintégration verticale prennent une ampleur jusque-là inconnue.

Les conséquences du phénomène sont générales et importantes. Elles affectent ainsi le style de gestion et le mode de fonctionnement de toutes les organisations. Le processus de décision et de contrôle qui correspond à la hiérarchie classique (« top-down ») est de plus en plus remplacé par l'initiative venue de la base (« bottom up »). On passe ainsi de la « monarchie » à la « république », évolution que nous retrouverons également dans les domaines politique et administratif.

Le retour à la spécialisation. Les fusions et acquisitions des années 80 et suivantes offrent ainsi un complet contraste avec celles des années 50 et 60. Il n'est plus question aujourd'hui de racheter des firmes disparates pour constituer des empires industriels hétérogènes. La mode n'est plus au « star-system » portant au pinacle des managers vedettes censés disposer de capacités exceptionnelles qui leur permettent de gérer aussi bien des compagnies de transport aérien que des firmes informatiques ou des studios de cinéma. Le mot d'ordre des années 90 c'est le « refocusing » et le « chop shop ». C'est-à-dire le dépeçage des firmes diversifiées et le recentrage sur le métier principal.

En octobre 1987 se tenait dans le petit village de Melvin, dans le New Hampshire aux Etats-Unis, un colloque organisé par la Federal Reserve Bank de Boston, et consacré aux vagues de fusions d'entreprises. Le mouvement général des acquisitions se traduit désormais par des restructurations, la revente de filiales et de divisions opérationnelles, la réduction du nombre des emplois, et en particulier de ceux des cadres moyens. Sous la pression de la concurrence internationale.

Ces opérations de grande ampleur, financées par endettement, se traduisent souvent par des OPA « hostiles », c'est-à-dire refusées par les managers en place qui craignent pour leurs « avantages acquis ». Elles ont pour résultat de valoriser les cours boursiers et apportent des gains considérables aux actionnaires.

L'équilibre des pouvoirs au sein de l'entreprise est profondément bouleversé. Les propriétaires exercent désormais un contrôle accru sur les managers salariés. C'est la fin, peut-être provisoirement, de l'« ère des managers » décrite par Burnham ainsi que Berle et Means dans les années 30, qui avait pour résultat de détériorer sensiblement la performance des entreprises[9]. C'est alors le retour au pouvoir du capital et l'abaissement du « capitalisme managérial », celui d'entreprises gérées discrétionnairement, en fonction de leurs intérêts personnels, par des dirigeants qui se souciaient assez peu de leurs actionnaires.

Le nouveau capitalisme des années 90 exerce une pression beaucoup plus forte sur les dirigeants salariés. Il apparaît que les managers réagissent désormais à toute menace de rachat de l'entreprise en supprimant d'eux-mêmes les divisions peu rentables, en revendant les filiales peu efficaces et en consacrant davantage d'efforts aux produits de base de l'entreprise [10], attitude qui tient à l'intensification de la concurrence et à la révolution de l'information et des communications.

L'évolution ne vient pas, en effet, d'un soudain souci de la meilleure gestion qui affecterait simultanément tous les dirigeants d'entreprise, jusque-là moins consciencieux ou moins bien formés. Elle résulte de la concurrence accrue sur les marchés des biens et services qui accroît la pression sur les managers. La moindre inefficacité de gestion se traduit, beaucoup plus rapidement que par le passé, par une désaffection des consommateurs qui se tournent vers les produits des firmes rivales.

Dans le même temps, la concurrence s'intensifie aussi sur le marché des capitaux, notamment en raison de l'ouverture internationale accompagnée de la montée en puissance de la gestion institutionnelle de l'épargne. D'énormes fonds de pension qui gèrent les capitaux accumulés pour la retraite mettent en compétition les gestionnaires d'entreprise de la planète tout entière.

Mais il y a aussi des raisons technologiques au succès grandissant des petites entreprises. Nous avons cité plus haut le rôle de l'indivisibilité des équipements dans la définition des économies de dimension des organisations. La révolution de l'informatique et des communications a pour effet de supprimer ou de réduire fortement ces économies d'échelle. La fabrication en petite série est aujourd'hui aussi performante, ou plus performante, que la production de masse. Les grands marchés et les grandes entreprises ne dominent plus le paysage économique.

Les progrès considérables réalisés dans le stockage, le

traitement et la transmission de l'information nous ont fait passer dans une société où elle est surabondante, ce qui veut dire bon marché. Chacun en utilise de plus grandes quantités en raison de la baisse vertigineuse de son coût. Les ordinateurs aux mémoires toujours plus vastes et au temps d'accès réduit, Internet, les téléphones mobiles et les bases de données spécialisées changent les conditions de production.

Or l'un des avantages décisifs de la grande entreprise tenait à ce qu'elle avait les moyens de se procurer des informations très coûteuses dont l'achat ou la production interne représentaient une indivisibilité massive. La baisse du coût de l'information profite donc aujourd'hui aux petites entreprises en contribuant, elle aussi, à supprimer ou réduire les économies de dimension.

L'entreprise est en effet, pour l'essentiel, un centre de production et de stockage d'information. Elle permet de l'accumuler et de l'économiser en la centralisant pour l'utiliser de façon économe. Elle constitue de ce point de vue un mécanisme économique rival de celui du marché.

Ce dernier aussi permet de produire, d'utiliser et de transmettre l'information, en particulier par l'intermédiaire des prix et des quantités échangées. Mais il fait appel à des flux beaucoup plus nombreux, diversifiés et complexes que ceux de l'entreprise, laquelle est en somme une machine à économiser le plus possible l'information dans la société. Le marché au contraire est un énorme utilisateur et producteur d'information, comme l'a montré Friedrich A. Hayek dans un article célèbre [11].

Quand le coût de l'information chute, les entreprises deviennent relativement moins avantageuses, car l'incitation à économiser une ressource devenue surabondante est moins forte, et elles tendent alors à se contracter tandis que les marchés se multiplient. C'est un mouvement de désintégration des firmes (le « downsizing ») et de développement de la sous-traitance, dans laquelle les relations productives passent davantage par des échanges sur des marchés au lieu de prendre place principalement au sein des unités organisationnelles importantes, gérées selon les règles hiérarchiques, que sont les entreprises.

Ces évolutions fondamentales ont des conséquences majeures pour les équilibres sociaux et politiques. Toute entreprise ou organisation est affectée par ces transformations. Or l'organisation hiérarchique est caractérisée par un conflit fondamental, une divergence inévitable entre les intérêts des gestionnaires et ceux des propriétaires ou des mandants.

Dans la théorie de l'entreprise cette divergence est désignée comme le « problème de l'agence ». Le manager salarié ne tirant pas d'avantage direct de la valorisation de l'action, il peut préférer accroître la dimension de l'entreprise, son « royaume », qui lui donne prestige et rôle social ainsi que des salaires majorés par la dimension, plutôt que de rechercher en priorité le profit qui rémunère l'actionnaire-propriétaire.

La grande dimension des entreprises, obtenue notamment par la diversification, correspond ainsi fondamentalement à l'intérêt des managers, pas nécessairement à celui des actionnaires. Dans les conditions économiques d'avant 1970, il se trouvait que la présence d'économies d'échelle massives faisait coïncider la grande dimension de l'entreprise et le profit. Mais cela ne vaut plus en cette fin de siècle. Le conflit entre dirigeants et actionnaires est ainsi devenu progressivement plus aigu.

Une dimension réduite de l'entreprise permet une plus grande transparence de la gestion, d'autant plus qu'elle résulte d'une plus grande abondance de l'information. Elle conduit par conséquent à une meilleure information des actionnaires et à un contrôle plus étroit des décisions des managers. C'est le contrôle accru des premiers qui pousse les seconds à rechercher la rentabilité en priorité, le recentrage sur le métier et la dimension plus réduite, toutes opérations qui profitent à l'actionnaire.

Il en va de même des organisations productrices que sont les Etats. Les progrès des technologies de l'information et la concurrence internationale ont pour effet de réduire le pouvoir des dirigeants, de favoriser la recherche d'une plus petite dimension, stratégies qui s'avèrent favorables aux intérêts des clients-propriétaires que sont les citoyens-électeurs.

L'atomisation des Etats est le pendant politique exact de celle des entreprises commerciales.

L'ÉCONOMIE DE LA SÉCESSION

Dans l'ensemble de l'industrie mondiale des Etats on observe la même tendance à l'atomisation que celle qui bouleverse les entreprises commerciales. Elle résulte à la fois de la croissance plus forte des petits Etats par rapport aux plus grands et de la décomposition de quelques-uns des grands Etats. La restructuration et la respécialisation des entreprises trouvent leur équivalent dans la sécession au sein des grands Etats, et dans la privatisation qui les amène à limiter la gamme des services qu'ils produisent à ceux pour lesquels ils ont un avantage incontestable sur les entreprises privées, c'est-à-dire les fonctions régaliennes ou d'administration générale de la nation.

Si nous concevons l'ensemble des Etats qui existent dans le monde comme un ensemble d'entreprises produisant les mêmes services publics pour des « clientèles » régionales ou locales, nous observons les mêmes phénomènes que ceux qui affectent toutes les entreprises et tous les secteurs : la dimension moyenne des entreprises tend à se réduire, leur organisation tend à devenir moins hiérarchique, plus « plate », et le degré d'ensemble de concentration du secteur diminue. Les grands conglomérats tendent à disparaître, à se fractionner.

Pour l'industrie mondiale des Etats-conglomérats, le début du siècle a été caractérisé au contraire par une concentration de plus en plus forte obtenue par croissante externe et aboutissant, à l'issue de la seconde guerre mondiale, au « duopole » des super-puissances, les Etats-Unis et l'Union soviétique. Après élimination des deux autres grandes puissances, les nations de l'Axe, l'Allemagne et le Japon.

Pour ce qui est de la dimension interne, la période se prêtait également à une croissance soutenue par diversification des activités, atteignant son point extrême avec l'absorption de toutes les autres activités de production de la société dans le cas du communisme ou dans l'étatisation totale du fascisme. Il se produisait, en termes économiques, un mouvement de concentration conglomérale de l'activité du secteur.

Mais la période de retour à l'ouverture internationale qui a suivi la fin du conflit a été marquée par un renversement de tendance, avec déconcentration de l'industrie étatique mondiale, en dépit de la poursuite d'une guerre froide entre les deux super-puissances et leurs alliés ou leurs empires.

La déconcentration d'une industrie vient à la fois de l'accroissement du nombre des entreprises et de la diminution de la part des plus grandes dans le produit du secteur, soit du fait de la croissance du nombre des plus petites, soit du fait de l'augmentation de la taille de celles-ci par croissance interne, soit aussi en raison de la réduction de la dimension des plus grandes.

Pour les Etats-nations qui constituent ensemble la population mondiale de cette industrie, la diminution du degré de concentration va se traduire par la baisse du poids relatif des plus grands d'entre eux.

L'augmentation du nombre des Etats. Le nombre d'Etats-nations indépendants existant dans le monde est passé de 74 en 1946 à 192 en 1995. Ce qui correspond, en termes d'économie, à une « atomisation » de la population des entreprises considérées. Lorsque le nombre des producteurs, dans une industrie donnée, augmente beaucoup on dit habituellement que l'offre devient « atomistique », c'est-à-dire très concurrentielle.

De fait, beaucoup des nouveaux Etats sont des « entreprises » de très petites dimensions. En 1995, 87 des 192 Etats existant dans le monde avaient moins de 5 millions d'habitants. Et parmi ceux-ci 58 avaient moins de 2,5 millions d'habitants, et 35 moins de 500 000 ressortissants.

Nombre des nouveaux pays qui se sont créés sur les décombres de l'ancienne Union soviétique sont dans ce cas. Par exemple la Latvie n'a que 1,7 million d'habitants, le Turkménistan 4 millions, la Moldavie 4,5 millions, et la république Kirghize 4,8 millions. Plus de la moitié des pays du monde (98 nations) ont une dimension démographique inférieure à celle de l'Etat américain du Massachusetts, qui avait 6 millions d'habitants en 1990, ce qui constitue la dimension « médiane » de l'entreprise étatique.

Cette atomisation de « l'industrie des Etats » découle pour partie de la désintégration des empires, notamment lors de la décolonisation de l'Afrique mais aussi plus récemment avec l'implosion de l'URSS. La plus spectaculaire a été sans conteste la disparition pure et simple de l'Union soviétique. Mais, en laissant comme seule superpuissance en lice les Etats-Unis, elle a occulté leur perte de pouvoir relative.

Nous assistons en effet au déclin de l'importance des

Etats-Unis dans le monde, en tant que puissance économique et comme empire.

Sur le plan économique il est clair que le développement accéléré des autres nations, en Europe et au Japon dans les années d'après-guerre, puis dans les nouveaux pays industriels plus récemment, et actuellement même en Chine, a fait régresser le poids des Etats-Unis dans le produit économique mondial. C'est le phénomène du rattrapage des pays économiquement les plus avancés par les pays retardataires.

Là où le produit national américain représentait, en 1948, un peu plus de 30 % du PNB mondial il n'en représente plus que 24 % en 1992. Et le mouvement se poursuit [12].

De plus, tous les pays à faible niveau de vie n'ont pas encore réussi à se lancer dans le rattrapage. Celui-ci dépend d'un certain nombre de conditions politiques et économiques initiales : formation des hommes, ouverture de l'économie aux échanges internationaux, politique d'endettement et fiscalité « raisonnable » de l'Etat. Le rattrapage ne semble possible et manifeste qu'à partir d'un niveau minimal de PIB par tête, comme le constatent Hall et Jones, Barro, et les autres théoriciens spécialistes de la croissance économique. Mais lorsqu'il est sérieusement amorcé il devient inéluctable, chaque fois que le coût de l'imitation est plus faible que le coût de l'innovation. Les Etats-Unis restent sans doute le pays le plus créatif du monde, et l'un des plus riches, mais leur tâche est beaucoup plus difficile que celle des suiveurs qui, de plus en plus nombreux, les imitent.

En politique internationale, ils n'échappent pas plus que les autres grandes puissances avant eux à la disparition de leur empire. Le phénomène est moins évident que dans le cas de la France ou de l'Union soviétique, parce que l'appartenance à la sphère américaine prenait des formes plus diverses, moins avérées. Mais il n'en est pas moins réel comme le montre en particulier Leonard Dudley [13]. Et si l'influence internationale de l'Amérique reste considérable et difficile à mesurer, il est clair cependant qu'elle a été mise en échec par de plus petits pays comme le Vietnam et l'Iran.

Si l'on prend le club des grandes puissances de 1945 il apparaît, cinquante ans plus tard, que leur poids économique et militaire sur le reste du monde tend à diminuer et que cette évolution se poursuivra avec la diffusion du progrès technique et de la croissance économique à l'ensemble de la planète.

L'industrie mondiale des Etats subit ainsi un double mouvement de déconcentration, d'une part en raison du rattrapage économique des Etats dominants par les retardataires, et d'autre part du fait de la désintégration de grands Etats qui se divisent pour être remplacés par plusieurs firmes étatiques de plus faibles dimensions.

On observe ainsi une tendance certaine à la fragmentation des Etats qui à la fois ont une dimension importante et sont caractérisés par le regroupement de composantes économiques dissemblables, mais cela vaut aussi pour de petits Etats dont la population et la culture sont particulièrement hétérogènes.

La création de petits Etats tout comme la désintégration des empires peuvent s'expliquer par le jeu de facteurs économiques tels que le développement de marchés mondiaux avec la libéralisation des échanges, mais aussi par le coût social croissant de la fiscalité nationale dans un monde de mobilité des biens et des personnes. Enfin la nouvelle abondance de l'information réduit l'avantage comparatif des grands Etats, tout comme elle réduit celui des grandes firmes.

Avec l'ouverture et la libéralisation du commerce mondial, voulues par les Etats-Unis et par les Nations unies après 1945, il est devenu possible pour les minorités ethniques au sein d'ensembles étatiques hétérogènes de prendre leur indépendance sans subir de réduction de leur niveau de vie. Au lieu de bénéficier des grands marchés accessibles au sein de la grande nation ou de l'empire auquel elles appartenaient, elles peuvent avoir accès librement et directement au grand marché mondial ou aux multiples marchés des nations qui participent au système de libre-échange.

Les entreprises des petites nations, ou des micro-nations, peuvent donc être aussi efficaces que celles des grands pays parce que les marchés mondiaux leur permettent d'atteindre la taille minimale qui permet d'être efficace, alors même que leur marché national est de très faible dimension.

Les minorités régionales ou culturelles peuvent donc « s'offrir le luxe » d'une sécession parce que les frontières politiques ne coïncident plus avec les marchés économiques. La globalisation du commerce tend ainsi à susciter un mouvement de désintégration politique et de sécession.

De plus, l'ouverture des économies et la mobilité des facteurs de production qui l'accompagne, et qui concerne le travail comme le capital, font que le pouvoir fiscal des Etats est amoindri. Il est difficile d'imposer lourdement des spécialistes qui peuvent facilement trouver du travail dans d'autres nations, ou des capitaux qui peuvent sortir instantanément du pays pour émigrer vers des cieux fiscaux plus cléments.

La capacité d'extraction fiscale des Etats, à assiette fiscale inchangée, tend donc à diminuer à cause de l'augmentation de l'évasion légale résultant de la mobilité internationale accrue – ce qui les oblige à réduire leurs dépenses ou au moins à ne pas les augmenter. Il est naturel dans ces conditions de remettre en question les dépenses effectuées dans les territoires les moins centraux pour la nation. Cela affecte en premier lieu les protectorats d'un empire, les territoires d'outre-mer, puis les régions frontalières les plus distantes.

La réduction des dépenses de l'Etat central, y compris de celles de maintien de l'ordre et de police, favorise l'essor des mouvements indépendantistes. Ce qui pousse au « downsizing » des Etats-nations.

On peut en effet concevoir la dimension démographique ou géographique d'un Etat comme résultant d'un arbitrage entre les économies qui résultent du fait que l'on peut étaler les dépenses correspondant à des biens publics sur une population plus vaste de contribuables, d'une part, et les coûts croissants qu'entraîne la fourniture de ces mêmes biens collectifs à une population de plus en plus vaste, et donc probablement de plus en plus hétérogène, de l'autre.

Un bon exemple d'économie de dimension favorisant un Etat de grande dimension est fourni par la défense nationale. Un investissement aussi massif que celui qui consiste à acquérir l'arme nucléaire ne peut être supporté que par un nombre très élevé de contribuables, de façon que le fardeau par tête soit modéré. Ainsi, un investissement militaire de 200 milliards de francs va coûter 1 million par tête au contribuable d'un pays de 200 000 habitants, mais 10 000 francs par tête seulement dans un pays de 20 millions d'habitants, et le montant plus modeste de 1 000 francs par contribuable dans un pays de 200 millions d'habitants.

C'est pourquoi l'Albanie ne peut pas se procurer le même armement nucléaire moderne que la France, ou a fortiori que les Etats-Unis. Il en va de même pour les investissements collectifs que constitue un système juridique (comme le montre le coût de mise en place d'un tel système dans les pays ex-communistes et notamment en Russie), éducatif, ou monétaire.

Une monnaie est d'autant meilleure qu'elle est utilisée dans le monde par un nombre plus élevé d'investisseurs et de consommateurs. C'est pourquoi elle est presque toujours émise par un Etat : celui-ci impose au départ son utilisation à l'ensemble de ses citoyens, ce qui fournit un marché captif de départ et donne a priori un avantage à cette monnaie sur d'autres instruments qui, devant faire l'objet d'un libre choix individuel, seront moins répandus et ne bénéficieront pas de cet avantage initial.

Mais d'un autre côté, pour beaucoup de biens collectifs, le service de populations plus nombreuses signifie aussi le service de populations plus hétérogènes. Ce qui accroît le coût du service collectif. Ainsi, un système juridique commun coûte beaucoup plus cher lorsqu'il est appliqué à des populations qui ne parlent pas la même langue que lorsqu'il s'applique à une seule communauté linguistique. De ce point de vue le coût d'un empire ou d'une fédération multinationale ou multiethnique est plus élevé que celui d'une nation unitaire. Que l'on pense par exemple au coût de la gestion bureaucratique de la Communauté européenne, ne serait-ce qu'en raison de la nécessité de traduction des débats et documents officiels en plusieurs langues.

L'une des raisons pour lesquelles la performance des petites nations a été aussi satisfaisante dans la période récente vient de ce que les économies d'amortissement des biens collectifs sur de vastes populations ont probablement diminué avec les progrès de la technologie. Beaucoup de petits pays s'offrent aujourd'hui l'arme nucléaire, ne serait-ce que sous licence, voire « d'occasion », alors qu'en 1944 seule l'immense puissance américaine pouvait consentir les dépenses énormes que nécessitaient sa mise au point et sa fabrication. De même l'ordinateur, qui n'était à la portée que des plus grandes organisations mondiales dans les années 50, est aujourd'hui accessible à n'importe quel particulier. Les « indivisibilités » de l'investissement tendent à disparaître. Ce qui rend plus compétitives les petites organisations par rapport aux plus grandes comme nous l'avons déjà vu.

Nous en avons une indication en matière de défense nationale par exemple. Si les indivisibilités y étaient fortes, les plus grands pays dépenseraient moins, en pourcentage de leur produit national, que les petits pays. Or on constate dans les faits qu'il n'y a pas de rapport entre le ratio des dépenses militaires au PIB et la dimension des pays.

Bien entendu il est à certains égards inefficace pour un Etat qui se veut souverain d'être trop petit : Monaco ne peut pas déclarer la guerre à la France. Mais par contre l'histoire militaire récente, notamment celle de la décolonisation française mais aussi celle du Vietnam et de l'Afghanistan, a bien montré que la dimension n'était plus un facteur décisif de pouvoir militaire. C'est ce qui a facilité les guerres d'indépendance et les sécessions. Les économies de dimension dans la production des biens collectifs ne sont plus ce qu'elles étaient.

Cela nous amène aux interrogations contemporaines sur l'avenir des Etats-nations. Un article récent paru dans l'*International Herald Tribune*[14], rendant compte d'un colloque sur ce thème organisé à Salzbourg, était titré de façon significative et provocante : « L'Etat-nation a-t-il encore un avenir ? » La question posée était de savoir si cette forme particulière d'organisation sociale, créée il y a cinq siècles, voyait aujourd'hui son règne s'achever pour céder la place à des entités régionales au sein d'une société globale caractérisée par des rivalités tribales et ethniques. Les participants au colloque répondaient cependant de façon nuancée. Il se pourrait que dans un futur proche, au XXIe siècle, le nombre de nations indépendantes atteigne quatre cents dans le monde.

Tout cela résulte de la conjugaison de la globalisation et de la révolution de l'information et des communications. Les firmes multinationales assemblent aujourd'hui des biens dont les composants proviennent d'usines installées partout dans le monde. L'unité centrale de l'ordinateur sur lequel j'écris ces lignes a été fabriquée en Ecosse. L'écran vient de Singapour et les microprocesseurs internes des Etats-Unis. Quant à l'imprimante elle est importée de Taiwan.

Dans les services également, juridiques, comptables, publicitaires, de conseil informatique, il semble que le monde ait aboli les frontières nationales. A Moscou les grandes firmes de consultants américaines et européennes aident aussi bien le gouvernement russe que les filiales locales de firmes allemandes, américaines ou japonaises.

Les marchés financiers sont globalisés. Là où les Etats-nations essayaient jadis de fixer les taux de change, des opérateurs privés décident désormais de mouvements de capitaux au rythme à peine croyable de 1,3 trillion (1 300 milliards) de dollars par jour.

Les facteurs que nous venons d'évoquer conduisent les Etats-nations les plus importants, et donc les plus hétérogènes, à se remettre en cause. Le cas le plus spectaculaire a été celui de l'URSS. La raison en était finalement simple. En compétition permanente et intense avec les Etats-Unis, l'URSS a dû investir massivement dans les industries militaires et la défense. Or son économie centralisée était moins performante dans le long terme que celle, décentralisée et privée, des Etats-Unis, et ne générait qu'une moindre production de richesses et par conséquent moins de ressources fiscales pour l'Etat central. Ce qui lui imposait de sacrifier d'autres prestations de services publics. D'autre part l'hétérogénéité des populations était bien plus forte dans l'empire soviétique que dans les cinquante Etats de l'Amérique. D'où des coûts de gestion et de contrôle plus importants. Pour finir, l'URSS s'est désintégrée parce qu'elle a fait faillite : elle n'était plus capable de payer son armée ni de maintenir l'ordre dans les pays satellites, ou même dans ses propres régions intérieures peuplées de minorités ethniques. Chacune des nations qui la composaient a saisi alors l'opportunité de se doter de son propre Etat tout en s'ouvrant sur les marchés internationaux.

D'autres pays ont suivi la même voie : la Yougoslavie s'est enfoncée dans une guerre civile due à l'imbrication géographique complexe, voire inextricable, de populations d'ethnies différentes. Mais également la Tchécoslovaquie, qui a résolu le problème de façon pacifique en raison de la séparation géographique et économique très claire des Tchèques et des Slovaques.

On observe aussi des tendances centrifuges en Irlande, en Espagne, et en Italie. Au Canada, traditionnellement tiraillé par des tensions culturelles et linguistiques, les élections de 1997 ont été marquées par une extrême polarisation ethnique et régionale. Les trois principaux partis, le parti de la nouvelle démocratie à gauche, les libéraux au centre, et le parti conservateur progressiste à droite, en sont venus à représenter de façon presque exclusive des régions particulières. Ainsi les libéraux ont obtenu les deux tiers de leurs sièges dans une seule province, l'Ontario, raflant au passage cent un sièges sur les cent trois dont dispose la province. D'autre part au Québec, le Bloc québécois a obtenu la majorité des sièges. Dans les provinces de l'Ouest c'est le parti de la réforme, qui est surtout anti-Québec, qui obtient 70 % des sièges, sans en gagner un seul dans les autres régions du pays. En somme le Canada est sur le point de se fracturer en plusieurs morceaux séparés.

Faut-il démembrer l'Amérique? Une interrogation

semblable sur les vertus de la sécession se fait même jour aux Etats-Unis dont l'unité fédérale semblait jusqu'à présent à l'abri de toute critique.

Dans un article remarquable publié en novembre-décembre 1994 dans la revue *Challenge*, Thomas Naylor, qui a été professeur d'économie et de gestion à l'université Duke, pose la question choquante et taboue dans un pays qui a connu la guerre de Sécession : faut-il en venir au démembrement de l'Amérique ?

L'essentiel de son argumentation est que, de même que l'Union soviétique était devenue « ingérable » car il était impossible de donner satisfaction simultanément à 285 millions d'individus depuis un bureau central installé à Moscou, de même, comme la Chine, le Japon, l'Inde, et le Brésil, les Etats-Unis ne sont plus gérables sous leur forme actuelle. Tout comme Mikhaïl Gorbatchev constata l'impossibilité de diriger l'URSS depuis sa capitale, la Maison Blanche et le Congrès constatent également, selon l'auteur, qu'il est futile de chercher à imposer d'en haut, de Washington, des solutions concoctées par les bureaucrates fédéraux aux problèmes de la pauvreté, des SDF, du racisme, de la drogue, du crime et des échecs scolaires.

C'est d'ailleurs le même genre de constat qui est fait en Europe à propos des directives de Bruxelles sur la chasse et la pêche en Languedoc ou les normes concernant la fabrication des fromages. On peut aussi évoquer la difficulté, c'est-à-dire le coût élevé, de la gestion d'immenses bureaucraties comme l'Armée rouge, qui était la plus importante au monde en nombre de personnes employées, ou la deuxième administration mondiale par ordre d'importance numérique, qui est le ministère français de l'Education nationale.

Les solutions ne peuvent être trouvées et mises en œuvre que sur le terrain, localement, de façon à prendre en compte les demandes spécifiques des consommateurs. Les Etats-Unis en particulier sont trop vastes et trop divers, de sorte que les problèmes de Los Angeles et de Chicago n'ont guère de rapport avec ceux du Texas, du Vermont, de l'Oregon ou du delta du Mississippi. Les habitants de Richmond en Virginie sont totalement indifférents aux problèmes de Harlem et vice versa. Les essais de mise en place de solidarités effectives, financées par l'impôt, sont donc à la fois inefficaces et coûteux, et de plus mal acceptés politiquement en raison de l'indifférence des électeurs pour les résidants d'autres villes situées dans des Etats trop distants.

Il n'y a pas de véritable sens de l'appartenance à une même communauté entre les habitants de cinquante Etats disjoints. Ce qui contraste clairement avec la situation que l'on peut observer en Suisse, en Autriche, en Finlande, en Norvège et en Suède, voire à Singapour. Mais ce sont là des collectivités de dimensions restreintes dont les membres peuvent encore éprouver un sentiment d'appartenance commune.

On peut certes objecter que l'hétérogénéité des Etats-Unis n'est pas une nouveauté. Ce qui a changé par contre ce sont les raisons qui poussaient à l'unité des cinquante Etats, ainsi que l'avantage relatif de l'union par rapport à l'indépendance. La disparition de l'ennemi menaçant qu'était l'Union soviétique a affaibli l'utilité escomptée de l'Etat central et révélé pleinement les inconvénients de l'hétérogénéité. La raison d'être de l'Etat fédéral semble aujourd'hui faible ou inexistante, selon Naylor, malgré les efforts consentis notamment au cours de la guerre du Golfe pour faire de l'Irak le successeur de l'URSS dans le rôle de l'ennemi extérieur menaçant dangereusement la sécurité des Etats-Unis.

Ce qu'il faut aujourd'hui, selon Naylor, c'est une solution radicale, la sécession. Des Etats tels que l'Alaska,

Hawaï, l'Oregon et le Vermont devraient être autorisés à sortir de l'Union, chaque Etat devant faire le calcul coût-avantages de sa participation au financement de l'Etat fédéral. Le Vermont par exemple a financé à hauteur de 80 millions de dollars le sauvetage des caisses d'épargne qui a coûté au total 500 milliards. Cela en valait-il la peine ? L'Idaho et l'Etat de Washington financent actuellemnt l'approvisionnement en eau de Los Angeles et s'en plaignent amèrement. Est-ce vraiment nécessaire ?

La sécession ne concernerait pas que les grands Etats – comme la Californie qui abrite près de 31 millions d'habitants, ou l'Etat de New York qui en compte 18,1 millions, ou le Texas qui atteint les 17,7 millions, ou encore la Floride avec ses 13,5 millions de résidants. Cependant ces Etats eux-mêmes pourraient avantageusement recourir au fractionnement interne. La Californie pourrait se séparer en trois Etats indépendants. Et des villes comme New York, Washington DC, Los Angeles, Houston et Miami auraient avantage à se désintégrer en plusieurs communautés locales plus petites.

Remplacer la fédération actuelle par une confédération plus lâche entre Etats plus ou moins indépendants pourrait bien être une solution avantageuse pour tous.

C'est sur cet arrière-plan qu'il faut situer l'entreprise fédéraliste européenne héritée de la période de reconstruction des années 50, et marquée par la guerre froide et la menace soviétique. Faut-il vraiment créer un super-Etat continental pour intégrer 350 millions d'Européens qui disposent déjà d'Etats-nations de dimensions imposantes, alors que les tendances à la désintégration s'affirment partout ailleurs ?

Une telle superstructure serait-elle de nature à améliorer le sort des populations diverses qui sont concernées ? Il faudrait pour cela qu'elle soit seule capable d'offrir des services nouveaux que ne pourraient rendre les Etats nationaux existants, ou qu'ils rendraient mal.

C'est ce que soutiennent les partisans du Très Grand Etat. Lui seul serait capable de garantir la paix entre Etats en Europe et de défendre notre continent dans la guerre commerciale internationale.

DES AVANTAGES ILLUSOIRES

On observe bien entendu dans le monde actuel des Etats qui survivent avec des dimensions très différentes, de la Suisse aux Etats-Unis, sans compter Singapour et la Chine. Autour de la valeur médiane de 6 millions d'habitants en 1990 se répartissent en quantités égales des Etats de dimensions démographiques très diverses, qui s'expliquent par les conditions d'homogénéité plus ou moins grande de la population (sur les plans ethnique, culturel et linguistique, religieux), par les conditions géographiques et les coûts de transport, par l'intensité des liens économiques avec les nations voisines ou éloignées, par l'ouverture plus ou moins grande de l'économie et par le régime politique de chaque pays.

En Europe même, sans compter le Luxembourg, les dimensions s'étagent entre l'Irlande et le Danemark, qui abritent respectivement 3,6 et 5,2 millions d'habitants, et la France, la Grande-Bretagne, l'Italie et l'Allemagne qui dépassent les 50 millions.

La géographie de chaque Etat doit correspondre à un principe d'optimisation comme nous l'avons vu plus haut, même si cette optimisation n'a fait l'objet d'aucun calcul délibéré. Le « principe du survivant », que le prix Nobel d'économie George Stigler appliquait aux entreprises et que les biologistes connaissent bien, veut en effet que les espèces ou les individus qui subsistent dans un environnement caractérisé par la compétition pour des ressources rares soient ceux et celles qui sont supérieurement adaptés à leur milieu, fût-ce celui d'une simple « niche » écologique. L'Union soviétique a disparu par inefficacité généralisée, mais les petits Etats qui prospèrent doivent probablement disposer de certains avantages compétitifs.

Mais à côté de la dimension pure, d'autres facteurs s'opposent plus directement à la construction du Très Grand Etat continental. Comparée aux Etats-Unis par exemple, c'est une banalité de constater que l'Europe est d'une plus grande hétérogénéité linguistique et culturelle, ce qui implique un coût élevé de production des services étatiques alors même qu'elle est déjà surétatisée et à un coût non négligeable. Les transferts que met en œuvre la politique régionale de l'Union européenne sont au moins aussi indifférents au résidant de Hambourg lorsque les bénéficiaires sont napolitains qu'à l'habitant de Richmond lorsqu'ils sont versés à des résidants de Harlem. Inversement, les réglementations centralisées de Bruxelles provoquent mécontentement et protestations en Normandie ou en Calabre.

Mais surtout, les avantages politiques et économiques invoqués en faveur d'un super-Etat ne correspondent pas aux conclusions que l'on peut tirer de l'analyse de l'industrie mondiale des Etats. Tant pour ce qui est du risque de guerre entre Etats européens que pour les avantages potentiels que le continent tirerait de son unité dans la guerre commerciale mondiale entre zones continentales que certains voient à nos portes, argument qu'invoque notamment Helmut Schlesinger dans l'article précédemment cité.

Deux arguments politiques en faveur du Très Grand Etat constituent en fait deux avantages illusoires : il garantirait la paix en Europe, d'une part, et il permettrait de faire la guerre commerciale à l'extérieur, de l'autre.

LA PAIX PAR L'UNION?

L'atomisation des Etats réduit les probabilités de conflit entre eux – ce qui affaiblit sensiblement la portée de l'argument en faveur d'un grand Etat européen. Personne n'accepte plus la perspective de nouvelles guerres franco-allemandes. C'est une justification très souvent évoquée de l'union fédérale autour de la monnaie unique.

Mais elle reste superficielle. D'abord parce que les guerres civiles existent, et sont même particulièrement fréquentes au sein d'Etats fédéraux hétérogènes. Si d'aventure, pour une raison difficile à imaginer aujourd'hui, des conflits d'intérêts majeurs devaient à l'avenir opposer la France à l'Allemagne, qu'est-ce qui les empêcherait de s'exprimer au sein d'une fédération européenne, tout comme le conflit entre la Russie et les Tchétchènes ou celui de la Serbie, de la Croatie et de la Bosnie dans le cadre de l'ex-Yougoslavie ?

D'autre part, l'analyse moderne de la politique internationale, comme celle d'Edward Mansfield [15], montre que la probabilité des guerres interétatiques augmente avec la concentration des Etats. Lorsque, au contraire, l'industrie mondiale de ceux-ci se désintègre, se déconcentre, comme c'est le cas en cette fin de siècle, la probabilité de guerres entre eux tend à diminuer.

En effet, la motivation d'extension de la dimension externe des Etats tend à disparaître lorsque ces derniers recherchent en priorité une dimension réduite et la contraction de leur aire géographique. L'heure n'est pas alors à la constitution d'empires et aux conflits d'intérêts qu'ils provoquent entre les grandes nations. La question conflictuelle aujourd'hui est plutôt pour un Etat donné d'ordre interne : doit-il accepter que telle ou telle de ses régions fasse sécession ? Mais des Etats en cours de contraction ou de démembrement ne sont pas sur une trajectoire conflictuelle avec d'autres Etats engagés dans un processus semblable.

La question a été obscurcie par la guerre froide russo-américaine, qui donnait lieu à la division de beaucoup de pays limitrophes des zones d'influence respectives en un Etat favorable aux Etats-Unis et un autre favorable à l'URSS. Il y avait ainsi une corrélation positive entre la guerre (froide) et la décomposition des Etats qui constituaient un enjeu du conflit entre l'Est et l'Ouest.

Mais aujourd'hui se révèle une tendance sous-jacente et fondamentale à la parcellisation, qui ne doit plus rien à une guerre froide qui a disparu. A sa place apparaissent et se multiplient des guerres de sécession « autonomes » ou « endogènes », qui sont dues aux nouvelles conditions économiques de gestion des entreprises Etats.

La conclusion, très importante pour la tentative de fusion européenne, est que contrairement à la crainte souvent exprimée le risque de guerre interétatique diminuera en Europe, comme ailleurs dans le monde, à mesure que les pays du continent se désintégreront, alors qu'il pourrait bien renaître à l'occasion d'une concentration des Etats nationaux en une totalité hétérogène qui n'obtiendrait que l'adhésion douteuse des populations concernées.

Les conflits disparaissent une fois la Yougoslavie décomposée en Slovénie, Croatie, Bosnie et Serbie. Ils disparaîtraient demain si l'Ulster se séparait de la Grande-Bretagne et le Pays basque faisait sécession d'avec l'Espagne.

Ce qui menace au contraire de créer des confrontations sérieuses sur des bases nationales, dont nous voyons aujourd'hui les prémices dans l'opposition des conceptions sur la gestion économique et monétaire, c'est bien l'intégration des nations européennes au sein d'un Etat unique gérant une monnaie unique, comme l'a fort bien analysé Bernard Connolly dans son ouvrage *La Sale Guerre de la monnaie européenne*[16].

L'Europe unique serait source de conflits internes futurs alors qu'elle ne contribuerait pas à réduire les risques de guerre entre les nations existantes, risques qui sont déjà naturellement amoindris du fait de la déconcentration mondiale de l'industrie des Etats.

Les vertus du super-Etat européen pour le maintien de la paix apparaissent ainsi singulièrement exagérées.

GAGNER LA GUERRE COMMERCIALE INTERNATIONALE?

Il est tout aussi douteux, ou pour le moins exagéré, de croire, comme beaucoup, que l'Europe, qui n'est pas une zone monétaire optimale ni une zone étatique optimale, soit une zone commerciale optimale.

On sait que les années 80, entre autres transformations fondamentales de l'économie mondiale, ont vu le développement de zones régionales de libre-échange, ainsi que d'autres arrangements préférentiels concernant le commerce international. A côté de la Communauté économique européenne, la plus ancienne, se sont mis en place l'Association des nations d'Asie du Sud-Est (Asean) et l'accord de libre-échange entre les Etats-Unis et le Canada. En 1992 ce dernier a été étendu à tout le continent nord-américain, en incluant le Mexique (Nafta). Le monde est ainsi compartimenté en trois zones commerciales continentales centrées autour des Etats-Unis, de l'Europe et du Japon. Et le commerce des années 80 s'est développé plus rapidement à l'intérieur de ces zones qu'entre ces zones ou encore avec les pays tiers.

Par rapport au principe général qui veut que le libre-échange accroisse le bien-être de l'ensemble des nations qui y adhèrent, ces zones commerciales apparaissent relativement néfastes. Mais en même temps elles peuvent se présenter comme une phase intermédiaire sur la voie du libre-échange mondial.

La politique commerciale de ces blocs régionaux affecte de façon décisive le jugement que l'on peut porter. L'Europe est-elle une « forteresse » protectionniste comme le prétendent les Américains, ou au contraire une « passoire » comme le soutiennent des hommes politiques et des chefs d'entreprise européens ? Les Etats-Unis eux-mêmes sont-ils des champions sincères du libre-échange mondial ou au contraire des protectionnistes sans scrupule qui se servent de leur dispositif législatif dit « super 301 » pour ériger, pratiquement à discrétion, les barrières commerciales qu'ils souhaitent pour telle ou telle industrie, sous prétexte de concurrence déloyale d'un pays étranger ?

Et si les économistes sont, dans leur écrasante majorité, partisans du libre-échange, ils reconnaissent souvent que des règles du jeu social trop différentes entre partenaires commerciaux, comme par exemple le travail des enfants ou l'absence de tout système de protection contre les risques de l'existence, peuvent poser quelques problèmes et justifier en partie une politique commerciale plus sélective.

Dans cette perspective de confrontation de blocs continentaux et de différences majeures des règles du jeu, la « guerre commerciale », c'est-à-dire le protectionnisme, a un sens. Il importe alors de pouvoir riposter pour négocier au lieu de désarmer unilatéralement les barrières douanières et non tarifaires.

Une autorité européenne unique pour négocier la politique commerciale extérieure est alors utile. Elle sera d'autant plus efficace que l'économie à laquelle elle s'applique est importante dans le commerce mondial et peut de ce fait influer sur les prix internationaux. Dans ce cas le calcul protectionniste peut s'avérer payant en réduisant par un tarif la demande d'importations, ce qui détermine une baisse de prix mondial qui va profiter finalement au grand pays protectionniste. Une telle politique commerciale offensive peut être avantageuse pour une grande zone commerciale, mais le gain obtenu est payé d'un coût infligé au pays exportateur.

Il existe cependant un second argument en faveur de la zone commerciale régionale si l'on prend en compte les coûts de transport du commerce international.

Des coûts de transport nuls ou insignifiants entraînent la supériorité du libre-échange mondial. Au contraire des coûts de transport très élevés amènent à commercer davantage avec les voisins géographiques immédiats. Dans ce cas, une zone régionale de libre-échange peut constituer la solution la plus avantageuse pour tous parce que le libre-échange mondial, comportant des frais de transport élevés, n'est en réalité pas optimal.

Dans la réalité les zones commerciales régionales peuvent répondre à ces deux types d'objectifs, l'un de guerre commerciale, l'autre de réalisation du libre-échange praticable.

On peut essayer de savoir ce qu'il en est de l'Europe en estimant la part des échanges intérieurs à la zone qui correspond à la simple existence de coûts de transport positifs. Si l'intensité de ce commerce dépasse ce niveau « naturel », c'est alors que la zone conduit une politique offensive de guerre protectionniste.

C'est, selon quelques calculs récents, le cas de l'Union européenne [17]. Loin d'être une passoire l'Europe est déjà un acteur offensif de la guerre commerciale internationale. L'argument du pouvoir de marché que procurerait un Grand Etat européen tend alors à tomber dans la mesure où cette politique est déjà appliquée par l'Union européenne, même sans Etat unique. Point n'est besoin donc de construire un super-Etat européen pour atteindre cet objectif de négociation commerciale internationale.

Par ailleurs, compte tenu des coûts divers qui résulteraient d'un Etat unique, les gains nets à en attendre sont probablement négligeables, surtout si l'on prend en compte les coûts imprévisibles de la guerre commerciale, qui peut conduire les pays partenaires à réagir par des mesures protectionnistes conduisant ainsi à une escalade des protections qui peut se retourner contre l'initiateur des hostilités.

Dans un monde en voie de globalisation, une zone commerciale régionale peut être un instrument de défense contre la concurrence internationale et le libre-échange. Il peut donc y avoir intérêt à « penser la guerre commerciale » dans un monde imparfait où existent des zones commerciales qui négocient agressivement les conditions de l'échange en usant de leur poids économique pour obtenir la part du lion dans le partage des bénéfices de l'échange.

Mais l'exemple de petits pays qui tirent leur épingle du jeu montre que ce n'est pas nécessairement une stratégie dominante.

Finalement, les avantages du Très Grand Etat pour le maintien de la paix en Europe ou dans la guerre commerciale apparaissent illusoires. Il n'offre pas de service exclusif que les Etats nationaux ne sauraient obtenir par eux-mêmes. Par contre, les inconvénients qu'il présente du fait de la lourdeur des structures hiérarchiques inhérentes à sa taille sont, eux, bien réels. Et loin de les remplacer dans leurs tâches actuelles, il risque plus probablement de venir ajouter quelques strates administratives à des pyramides nationales déjà pesantes et trop coûteuses.

UNE SUPERSTRUCTURE PARALYSANTE

La construction d'un Très Grand Etat européen marquera-t-elle, en un surprenant paradoxe, le début du dépérissement de l'Etat sur le continent ? C'est ce qu'affirment avec aplomb les fédéralistes monétaires. L'appareil administratif de Bruxelles remplacerait, en coopération avec les autorités régionales de chaque pays membre, les Etats nationaux dont le rôle se réduirait progressivement comme la peau de chagrin.

Il y aurait ainsi substitution du TGE aux Etats nationaux conformément au principe général de la « subsidiarité ». Dans l'euro-discours, ce terme signifie que l'Etat européen ne doit rien faire qui ne puisse être accompli par les Etats nationaux. Ce qui répond à un souci de cohérence élémentaire entre divers niveaux de responsabilité au sein d'un même ensemble de hiérarchies administratives mais ne constitue pas nécessairement une garantie pratique.

Les euro-étatistes nous disent que la constitution d'un super-Etat continental permettra d'alléger finalement le poids de l'Etat dans la société, sa dimension interne, par rapport à ce qui existe aujourd'hui dans les Etats-nations du continent. Selon eux l'Etat fédéral sera nécessairement léger, le consentement des populations à son développement étant faible. Dans le même temps il instaurera un dialogue direct avec les régions à l'intérieur des nations européennes, court-circuitant en quelque sorte les Etats nationaux. Ces derniers perdant leurs fonctions progressivement, vers le haut au profit du super-Etat continental, par exemple pour la défense et la diplomatie, et vers le bas, au profit de leurs propres régions pour ce qui est de l'administration générale quotidienne, seront amenés à péricliter. Le dépérissement naturel de l'Etat national, prophétie marxiste qui a eu au cours du siècle le sort malheureux que l'on connaît, pourrait enfin se réaliser.

Du même coup, le développement du grand marché s'accompagnant d'un allégement des édifices étatiques nationaux, la construction d'un Très Grand Etat en Europe se révélerait ainsi une entreprise éminemment libérale !

Nous avons vu cependant qu'il n'y a pas, en réalité, de domaine réservé à l'Etat européen dans lequel il accomplirait des tâches que les Etats actuels ne sont pas en mesure de mener à bien. Dans ces conditions la bureaucratie européenne et les bureaucraties nationales tendront à faire deux fois les mêmes choses, comme on s'en aperçoit déjà avec les multiples ingérences de la première dans le domaine des secondes, au nom de l'uniformisation des législations et de l'unité du marché. Les domaines respectifs se chevauchent et continueront à le faire, entraînant un cumul des hiérarchies étatiques.

La question est fondamentale étant donné l'urgente nécessité de la restructuration de tous les Etats-providences du continent. Or une super-hiérarchie étatique irait à contresens des besoins dans la mesure où les hiérarchies les plus massives sont aussi les plus lourdes à gérer et par la force des choses les plus conservatrices.

Pourquoi alors l'Europe qui a tant de mal à réduire la dimension interne de ses Etats continue-t-elle, à contresens, à rechercher une solution à ses problèmes dans l'accroissement de sa dimension externe en créant un super-Etat continental, qui va, en retour, accroître la dimension interne de ses appareils étatiques nationaux ?

Le phénomène s'explique, on l'a déjà vu, par la persistance d'idées anciennes et les ambitions nationales, en France comme en Allemagne. Mais il découle également de la volonté de créer un champ d'expansion neuf pour la bureaucratie au moment où la mondialisation de l'économie érode les ressources fiscales des Etats et leur impose la perspective d'une contraction inévitable de leurs activités. Ce qui se traduit directement par une détérioration des perspectives de carrière des fonctionnaires et des politiques au sein des espaces nationaux. C'est pourquoi il s'agit d'abord d'accroître la dimension de l'appareil étatique pesant sur un territoire et une population donnés.

Mais il faudra bien, en conséquence, financer les activités supplémentaires des fonctionnaires de Bruxelles et de Strasbourg par des impôts accrus. Aujourd'hui modestes ils seront demain plus lourds si l'appareil étatique continental doit être étoffé. Peut-on s'attendre dans ces conditions à une diminution de la pression fiscale exercée au titre de l'Etat national ? Cela semble pour le moins douteux : les bureaucraties publiques meurent rarement et ne se réduisent presque jamais.

L'INÉVITABLE CUMUL DES HIÉRARCHIES

L'exemple de la réforme régionale en France illustre bien cette tendance. Elle a été lancée au nom d'une décentralisation devenue indispensable face à un Etat jugé étouffant et sclérosant. L'argumentation consistait là aussi à promettre un allégement compensateur de l'appareil étatique national. Une administration publique régionale, plus proche des administrés, plus efficace, se substituerait dans l'accomplissement d'un grand nombre de tâches à l'Etat central. Celui-ci pourrait en conséquence réduire sa dimension et la charge fiscale.

On connaît la suite. On a eu à la fois l'Etat central et les Régions. Celles-ci sont venues ajouter un échelon hiérarchique à l'appareil politique en place. Et leur dynamique fiscale, fort vigoureuse, porte une bonne part de la responsabilité de l'alourdissement des prélèvements obligatoires observé ces dernières années.

Il se peut que les citoyens soient mieux servis en raison de l'augmentation de cette offre administrative et politique. Mais il est contraire à la vérité et au bon sens le plus élémentaire de prétendre que la multiplication des échelons hiérarchiques peut déterminer un allégement d'ensemble de l'organisation.

Cette expérience correspond d'ailleurs à la célèbre « loi » politico-humoristique énoncée par C. Northcote Parkinson : les bureaucraties poursuivent imperturbablement leur expansion même quand elles ont perdu leur objet et leur raison d'être, comme par exemple l'administration des colonies en Grande-Bretagne après la guerre, alors que l'Empire britannique était en train de disparaître [18]. Les administrations sont immortelles.

La raison de cette apparente absurdité vient du conflit, évoqué plus haut et dit « conflit d'agence », qui oppose dans toute organisation les managers aux propriétaires ou aux mandants. L'intérêt du manager est lié à la dimension et à la croissance de son organisation. L'objectif managérial est donc toujours et prioritairement la croissance, la construction d'un empire et la volonté de puissance (« hubris »).

De l'intérêt des fonctionnaires. Il n'y a pas de promotion possible pour les managers, ni pour les bureaucrates de base, en dehors d'une extension de leur champ d'activité. Une hiérarchie stagnante est une hiérarchie où la promotion est lente et difficile, réservée à un petit nombre. Au contraire une hiérarchie en expansion recrute beaucoup. Le nombre des échelons de surveillance et de commandement augmente rapidement pour encadrer un personnel plus nombreux. La promotion interne est accélérée. Les perspectives de carrière sont bonnes, les salaires croissants.

Cela vaut aussi bien pour les bureaucraties publiques que pour les bureaucraties privées des entreprises commerciales et capitalistes. Mais pour les secondes l'intérêt des actionnaires vient souvent contrecarrer les objectifs de croissance des fonctionnaires et managers. Si la croissance ne se traduit plus par des profits ou, pis encore, engendre des pertes, les actionnaires vont vendre leurs actions, les cours vont baisser, l'entreprise deviendra vulnérable à une OPA. La direction devra en tenir compte et infléchir sa politique de croissance pour se consacrer davantage à la recherche du profit. Faute de quoi l'entreprise finira par être rachetée et le manager et son équipe remplacés par d'autres gestionnaires, plus soucieux de la valorisation et moins tournés vers la croissance pour elle-même.

Dans le cas de l'entreprise politique qu'est l'Etat, le contrôle des propriétaires que sont les électeurs-contribuables est moins facile en raison de la grande diversité des productions de services de cette entreprise conglomérale, de l'absence d'un indicateur synthétique de bonne gestion tel que le profit, et du nombre élevé des « actionnaires ». Lorsque le corps électoral se chiffre en millions de personnes, l'influence du vote individuel devient insignifiante. Chaque électeur n'a pratiquement aucune incitation à s'informer en détail de la qualité de la gestion gouvernementale. L'ignorance est rationnelle, le contrôle amoindri.

C'est cette faiblesse du contrôle externe dans les entreprises politiques, jointe à la grande dimension de l'organisation, qui fait que la tendance à la croissance pour elle-même pourra se poursuivre longtemps après que les conditions économiques de la gestion auront rendu inefficace la taille de l'Etat. Il y a donc toutes les raisons de craindre qu'un super-Etat continental n'augmente le poids total des hiérarchies publiques en Europe. Le managérialisme européen en sera renforcé.

Le « managérialisme sociétal ». Chacun peut observer la différence de fonctionnement qui sépare les sociétés d'Europe continentale de la Grande-Bretagne et des Etats-Unis. Ce constat banal a suscité la thèse des « deux capitalismes » qui se différencieraient en particulier par leur mode de financement et l'importance de la propriété publique.

Un modèle identique décrirait à la fois la société allemande et la société française. Caractérisé par l'importance du financement bancaire et le pouvoir des managers et de l'Etat, il permettrait d'éviter les excès du capitalisme de marché des Etats-Unis et de la Grande-Bretagne. Managers publics et managers privés s'opposant à la domination du marché, ils défendraient du même coup les intérêts des salariés liés au maintien d'une politique social-démocrate.

Il y a cependant de bonnes raisons de penser que la réalité est inverse : le pouvoir discrétionnaire des managers appauvrit la société et freine le progrès de l'économie. Ce sont les marchés et la concurrence ouverte qui favorisent l'enrichissement. Et la variable décisive pour savoir si le pouvoir des managers en général est contrôlé, c'est le degré hiérarchique global de la société.

Celui-ci reflète l'importance des systèmes hiérarchiques dans l'organisation sociale, y compris celle des hiérarchies privées que sont les entreprises, relativement au mécanisme de production concurrent qu'est le marché. Comme le souligne Oliver Williamson [19] à la suite du prix Nobel d'économie Ronald Coase [20], la production en effet peut s'effectuer de façon plus centralisée, les échanges et assemblages de composants prenant place au sein d'une grande entreprise ou d'une administration, ou de façon plus décentralisée lorsqu'elle repose davantage sur des producteurs individuels et de petites entreprises qui font passer leurs échanges par des marchés qui leur sont extérieurs.

Dans une société dominée par les hiérarchies où les très grandes organisations, publiques et privées, sont responsables de l'essentiel de la production, les managers, moins nombreux, détiennent un pouvoir social considérable. Moins bridés par les marchés, à la fois parce que le pouvoir monopolistique de leurs organisations est accru par la dimension et parce que cette dernière les met à l'abri du contrôle d'actionnaires et de mandants nombreux et dispersés, ils peuvent poursuivre leurs propres intérêts de façon discrétionnaire.

La concentration des hiérarchies dans la société et l'affadissement de la concurrence entre managers qui en résulte définissent le degré plus ou moins élevé du managérialisme de la nation.

L'indice de « managérialisme sociétal » est crucial parce que le pouvoir des managers induit une attitude générale à l'égard des réformes et des évolutions sociales. Il explique aussi les attitudes culturelles et les formes que prend l'évolution politique.

L'opposition des systèmes est alors entre pays à « hiérarchie unique » et pays « anglo-saxons », cette division correspondant en pratique à la fois aux différences du degré de hiérarchisation et à celle des systèmes de financement.

Dans le modèle de capitalisme de marché à faible niveau de hiérarchisation, l'Etat n'intervient guère dans la gestion et le contrôle des entreprises, qui sont elles-mêmes indépendantes les unes des autres et ne rendent de comptes qu'au marché financier directement.

Au contraire les sociétés qui tendent vers la centralisation de la hiérarchie unique, publique ou privée, mais le plus souvent publique et privée, donnent à leurs dirigeants une grande indépendance à l'égard des marchés. Moins nombreux et autonomes, ils s'adonnent à la pratique de l'autocontrôle au sein d'un club fermé. C'est le système social du managérialisme, décrit notamment par Milovan Djilas dans *La Nouvelle Classe* et dénoncé par John Kenneth Galbraith comme celui du triomphe de la « technostructure ». Le premier auteur cependant ne visait que les systèmes communistes tandis que le second croyait qu'il s'agissait d'un travers réservé au grand capitalisme américain. En fait il s'agit d'une modalité générale, plus ou moins accusée selon la société particulière considérée.

Un système fortement managérial donne un grand pouvoir à une élite restreinte, parce que les hiérarchies étant très vastes y sont peu nombreuses. Il y a donc peu de dirigeants véritables. Bien que ces hiérarchies puissent être aussi bien privées que publiques, il est clair qu'une société où l'Etat est important aura un caractère managérial plus marqué parce que la hiérarchie d'Etat est unique. Le nombre des responsables y sera donc moins élevé que dans une société d'entreprises privées indépendantes les unes des autres et contrôlées par le marché financier anonyme.

Une société où il n'existe qu'un seul propriétaire, une seule hiérarchie des organisations et où la concurrence entre dirigeants potentiels ne se fait qu'au sein d'un seul club, tandis que leur renouvellement ne dépend que d'une seule personne, est une société managériale extrême. On aura reconnu le modèle de l'Union soviétique, avec la propriété d'Etat de toutes les entreprises et la désignation des dirigeants par le seul gouvernement au sein du seul club des membres du parti communiste.

Au contraire, une société où le renouvellement des élites est fréquent parce que la concurrence pour l'accès aux postes de direction est très ouverte et diversifiée sera moins managériale qu'une société où le recrutement se fait par une filière unique, de monopole, et en vertu d'une concurrence intervenant essentiellement en début de carrière, à l'école. Le mécanisme des OPA joue donc un rôle essentiel pour assurer le maintien d'une concurrence forte entre les managers, mais ce rôle peut aussi être joué par les dirigeants des banques à condition qu'eux-mêmes soient soumis à contrôle et à une forte concurrence !

Il s'ensuit que le jugement sur le caractère d'ensemble, plus ou moins managérial, d'une société doit prendre en compte plusieurs éléments : la dimension moyenne des hiérarchies dans la société, la concentration de la propriété des entreprises, et le niveau de concurrence entre managers et entre propriétaires des entreprises.

Les sociétés européennes sont très managériales, à la fois parce que les appareils d'Etat y sont plus importants et parce que les entreprises privées y sont moins contrôlées par les marchés financiers. Les hiérarchies publiques et privées tiennent donc au total une place importante dans la société relativement aux marchés.

Ce modèle comporte des variantes, celles d'un capitalisme étatiste et celles d'un capitalisme corporatiste : le Japon et la France dans le premier cas, l'Allemagne dans le second, l'Italie participant des deux avec une forte composante de capitalisme familial.

Ainsi, la France et l'Allemagne, avec des organisations assez différentes pour ce qui est du rôle du public et du privé dans la banque, de l'organisation de l'Etat, et du système de recrutement des managers, aboutissent à des degrés voisins de managérialisme. Dans les deux pays le nombre des entreprises dont les actions sont cotées à la Bourse est réduit. Il est fréquent qu'un seul actionnaire détienne plus de 25 % de leur capital, et il s'agit le plus souvent d'une seule famille ou encore d'une autre entreprise industrielle qui pratique la participation croisée. La France et l'Allemagne se caractérisent ainsi par un système de contrôle aux mains des « insiders », c'est-à-dire un système de club[21]. Ces deux sociétés s'opposent aux Etats-Unis et à la Grande-Bretagne où les managers sont soumis à une concurrence beaucoup plus intense, où la mobilité parmi eux est plus forte et où les intérêts des propriétaires sont mieux défendus.

Les rôles respectifs des banques et des marchés financiers ne jouent que de façon secondaire. Des travaux récents montrent en effet que l'importance des marchés financiers dans les économies nationales est liée au type de système juridique de protection des intérêts des propriétaires. Là où ces intérêts sont mieux défendus les marchés financiers sont plus développés. Le développement plus ou moins grand des marchés financiers est alors expliqué par les caractéristiques de la culture juridique des pays[22].

Le modèle managérial qui prévaut en Europe continentale fait obstacle aux adaptations indispensables à l'intérieur de chaque Etat. Et s'il est aujourd'hui remis en cause par l'ouverture des marchés et la globalisation-communication, il serait renforcé par un Etat fédéral continental venant coiffer les Etats nationaux. Il bloquerait alors les évolutions qui s'amorcent en pérennisant les structures obsolètes qui étouffent aujourd'hui la croissance.

LA RÉSISTANCE AU CHANGEMENT

Le problème de toute hiérarchie est celui de la surveillance et du comportement d'« agence » du manager. La tendance de chacun à poursuivre ses intérêts propres au détriment de ceux de l'organisation fait que la surveillance exercée par le manager sur chacun des employés est indispensable à la survie de l'équipe productive[23].

Dans ces conditions il faut s'assurer que les ordres du manager seront correctement transmis et bien exécutés.

Ce qui implique un étroit conformisme de la part des membres de l'organisation : la loyauté « verticale », qui consiste à transmettre fidèlement les ordres venus des échelons supérieurs et à les faire appliquer le plus exactement et scrupuleusement possible, est indispensable [24].

La logique de la pensée unique. L'efficacité de la hiérarchie appelle également l'unicité du discours, issu du sommet, et finalement l'existence d'une pensée unique dans l'organisation. Lorsque le dirigeant a arrêté sa décision parmi toutes celles qui étaient possibles, chacun doit la connaître et l'appliquer.

Les contreparties inéluctables de ce mode de fonctionnement indispensable aux hiérarchies sont une certaine lenteur dans la conception et le changement des produits et des stratégies, un certain particularisme par rapport à l'environnement, et une obstination nécessaire : on ne peut pas changer de production d'un instant à l'autre, il faut persévérer jusqu'à ce que l'erreur éventuelle soit devenue absolument manifeste.

En généralisant à l'ensemble des structures d'organisation existant au sein d'une nation, il s'ensuit que le changement est d'autant plus difficilement conçu et accepté que la société est hiérarchisée. C'est la raison pour laquelle, par exemple, la France accuse un retard notable sur les Etats-Unis dans l'utilisation pratique de l'informatique, alors qu'elle est souvent à la pointe de l'innovation technique ou administrative et que les produits internationaux de la technologie la plus récente y sont immédiatement disponibles, comme partout ailleurs dans le monde.

C'est que notre administration a choisi d'équiper l'ensemble du pays d'un matériel original et avancé. Ce qui nous a valu le Minitel avant tout le monde, mais nous a du même coup enfermés dans un système sans issue, détaché de l'utilisation des ordinateurs et des modems qui sont la règle partout ailleurs. Et ce n'est que tout récemment, à l'été 1997, que le gouvernement a fini par reconnaître l'erreur et cherché à rompre le particularisme : « Lionel Jospin veut brancher le Minitel sur Internet », titre *La Tribune* (26 août 1997).

Dans un article consacré aux retards européens en matière d'industries de l'information et du savoir, *The Economist*[25] met en cause le dirigisme omniprésent des gouvernements du continent. Au lieu que le colbertisme facilite l'adoption des hautes technologies dans la pratique industrielle, il les stérilise. Ainsi en dépit de ses universités de haute qualité, de ses prouesses techniques et de sa richesse culturelle, l'Europe accumule des retards en matière d'ordinateurs, de télévision et de communication qui sont de l'ordre d'une dizaine d'années par rapport à l'Amérique.

Dans le système bureaucratique l'adoption d'une technique ne peut procéder que d'en haut. Cela demande du temps car il faut que la réalité du problème soit reconnue, et qu'une solution unique soit définie, puis transmise du haut en bas de la pyramide, et enfin appliquée. Si, du moins, elle s'avère suffisamment adaptée aux besoins des usagers. Faute de quoi il faut attendre que le constat d'échec remonte au sommet et tout le processus recommence, ce qui n'est pas sans rappeler les inconvénients caricaturaux du Gosplan dans le système intégralement hiérarchisé de la production soviétique de jadis.

Or si toutes les décisions remontent vers le sommet il est crucial de savoir quels objectifs prioritaires poursuit le manager : son avantage personnel et son caprice, ou l'intérêt de ses mandants, propriétaires ou électeurs. Il négligera d'autant plus ces derniers qu'il sera moins étroitement contrôlé. Ce qui est habituellement le cas dans les très grandes hiérarchies dont la production est diversifiée et complexe et dont le contrôle exige en conséquence beaucoup de temps et de ressources. C'est ainsi que l'Union soviétique ne pouvait fonctionner efficacement que sous une dictature de fer, celle de Lénine puis de Staline. L'assouplissement de son système policier lui a été fatal.

Dans un système social managérial ce sont les préférences arbitraires du manager qui orientent toute la production de l'appareil hiérarchique. Il va s'ensuivre que, face aux changements de l'environnement économique, ses choix peuvent diverger sensiblement des préférences des consommateurs et des électeurs, et qu'il peut facilement maintenir inchangée sa stratégie sans tenir compte des désirs des uns et des autres.

Le contraste est total avec le mécanisme de marché par lequel chacun choisit le matériel qui lui convient dans la configuration la plus adaptée, sans attendre d'une directive centrale la révélation ni la légitimation de ses propres besoins. L'évolution se produit alors au jour le jour et les délais du changement sont insignifiants.

Ainsi, les systèmes de marché réagissent plus vite et ne défendent pas systématiquement les décisions passées, contrairement à la tendance des hiérarchies managériales. Celles-ci ont du mal à se réformer car ce sont les dirigeants qui doivent décider d'en haut de se remettre en cause et d'agir en quelque sorte contre eux-mêmes alors qu'ils sont souverains et échappent aux pressions externes. Et la difficulté se fera tout spécialement sentir dans les périodes de crise où des mutations rapides et importantes sont nécessaires.

D'où les conséquences que nous observons actuellement : l'économie va mal depuis plusieurs années en France et en Allemagne. Au Japon où le ralentissement est spectaculaire, le système financier qui est dans la main du ministère des Finances est en quasi-faillite. Ces pays à forte hiérarchisation peuvent croître rapidement quand le vent est favorable, mais ils ont du mal à « réduire la voilure » et à manœuvrer efficacement quand le vent est contraire.

Deux cultures. Les pays à hiérarchies plus réduites et à marchés plus développés, au contraire, peuvent mieux s'adapter. C'est ainsi que la Colombie-Britannique, seule parmi les Etats du Canada, a pu jouer un rôle précurseur en matière de privatisations dans les années 70, alors qu'au même moment le gouvernement fédéral accroissait le poids du Welfare State. Cela n'aurait pu se faire dans un pays de hiérarchie administrative plus concentrée.

Il n'y a certes jamais de blocage permanent et intégral dans des sociétés qui, fortement hiérarchisées, laissent cependant une large part de leur production à l'activité des entreprises concurrentielles et aux marchés. L'Europe occidentale n'est pas l'Union soviétique, en dépit de son fort degré de hiérarchisation. Mais les adaptations y sont lentes et difficiles en période de mutation accélérée de l'environnement.

Cette rigidité naturelle des hiérarchies est encore renforcée par l'idéologie et le biais antiéconomique, antimarché, des membres de l'organisation. Dans la perspective de Williamson, le marché est en effet le rival du système de production hiérarchique. On assimile souvent économie de marché et entreprises alors qu'en réalité il s'agit de deux modes de production concurrents, l'un centralisé et l'autre décentralisé. Un marché parfaitement concurrentiel constitue un exemple d'extrême décentralisation. Sur ce marché « atomisé » chaque entreprise n'exerce qu'une influence infinitésimale parce qu'elle est réduite à la dimension minimale, celle de l'artisanat.

Or la plupart des membres de l'organisation participent quotidiennement pour l'essentiel à une culture hiérarchique, donc centralisée, dont tous les principes s'opposent à ceux du marché : les relations de travail sont verticales entre supérieurs et subordonnés, alors qu'elles sont horizontales sur les marchés où les compétiteurs sont par statut en position d'égalité. La soumission aux ordres et la pensée unique sont de règle dans la hiérarchie, au lieu que l'autonomie et la recherche individuelle d'idées originales et compétitives s'imposent à qui veut survivre sur le marché.

La culture, le « logiciel », des fonctionnaires appartenant à des organisations publiques ou privées s'oppose ainsi totalement à celle que réclame le jeu du marché. Ceux qui sont les plus proches de la culture du marché dans les organisations hiérarchiques sont les commerciaux, les vendeurs, qui passent leur vie au contact de la clientèle et des compétiteurs et non pas dans la pensée unique de la pyramide administrative. Mais ce sont également ceux dont le prestige est le plus faible dans la société managériale.

L'idéologie antiéconomique, et l'inculture économique, qui jouent un rôle si important dans la société française [26], ne font que refléter le rôle dominant des organisations hiérarchiques et leur forte concentration dans notre pays. On a une preuve qu'il s'agit d'une reconnaissance idéologique des réalités de l'organisation dans le fait que les Français continuent à mettre leurs espoirs de carrière dans la fonction publique alors même qu'ils se plaignent de l'Etat selon une enquête récente (*Le Figaro* du 5 avril 1997). C'est que le secteur public continue à accroître l'importance de ses prélèvements en pourcentage du produit national alors que la croissance vacille. Il vaut mieux dans ces conditions appartenir aux grandes organisations bureaucratiques qu'être un vendeur sur les marchés.

La prépondérance de l'idéologie antimarché dans notre société fait que la responsabilité de la moindre difficulté économique est le plus souvent attribuée aux marchés, ces galeux dont nous vient tout le mal, alors même que la source réelle du problème se trouve dans l'hypertrophie des hiérarchies qui étouffe la croissance.

Le procédé n'est pas nouveau. L'école des « économistes moralistes » de Karl Polanyi, Georges Lefebvre, Barrington Moore et Charles Tilly interprète par exemple les révoltes paysannes qui ont précédé la Révolution française comme autant de protestations contre l'irruption des marchés dans la société rurale traditionnelle. Le sort des paysans en aurait été précarisé et détérioré.

Mais il s'agit là d'une confusion, comme l'a montré Hilton L. Root [27], entre la protestation contre l'accaparement des marchés par la noblesse convertie aux affaires et qui ne laissait à la paysannerie que la portion congrue des revenus de l'échange, et le développement de marchés fonctionnant librement qui offrait aux paysans des occasions de prospérité nouvelles dont ils étaient parfaitement disposés à tirer parti. La protestation paysanne correctement interprétée visait en fait ceux qui faussaient le développement de marchés concurrentiels et les empêchaient d'en profiter pleinement, ce qui est tout différent.

De même aujourd'hui, l'idéologie antiéconomique qui reste dominante déplore que le commerce international et les mutations qu'il entraîne appauvrissent les salariés, alors que c'est l'impôt sur le travail, qui sert à financer de vastes bureaucraties, et la politique de réévaluation du change, qui est le fait des euro-étatistes, qui sont responsables du chômage.

Mais dans la culture hiérarchique le bouc émissaire désigné est toujours le marché. Dans ces conditions les réformes indispensables pour profiter pleinement des nouvelles opportunités offertes par la dynamique mondiale des marchés vont être refusées. Elles ne finiront par être acceptées qu'en dernière extrémité et à contrecœur, en des accès de réformes tardives, de « réformes à secousses », au lieu d'intervenir de façon continue, « en temps réel » selon l'expression en usage dans l'industrie de la communication.

LA RÉFORME À SECOUSSES

Les organisations hiérarchiques tendant au conservatisme, les réformes prennent beaucoup de temps. Il faut que leur nécessité soit d'une ampleur suffisante pour venir à la connaissance du dirigeant au sommet de la pyramide. Leur étude aussi demande du temps. Leur mise en œuvre est susceptible de bouleverser et de détériorer le fonctionnement de l'ensemble de façon non connue, c'est-à-dire à haut risque. De plus, le détenteur du pouvoir sera naturellement réticent à l'amputer si par exemple le changement appelle une structure moins centralisée.

Il préfère en général effectuer des « réformes » autoritaires, « top-down », ou des « purges » dans le cas de l'Union soviétique. Celles-ci ont en effet un double avantage : elles font certes passer la consigne du changement de stratégie, mais en même temps elles permettent au dirigeant de s'assurer périodiquement de la fidélité de ses subordonnés dans la transmission de ses ordres vers le bas de l'échelle. La purge dissout les relations et interférences horizontales parasitaires qui naissent d'une trop grande familiarité, et de la collusion qui en résulte, entre collègues d'un même niveau hiérarchique. Il s'agit en fait de restaurer le pouvoir de contrôle du dirigeant, c'est-à-dire de réaffirmer le caractère hiérarchisé de l'organisation.

L'importance des hiérarchies d'Etat dans la société rend plus difficile encore la réforme. Alors que dans une entreprise privée à but lucratif la pression des actionnaires s'exerçant librement et à faible coût sur les marchés financiers peut obliger les dirigeants à mettre en œuvre la restructuration, le recentrage et la réduction du nombre de niveaux hiérarchiques, dans la société politique hiérarchisée les mécanismes du contrôle démocratique sont moins expéditifs, plus lents, plus difficiles en raison de l'ignorance rationnelle de l'électeur. Il faut aussi plus de temps avant que la source des échecs soit clairement identifiée.

Dans l'intervalle, la propagande omniprésente et quasi monopolistique de la technostructure (le « microcosme »), c'est-à-dire l'idéologie de « l'économie moraliste », qui fait de l'Etat le meilleur défenseur des individus contre la rapacité des marchés, règne sur les esprits. Elle est diffusée en permanence par le pouvoir centralisateur et retarde la prise de conscience de la nécessité de l'adaptation aux circonstances nouvelles.

Dans le cas de l'URSS, extrême il est vrai, il a fallu attendre l'effondrement total de l'économie et de la société pour que le changement se produise. Dans les économies moins hiérarchisées d'Europe continentale il sera possible d'éviter un tel désastre, mais le mouvement de réforme reste très lent, contrairement à ce qui se passe dans les sociétés plus décentralisées et « horizontales » des Etats-Unis et de la Grande-Bretagne.

Dans le cadre d'un très grand Etat, on avance vers le futur à reculons, on s'adapte à contrecœur, et chaque fois que possible à contresens. Lorsque au terme d'une longue résistance, les dirigeants en viennent à mettre en œuvre des réformes qui laissent enfin librement jouer les marchés concurrentiels, l'opinion que l'on n'a cessé de mettre en garde contre les dangers de telles solutions ne comprend plus. Elle subit comme autant de défaites ce qui constitue en réalité un progrès.

L'incompréhension engendre le malaise. La contradiction entre l'idéologie ambiante et les réalités est trop forte. La démoralisation systématique des « combattants du marché » par les salariés protégés des grandes hiérarchies provoque un sentiment d'injustice et d'impuissance. Le débat est obscurci, le contresens permanent. Les réformes indispensables et bénéfiques sont travesties en autant de régressions, ce qui ne vaut que pour la seule classe administrative, dont le domaine et les privilèges sont remis en cause, tandis que le citoyen moyen va au contraire bénéficier du changement. Il y a « fracture sociale » entre les managers et les employés-électeurs. Il s'ensuit un syndrome de dépression collective.

Un phénomène du même genre affectait encore plus profondément les démocraties populaires sous l'occupation soviétique, de même que l'URSS avant 1989, entraînant dans son sillage le découragement des populations, l'absentéisme ou le pseudo-travail, l'alcoolisme et la délinquance.

Dans les démocraties d'Europe occidentale le changement finit malgré tout par intervenir. Avec cependant des différences notables qui tiennent au degré de managérialisme et de hiérarchisation. La France constituant l'exemple extrême du problème européen.

Le capitalisme français est un capitalisme managérial de type bancaire, mais avec en plus, par comparaison avec l'Allemagne, une intervention étatique forte qui réduit encore les incitations à la restructuration. C'est ainsi que bon nombre de grandes entreprises françaises du secteur public ont subi des pertes catastrophiques sans que l'actionnaire apparaisse s'en soucier outre mesure et sans qu'il prenne de sanctions majeures contre leurs dirigeants.

Au contraire l'attitude des milieux officiels reste très favorable au managérialisme – elle condamne par exemple les OPA, qui constituent le moyen assuré d'obliger les managers à l'efficacité productive –, tandis que l'opinon, sous l'influence des syndicats et des médias, voit dans toute restructuration du secteur public une opération dirigée contre les usagers.

L'extrême managérialisme français conduit ainsi à ce que de nombreux auteurs, actualisant l'analyse de Tocqueville et allant d'Alain Peyrefitte (*Le Mal français*) à Michel Crozier, ont, en reprenant le titre de l'ouvrage le plus connu de ce dernier, diagnostiqué comme une « société bloquée ». Le conservatisme y empêcherait tout changement d'envergure, maintiendrait indéfiniment des structures obsolètes et prémodernes, jusqu'à ce que la pression de l'environnement fasse irruption sur le devant de la scène à la faveur d'une révolution politique et sociale.

Cette analyse a été récemment contestée par Ezra Suleiman, politologue de Princeton et bon connaisseur de notre système méritocratique [28]. Selon lui la société bloquée n'est qu'un mythe complaisamment entretenu. La réalité serait au contraire celle d'un changement permanent et réussi. Et de citer la remarquable croissance d'une économie judicieusement guidée par l'Etat, comme la stabilité d'un monde politique qui a su s'adapter dans le cadre d'une constitution démocratique et souple à la fois. Certes l'auteur, qui est spécialiste de la question mais que l'on a connu plus critique [29], dénonce l'élitisme excessif qui instaure une « aristocratie en démocratie », ou la « république des fonctionnaires ».

Mais au total tout est pour le mieux et si l'on peut s'inquiéter de la corruption qui touche la politique comme l'entreprise, il faut cependant conclure que ce phénomène ne ternit pas l'excellence de la société. Pourquoi d'ailleurs n'y a-t-il pas en France de révolte des contribuables comme on en voit régulièrement aux Etats-Unis ? Parce que l'Etat est bien géré. Et la stabilité exceptionnelle ainsi que les pouvoirs de monopole de nos élites ne sont-ils pas préoccupants ? Là où tout économiste voit immédiatement une perte d'efficacité de l'appareil de gouvernement et l'extorsion de coûteuses rentes de situation sur les citoyens et contribuables, Suleiman ne discerne que la poursuite d'une tradition culturelle française dont la continuité justifie le maintien et l'excellence du recrutement de managers publics qui nous protègent contre l'inquiétante montée de marchés forcément « sauvages » puisqu'ils remettent en cause l'emprise des hiérarchies.

Certes il a partiellement raison lorsqu'il constate que la France a su changer, principalement dans le domaine de l'économie, mais c'est surtout le fait de l'entreprise privée concurrentielle, ce qui contraste avec les débâcles du secteur public qui remontent à la surface depuis le début de la décennie. Mais cette dynamique n'infirme pas la thèse de la société bloquée, celle qui appartient à la sphère du pouvoir politique et administratif, celle du club fermé et autocontrôlé des managers « publics-privés » qui nous gouvernent, tantôt dans l'administration, tantôt dans la politique, et tout aussi bien à la tête des grandes entreprises, privées ou publiques. C'est la « noblesse d'Etat » que décrit de façon exhaustive Pierre Bourdieu [30].

Dans cette société, la réforme est tardive et subie, et provoque inévitablement de brusques secousses parce qu'elle n'est pas expliquée raisonnablement à l'opinion et fait au contraire l'objet d'une intense contre-propagande dans l'esprit de l'idéologie étatiste de « l'économie morale ». Les réformes sont toujours présentées comme rendues, hélas, indispensables par la force condamnable mais irrésistible des marchés internationaux et des spéculateurs anglo-saxons.

La France n'est donc pas véritablement une société

bloquée. C'est une société qui change mais dans la crise permanente, parce que ses élites sont bloquées, monopolisatrices du pouvoir et antiéconomiques. Elles nient la valeur des solutions qu'elles finissent par adopter. Cette incohérence rend l'évolution sociale incompréhensible : le principe psychologique de recherche de la cohérence est bafoué. Cela explique la « séduction du pessimisme » et la « dépression collective » qu'évoque Suleiman.

Les exemples de « réformes subies » à la française ne manquent pas depuis vingt ans. Citons brièvement certains des plus marquants.

Le premier exemple est celui des champions nationaux et des grands projets. C'est le cas du colbertisme exacerbé de la fin du gaullisme et du pompidolisme, prolongé ensuite par la république giscardienne puis mitterrandienne. L'époque est aux grands projets industriels qui ont la faveur du corps d'élite des ingénieurs. L'idéologie, héritée de celle de la Libération, est celle d'un capitalisme d'Etat financé par l'impôt et les banques publiques. Ce sont les fonctionnaires des ministères qui sont censés être le mieux à même de concevoir les projets d'excellence en matière d'investissement industriel. La rencontre entre l'esprit ingénieur et l'ambition politique des fonctionnaires détermine une recherche exclusive de la prouesse technique et du prestige, sans considération de coût ni de rentabilité économique. Elle se double d'un engloutissement massif des fonds publics dans les canards boiteux des secteurs obsolètes qui bénéficient de la faveur du pouvoir [31].

Le sommet est atteint avec Concorde, dont les esprits clairvoyants de l'époque dénoncent l'absurdité économique et le favoritisme social puisque l'argent du contribuable sert à subventionner quelques managers privés, des hauts fonctionnaires et des politiciens ainsi que leurs proches. Mais le pouvoir politique tranche en faveur de l'avion supersonique pour des raisons de prestige. Avec l'échec ultérieur que l'on sait.

Le deuxième exemple nous est donné par les nationalisations. Il se situe à la fin des années 70 dans le contexte de la montée irrésistible de l'idéologie socialiste et nationalisatrice du programme commun socialo-communiste. Dans *L'Antiéconomique* Jacques Attali et Marc Guillaume proclament avec une immense modestie et une compétence exceptionnelle la fin de la science économique. Il n'y a plus de connaissances économiques objectives ou largement établies. Tout est politique et la politique peut tout, y compris décréter le taux de croissance. La prétendue analyse économique ne cache en réalité que des a priori politiques réactionnaires.

Le terrain étant ainsi déblayé, les nationalisations vont constituer le « fer de lance de la croissance ». Alors que la Grande-Bretagne et le Canada commencent à se lancer dans des programmes de privatisation, la France tourne résolument le dos aux évolutions en cours pour revenir à 1945, c'est-à-dire aux expédients de l'économie de guerre de 1914-1918, adoptés ultérieurement sur une échelle massive par les communistes russes.

Il est à l'époque difficile de trouver en France dix économistes qui acceptent de s'opposer ouvertement à ce contresens intégral [32].

Pourtant le résultat de la brillante analyse antiéconomique, qui rallie à l'époque presque tous les esprits, était facile à prévoir : les nationalisations de 1982 débouchent sur un échec, dont les manifestations les plus coûteuses apparaîtront beaucoup plus tard. Le programme de relance massive par les dépenses publiques accompagné d'un matraquage des entreprises privées conduit l'économie dans l'impasse au bout de quelques mois.

Le troisième exemple concerne le débat sur les retraites. Dès le début des années 80, on commence à comprendre que les systèmes de répartition obligatoires vont au-devant de très graves difficultés. Cette réalité est tout simplement niée par les fonctionnaires, les syndicats et les politiques. On reproche à ceux qui s'interrogent sur le problème de fragiliser le système par leur catastrophisme déplacé, tout comme on reprochera plus tard aux critiques de la monnaie unique de fragiliser le franc en faisant le jeu des « spéculateurs internationaux ». Le système français de la sécurité sociale est réputé le meilleur du monde, et, inconséquence stupéfiante, le seul possible.

Ce système admirable consiste à gruger les jeunes générations qui ne retrouveront jamais l'argent qu'elles versent à fonds perdu dans ce tonneau des Danaïdes. Mais qu'importe pourvu que l'on puisse ne rien changer.

Dans un ouvrage collectif paru à l'époque [33] nous montrions avec quelques collègues de différents pays que le problème était partout le même. La répartition allait se heurter à de sérieux contre-courants démographiques à partir de 2005-2015 et il importait de passer le plus vite possible à un système au moins partiel de capitalisation. Ce qui faisait hurler la gauche et ses économistes, tout comme les fonctionnaires et politiques de droite.

Là encore le constat a fini par s'imposer et la nécessité d'une réforme est aujourd'hui largement reconnue. Mais les résistances ne sont pas vaincues et le lobby de la répartition freine efficacement le changement. Là où d'autres pays ont adopté une réforme radicale et sont passés sans coup férir au choix individuel et à la capitalisation, la France s'interroge encore sur l'introduction de fonds de pension complémentaires qui permettraient de conserver l'obligation de la répartition. Pendant ce temps on oblige les plus jeunes à payer l'impôt retraite qui ne leur donne aucun droit pour l'avenir et constitue en somme la souscription obligatoire d'un titre d'Etat à taux de rendement négatif.

Le quatrième exemple nous est fourni par la privatisation à la française et les noyaux durs. Après avoir tourné tardivement le dos à l'idéologie anachronique des nationalisations au vu des résultats de l'expérience, nos financiers publics décident de passer à la privatisation. Mais dans le cadre du capitalisme de collusion, ou du capitalisme sans les actionnaires, qui a leurs faveurs il ne saurait être question de remettre le contrôle des grandes entreprises, et surtout de leurs managers, à n'importe quel actionnaire. Le gouvernement organise en conséquence un système de participations croisées qui laisse le pouvoir effectif à la tête des entreprises privatisées entre les mains des managers issus de la fonction publique, qui font partie du club autorisé à glaner ces privilèges tout comme les abbés de l'Ancien Régime qui recevaient volontiers quelque bénéfice.

Le résultat le plus visible s'est manifesté, dans les années 90, par une décomposition spectaculaire des noyaux durs à partir du moment où la concurrence internationale se faisait plus intense et venait sanctionner les erreurs de gestion accumulées au fil du temps. Les entreprises pseudo-capitalistes se réforment enfin et se restructurent. Mais après avoir côtoyé la faillite et reçu des subventions massives payées par les contribuables.

Le cinquième exemple est monétaire et social. Il concerne l'euro et le système de santé. Nous avons vu au deuxième chapitre ce qu'il en était du grand projet de la monnaie unique. Dans le prochain nous examinerons le problème de la sécurité sociale et du système de santé.

Soulignons seulement ici que c'est à nouveau la solution centralisatrice et étatique qui l'emporte et domine la pensée de nos élites, qui par ailleurs l'imposent à l'opinion publique. Dans tous ces cas de combat intellectuel et politique, le déroulement est toujours identique : au départ, un conservatisme outrancier prôné comme la seule analyse « raisonnable » du problème, à supposer même qu'il y ait un problème. L'élite dirigeante pousse ensuite l'erreur jusqu'au bout. Elle n'abandonne que lorsque tout a été essayé pour sauvegarder les structures existantes, pour persévérer dans la voie que le bon sens économique le plus élémentaire condamne.

Concernant l'euro, cette démarche consiste à nouveau à affirmer que la volonté politique l'emportera, comme pour Concorde, au mépris des considérations économiques. Le projet sera mené à son terme contre l'avis des économistes, tout comme les nationalisations de 1982. Mais pour quel résultat et à quel prix ?

Le danger, toujours le même et jamais reconnu, vient de ce qu'il y a à chaque fois une seule « vérité » ou une thèse officielle, sans considération aucune pour le jugement des professionnels indépendants qui appliquent l'analyse économique. Tout, à nouveau, est politique et l'économique suivra. Malheureusement il n'en est rien. Et les erreurs auxquelles conduit la culture étatique et centralisatrice s'avèrent de plus en plus coûteuses dans une époque de compétition intense et de marchés globaux. D'autres pays le comprennent mieux que nous, en fonction de leur plus ou moins grand degré de managérialisme.

L'ALLEMAGNE ET LA GRANDE-BRETAGNE

L'ampleur des restructurations d'entreprises intervenues aux Etats-Unis dans les dernières années est bien connue. Au point que certains économistes et théoriciens de la finance comme Michael Jensen, professeur à la Harvard Business School, y voient une nouvelle révolution industrielle, la troisième [34]. Pour Jensen, la vague des fusions et acquisitions qui continue à déferler sur le pays répond à l'obsolescence d'une bonne partie des industries américaines.

La révolution de l'informatique et des communications, du génie génétique et de la réduction des dimensions optimales de l'entreprise, appelle une restructuration massive des entreprises pour réorienter les capitaux et les ressources humaines des entreprises du passé vers celles de l'avenir.

Cette déferlante touche également, quoique à un moindre degré, les économies européennes. Mais elle les affecte différemment, selon que leur modèle d'organisation est plus ou moins centralisé et hiérarchisé. Les exemples contrastés de la Grande-Bretagne et de l'Allemagne tels que les rapporte le *Financial Times* (10 mars 1997) sont très révélateurs de ces modalités diverses.

Au cours des dix dernières années, la vague de restructurations a déterminé une remise en cause générale de la stratégie et de l'organisation des entreprises des deux pays. La tendance a été, comme partout, au recentrage sur le métier et à la simplification des structures d'organisation interne, c'est-à-dire la réduction de l'importance des états-majors et la diminution du nombre des échelons hiérarchiques.

Mais l'intensité de ces transformations a été très inégale dans les entreprises britanniques et allemandes : la réduction de la dimension, la respécialisation et la réduction du nombre de niveaux hiérarchiques ont été beaucoup plus radicales dans les premières que dans les secondes.

C'est la conclusion d'une enquête du Centre for

Economic Performance de la *London School of Economics*, effectuée par Ansgar Richter et Geoffrey Owen sur les évolutions, depuis 1986, des cent seize plus grandes firmes britanniques et allemandes. Plus des trois quarts des grandes entreprises anglaises ont réduit leur diversification. Plus de la moitié se sont séparées de certaines divisions ou ont revendu une partie de leurs lignes de produits. Et 80 % de ces entreprises ont eu recours à la sous-traitance.

Par contre, les grandes entreprises allemandes ont été plus réservées à l'égard de la restructuration. Ce pourrait être dû, en partie, à ce qu'elles ont moins eu recours que leurs homologues britanniques à la diversification dans les années 60 et 70. Cependant, même les conglomérats géants comme Veba et Viag n'ont pas montré beaucoup d'enthousiasme pour le recentrage. En dépit des critiques des analystes financiers américains ou britanniques, les dirigeants des conglomérats allemands semblent rester très confiants dans leur capacité de gérer une large gamme d'activités diverses. Attitude caractéristique d'une entreprise très managériale.

Une bonne partie des opérations de dé-diversification opérées en Grande-Bretagne l'ont été par reprise de l'entreprise par ses salariés (RES). Et près de 60 % des grandes entreprises ont revendu certaines de leurs activités à leurs cadres dirigeants, alors que ce type d'opération n'est réellement intervenu en Allemagne que depuis la réunification et ne concerne que 20 % des grandes entreprises.

Dans le même sens, la plupart des acquisitions récentes en Grande-Bretagne concernent des opérations de fusion horizontale, c'est-à-dire dans le même métier, 16 % seulement concernant des activités non liées au métier principal, alors qu'en Allemagne ces dernières représentent 32 % des opérations. Ces fusions ou acquisitions sont aussi beaucoup plus fréquemment du type intégration verticale en Allemagne, par exemple dans le cas de fournisseurs rachetant un distributeur.

Les entreprises des deux pays diffèrent aussi dans leur politique d'acquisitions internationales. Presque 50 % des acquisitions britanniques concernent des cibles étrangères, à quoi viennent s'ajouter 20 % d'opérations équilibrées entre l'étranger et les cibles nationales. En Allemagne au contraire les acquisitions internationales ne représentent que 31 % des opérations tandis que la proportion des opérations équilibrées est plus forte (36 %).

Néanmoins la tendance à la décentralisation de la gestion est semblable dans les deux pays, les décisions financières par exemple étant de plus en plus souvent confiées aux managers opérationnels. De même la tendance à la réduction du nombre de niveaux hiérarchiques est identique dans les deux pays. Il y a une dizaine d'années le nombre de ces niveaux était en moyenne de 7 en Grande-Bretagne, et pouvait atteindre 14 dans des cas extrêmes. Il est passé à 5 en 1996, diminuant ainsi d'un tiers. En Allemagne, partant d'un niveau initial plus faible de 5 à 6 degrés hiérarchiques en 1986, les entreprises ont aussi eu tendance à en réduire le nombre en 1996.

Dans l'ensemble les entreprises allemandes ont été beaucoup plus timides dans leur approche de la restructuration que les entreprises britanniques. Il est probable que le système de financement bancaire et les participations croisées ont fourni une incitation moins forte au changement que le système de financement impersonnel et ouvert par le marché financier.

De ce point de vue nombreux sont les observateurs qui prédisent, depuis longtemps, l'ouverture du système de financement fermé de l'Allemagne. Jusqu'à présent rien ne s'est produit. Mais peut-être sommes-nous à la veille de la mutation. Le nouveau président de la Deutsche

Bank AG, le plus important établissement financier d'outre-Rhin, vient d'avertir ses compatriotes qu'ils devaient se préparer à une nouvelle sorte de capitalisme, qui ferait davantage appel aux OPA, hostiles aussi bien qu'amicales [35]. Ce qui est en jeu, c'est la compétitivité de l'économie et une ère nouvelle pour le capitalisme allemand. Rolf Breuer veut ainsi développer les activités de banque d'affaires de la Deutsche tout en renonçant à la tradition qui voulait que ses cadres dirigeants siègent aux conseils d'administration des entreprises dont elle détient une part du capital.

Cette déclaration intervient également peu de temps après que la Deutsche Bank a conseillé le sidérurgiste Krupp Hoechst AG dans son OPA hostile sur une aciérie rivale, Thyssen AG, qui a provoqué de vives réactions de la part des syndicats, partenaires traditionnels du club des managers.

CONCLUSION

Les analyses économiques de l'organisation montrent que le Très Grand Etat viendrait s'ajouter aux structures hiérarchiques existantes dans un ensemble économique aux dimensions continentales. Se constituerait ainsi un grand pays, relativement peu ouvert sur l'extérieur, au capitalisme managérial et corporatiste qui serait peu propice à la réforme des structures productives et administratives.

Or l'urgence des réformes s'impose à l'Europe, et en premier lieu celle des Etats-providences. Alors que le rattrapage économique de l'Amérique est achevé, le nouveau défi économique auquel doit répondre le continent est celui d'une dynamique industrielle suffisamment forte qui puisse nous remettre sur le chemin d'une croissance soutenue. C'est une voie beaucoup plus ardue que celle de l'application de techniques déjà connues et de l'imitation d'un pays leader. Depuis 1975 il nous faut inventer et créer. L'Etat n'y réussit guère : la politique industrielle pompidolienne du début des années 70 est globalement un échec. La politique industrielle et de nationalisation des socialistes, parfois prolongée par celle des noyaux durs dans les années suivantes, a tourné au désastre dans les années 90.

Il faut en venir à une politique et une idéologie radicalement opposées à celles du passé. C'est le défi du présent, d'autant que la concurrence internationale plus affûtée exige une meilleure compétitivité. Ce qui demande de remettre en cause l'appareil politique de redistribution étatique. Cette fois c'est l'Etat qui est en question et non seulement les entreprises qui dépendent de ses aides. Il doit se réformer lui-même comme n'importe quelle firme commerciale. Cela ne lui était plus arrivé depuis un demi-siècle, puisqu'il bénéficiait d'une expansion permanente.

Or les petites hiérarchies sont plus aisément réformables. C'est ce qui favorise les petits pays ouverts sur l'extérieur et qui adoptent principalement un modèle d'organisation faisant une large part aux marchés. Les réformes majeures de ces dernières années sont intervenues en Nouvelle-Zélande, aux Pays-Bas, au Canada. Elles ne dépendent pas de clivages politiques traditionnels et sont le fait aussi bien de gouvernements socialistes que de gouvernements de droite.

Dans les pays de plus grande dimension et plus fortement managériaux, la tâche se révèle plus difficile, la période de latence plus longue et la réforme plus timide.

C'est pourquoi le TGE constituerait une superstructure paralysante qui enliserait plus encore le changement. Il aurait pour effet de réduire la compétition entre

Etats en instaurant entre eux un cartel institutionnalisé au pouvoir contraignant. Accroissant le degré de hiérarchisation des sociétés européennes qui, ensemble, constituent une économie relativement moins ouverte sur l'extérieur que ne le sont celles des Etats membres, il s'annonce porteur d'un conservatisme général dont la politique monétaire de l'euro n'est qu'une préfiguration partielle.

En faisant obstacle aux adaptations nécessaires, la construction politique européenne, contraire aux besoins et expression des conservatismes hiérarchiques, étouffera la croissance future.

CHAPITRE IV

Alors, comment en sortir ?

La construction du Très Grand Etat dont la première étape consiste à créer la monnaie unique nous enferme dans le piège d'une gestion macroéconomique conservatrice caractérisée par unc course stérilisante à l'équilibre budgétaire. Pour sortir de cette impasse il faut d'abord revenir à une politique monétaire réaliste, condition indispensable de la reprise. Celle-ci interviendra alors rapidement comme cela s'est produit dans plusieurs pays qui ont choisi cette stratégie.

Une croissance retrouvant son rythme normal permettra ensuite de faire face au vrai problème des sociétés européennes en cette fin de siècle, celui de la réforme fiscale et sociale.

Les Etats-providences, conçus il y a plus de cinquante ans pour fournir un complément de ressources aux moins favorisés pendant des périodes de retraite assez brèves ainsi qu'une couverture de base limitée contre le risque maladie, sont devenus d'immenses machines à redistribuer le cinquième ou même le quart du revenu national et qui fournissent un revenu principal pendant de longues années de retraite à l'ensemble de la population salariée, ainsi que des assurances tous risques en cas de maladie.

L'objectif même du système a été perdu de vue cependant que les conséquences de l'impôt sur le travail qui le finance se font de plus en plus lourdement sentir sur le marché du travail. Une bonne partie de la montée du taux « naturel » de chômage s'explique ainsi par la croissance continue des cotisations sociales.

L'ampleur même de ces systèmes et la participation des groupes sociaux les plus puissants à leur gestion rendent naturellement difficile leur réforme. Le simple effort d'encadrement administratif sans changement de l'ensemble du dispositif a partout échoué. Il est cependant possible de concevoir un passage au contrôle des assurés eux-mêmes qui sauvegarde en même temps la composante de redistribution des revenus en faveur des salaires les plus modestes qui constitue la justification principale des interventions publiques dans ce domaine.

La sortie, par le haut, de l'enlisement européen est à ce prix.

LE PIÈGE DU CONSERVATISME BUDGÉTAIRE

Le ralentissement économique de ces dernières années s'est accompagné, comme c'est toujours le cas, d'un déséquilibre des finances publiques. Les déficits budgétaires se sont partout accrus dans de fortes proportions et la dette publique s'est alourdie en pourcentage du produit national, aggravée par la crise fiscale que subissent des Etats-nations plus largement ouverts sur l'extérieur.

Renversant l'ordre des facteurs, la thèse du conservatisme budgétaire, qui trouve un écho particulièrement favorable auprès des banques centrales et des intégristes monétaires européens, fait porter aux déficits publics la responsabilité de la moindre croissance. Or les taux d'imposition sont déjà très élevés en Europe et il ne paraît guère possible de les accroître davantage compte tenu du coût social très rapidement croissant qu'ils déterminent.

L'impôt en effet, quelle que soit son assiette, introduit un écart, un « coin fiscal », entre le coût, pour l'acheteur, du bien ou service considéré et ce que reçoit le vendeur. En élevant le coût toutes taxes comprises et en réduisant la recette nette allant au producteur, le prélèvement public induit une réduction de la consommation et de la production. Cette production perdue disparaît purement et simplement de l'économie. Le manque à gagner des revenus correspondants qui se sont volatilisés constitue la perte sociale résultant de l'impôt, ou encore le « coût social » de l'impôt.

Un taux d'imposition plus élevé abaisse ainsi le niveau de la production nationale. Cette perte augmente très fortement avec les taux de prélèvement, ce qui explique la tendance au plafonnement des taux globaux de fiscalité dans les années 90. Les pertes de richesse sociale induites par des impôts encore plus élevés seraient désormais insupportables comparées aux bénéfices à espérer de dépenses publiques supplémentaires.

Pourtant, selon l'analyse du conservatisme budgétaire, la dette publique d'aujourd'hui devra se traduire demain en impôts accrus, d'autant que les recettes de la privatisation ont été pour l'essentiel engrangées. La seule autre possibilité serait alors de recourir le moment venu à une création de monnaie pour rembourser les emprunts échus, ce qui constituerait une menace pour la stabilité future des prix. Il importerait donc de réduire les déficits dès maintenant tout en conservant la politique monétaire actuelle, la croissance et l'emploi devant s'ensuivre naturellement.

Tout cela paraît de bon sens et s'inscrit dans la tradition ancienne de la gestion conservatrice des finances publiques. Mais un examen un peu plus précis de ces propositions en montre vite la faiblesse et l'arbitraire.

Au cours des deux dernières décennies beaucoup d'Etats ont fait l'expérience atypique de déficits budgétaires importants en temps de paix. Ces déficits résultent pour l'essentiel de l'accroissement des dépenses sociales, non compensées par des recettes fiscales de niveau comparable. Et ces tendances ont été renforcées par le ralentissement de la croissance dans les années 70 et 80.

Pendant la majeure partie du XXe siècle, les gouvernements des pays industriels ont mis en place et développé des programmes sociaux dont le coût croissant est à l'origine des difficultés budgétaires récentes. Alors que depuis la deuxième guerre mondiale le ratio de la dette publique au produit national ne cessait de décroître ou du moins restait stable, en raison en partie de l'inflation non anticipée et de la forte croissance des économies, depuis 1980 les ratios de la dette publique au produit national se sont partout orientés à la hausse.

L'augmentation des dépenses publiques résulte pour la plus grande part du développement massif de « l'Etat-providence », et en particulier des dépenses de santé directement imputées au secteur public ou remboursées par un assureur public, des retraites publiques, et dans une moindre mesure des transferts en faveur des plus pauvres.

Bien que les prélèvements obligatoires aient beaucoup augmenté, ils n'ont pas pu suivre le rythme de croissance des dépenses et l'endettement public s'est considérablement accru, ce qui tend à prouver que la fiscalité a atteint certaines limites.

Jusqu'au milieu du siècle, la norme de gestion des finances publiques consistait à ne s'écarter de l'équilibre budgétaire que dans les circonstances exceptionnelles. Et de fait les budgets publics ont été gérés en équilibre sauf au cours des deux guerres mondiales et de la Grande Dépression des années 30.

Mais le simple constat d'un changement dans l'équilibre des finances publiques n'établit pas la nécessité de retourner à la situation antérieure. Rien ne prouve en effet que les déficits constituent un inconvénient majeur ou ralentissent la création de richesse.

En premier lieu il n'existe pas de théorie convaincante ni de preuve empirique des effets négatifs que les déficits budgétaires ou la dette publique pourraient exercer sur la croissance ou le niveau de richesse d'un pays. On sait au contraire que l'endettement est économiquement utile et justifié.

L'analogie avec un consommateur ou une entreprise individuelle permet aisément de le comprendre. Leurs flux de revenus ne correspondent en effet pas nécessairement au profil souhaité de leurs dépenses. Il peut y avoir dans certaines périodes plus de dépenses que de revenus et inversement à d'autres moments. Dans ce cas, l'emprunt permet d'obtenir le profil souhaité des dépenses de consommation ou d'investissement, indépendamment de la répartition temporelle des revenus. L'endettement améliore la situation économique du consommateur ou de l'entreprise au lieu de la détériorer. Personne ne prétendrait qu'un emprunt nul constituerait en toutes circonstances la meilleure politique financière pour les ménages ou pour les firmes.

Il en va de même des Etats. Certaines dépenses interviennent ponctuellement et parfois de façon massive. Ainsi des dépenses militaires en cas de guerre. Mais cela vaut également pour les dépenses sociales qui augmentent sensiblement dans les périodes de récession. Or le revenu national et par conséquent les recettes fiscales « normales », à taux de fiscalité inchangé, n'augmentent pas en proportion dans ces périodes particulières. Il faudrait par conséquent augmenter très fortement les taux d'imposition pour financer l'accroissement temporaire des dépenses. Cela créerait des pertes sociales massives et plus que proportionnelles. Pour Robert Barro qui a proposé cette analyse, l'endettement sert à « lisser » dans le temps les taux de prélèvement fiscal, ce qui augmente le bien-être final de la collectivité.

Il s'ensuit que l'emprunt, et donc le déficit, peut être utile si l'on estime judicieuses les dépenses qu'il finance.

Mais la définition précise du « bon » niveau de déficit, pour un ménage, pour une entreprise, ou pour l'Etat, défie pour l'instant les capacités d'analyse des économistes.

Quelques travaux théoriques tentent bien de montrer qu'il existe un niveau de déficit et de dette susceptible de favoriser une croissance maximale. Mais nous ne savons pas ce que pourraient être en pratique ces niveaux. Nous constatons pour l'instant que la croissance économique peut être forte aussi bien avec un fort endettement public qu'avec une dette très faible. Les années de haute croissance d'après-guerre par exemple étaient des années où le niveau d'endettement des Etats était extrêmement élevé, largement supérieur à ce qu'il est aujourd'hui.

L'évolution en cours peut-elle se poursuivre longtemps ? Rien n'indique que les déficits actuels soient insoutenables. Il existe certes une arithmétique de l'endettement qui montre qu'au-delà d'un certain rythme d'accroissement et passé un seuil en pourcentage du produit national, il faudra à l'Etat imprudent emprunter toujours plus, simplement pour payer les intérêts sur ses emprunts antérieurs. La faillite, le « défaut » de l'emprunteur, devient alors une réelle possibilité. Mais nous sommes très loin, en Europe, d'une telle situation. Et il reste des marges confortables pour l'emprunt public.

D'autre part, il n'est pas vrai que l'emprunt d'aujourd'hui signifie nécessairement des impôts plus élevés demain ou après-demain. En effet, à taux d'imposition donné une plus forte croissance du produit national élargit l'assiette fiscale et procure plus de recettes aux finances publiques. La capacité de remboursement de l'emprunt augmente alors sans qu'il soit besoin d'alourdir la charge fiscale.

C'est ainsi que les Etats-Unis, où régnait au début des années 80 une véritable hystérie des déficits budgétaires et où la dette publique était réputée catastrophique et censée échapper à tout contrôle, sont revenus à de très faibles niveaux de déficits aujourd'hui, tout en réduisant sensiblement le volume de leur dette. Depuis 1990 le déficit a été ramené de 3,2 % à 1,2 % du PIB. Pour la simple raison que la croissance y a été soutenue depuis le début de la décennie. C'est la croissance qui a permis de régler le problème du déficit et non pas la réduction du déficit qui a permis de retrouver la croissance.

Il est certain que la plupart des pays européens se trouvent aujourd'hui dans une situation analogue. Les déficits et la dette n'y présentent aucun caractère véritablement alarmant, à l'exception, peut-être, de la Belgique, de la Grèce et de l'Italie. Encore faut-il remarquer que des niveaux de dette supérieurs au produit national ont été atteints dans le passé à l'issue de guerres et que ces dettes ont fini par être, elles aussi, remboursées.

Dans l'état de nos connaissances il n'est pas fondé non plus de prétendre que la réduction des déficits est une recette de croissance. La modification des déficits peut stimuler ou freiner l'expansion dans le court et le moyen terme. Cela dépend de plusieurs facteurs qui rendent l'analyse complexe.

Une réduction du déficit peut en effet venir d'une diminution des dépenses ou d'un accroissement des recettes fiscales ou des deux à la fois. En elle-même, la réduction entraîne un freinage keynésien de la demande globale puisque le déficit consiste à mettre en circulation plus de pouvoir d'achat que l'Etat n'en retire par les impôts. Une diminution du déficit réduit par conséquent la demande globale qui s'adresse aux entreprises et les revenus des ménages. Elle tend à réduire la production. Cet effet sera encore plus net si la réduction du déficit est obtenue principalement par accroissement de la fiscalité.

C'est ainsi qu'en 1995-1996, le prélèvement, sur une économie ralentie, de 125 milliards de francs d'impôts supplémentaires auxquels s'ajoutaient 25 milliards de hausse de la fiscalité locale, soit une ponction totale de près de 2 % du PIB, exerçait à l'évidence une forte influence déflationniste sur l'activité et l'emploi. Et le ralentissement qui s'ensuivait en 1996 et 1997 contribuait à réduire les rentrées fiscales et à accroître les dépenses sociales, comme cela se produit toujours dans les phases de faible croissance et de récession, ce qui majore les déficits. C'est le piège du conservatisme budgétaire, ou le cercle vicieux du « budgétarisme », qui a pour résultat dans ce cas d'accroître les problèmes qu'il prétend résoudre. En période de basse conjoncture la réduction volontariste des déficits ralentit la croissance, ce qui en retour creuse les déficits.

Dans une étude des pays de l'Ocde, Alberto Alesina et Roberto Perotti [1] montrent justement que les pays qui réduisent leurs déficits par accroissement de la fiscalité n'obtiennent pas d'amélioration durable de l'équilibre des finances publiques et enregistrent un freinage de l'activité économique.

A l'inverse, ceux qui réduisent les déficits par une diminution des dépenses publiques sans accroissement d'impôts, voire avec une diminution de la fiscalité des ménages, améliorent durablement leur équilibre financier et bénéficient d'une accélération de la croissance. Surtout si la réduction des dépenses porte sur les dépenses de sécurité sociale et les rémunérations des fonctionnaires, les deux postes qui pèsent le plus lourdement sur la dynamique des dépenses publiques, plutôt que sur les investissements.

On peut même envisager une réduction de déficits qui s'accompagnerait d'une réduction d'impôts, la diminution des dépenses étant plus forte que la réduction du déficit. La croissance serait dans ce cas majorée, la baisse de fiscalité entraînant un accroissement de la richesse des ménages qui se traduit en consommations supplémentaires.

Cependant toutes ces conclusions sont affectées par la situation conjoncturelle de départ de l'économie. Dans le court terme et dans une économie en récession ou en ralentissement, il faut que l'allégement fiscal soit substantiel pour compenser la contraction keynésienne d'une réduction du déficit. Un retour vers l'équilibre budgétaire obtenu par réduction des investissements publics et augmentation de la fiscalité peut même plonger l'économie dans la dépression.

Enfin, l'impact des déficits sur la croissance n'étant pas nécessairement positif ni important, l'effet sur le chômage sera lui aussi variable et éventuellement contraire à ce qu'en attendent les tenants du conservatisme budgétaire.

Si l'on tient absolument à réduire les déficits, il vaut mieux le faire dans les périodes de forte croissance, en réduisant les dépenses de la sécurité sociale et en essayant en même temps d'alléger la fiscalité. Dans les périodes de croissance faible il faut se contenter d'alléger la fiscalité pour accroître la richesse des ménages et stimuler la reprise de la consommation et de l'investissement. Quitte à tolérer un accroissement temporaire des déficits.

L'expérience de relance budgétaire par accroissement des déficits du gouvernement Balladur en 1994, en vue des élections présidentielles de 1995, était d'ailleurs probante et a bien accéléré la croissance comme le prévoit la théorie. Son inconvénient principal tenait à ce que cette politique expansionniste, correcte en elle-même compte tenu de la faiblesse de la conjoncture, ne résultait pas tant d'une diminution des impôts que d'un accroissement des dépenses publiques, fort inutile étant donné le pourcentage élevé que ces dernières représentaient déjà dans le revenu national. Mais surtout, la politique monétaire toujours fortement restrictive qui l'accompagnait interdisait de redresser durablement l'économie, ce qui rendait impossibles la stabilisation et a fortiori le redressement automatique des finances publiques. Elle conduisait donc à une nouvelle politique de réduction des déficits, ce qui cassait une fois de plus la reprise en 1995-1996.

Ainsi la réduction des déficits ne constitue pas nécessairement une bonne politique macroéconomique selon la façon dont elle est opérée et la phase de la conjoncture dans laquelle elle se situe. Son efficacité dépend en particulier de la politique monétaire qui est simultanément suivie.

En somme, on ne peut se contenter d'une vue simpliste et rigide de ce qu'il convient de faire en matière de déficits budgétaires. Comme la langue d'Esope ils sont la meilleure et la pire des choses.

Affirmer alors que dans le cadre d'une politique monétaire restrictive il suffit de réduire les déficits publics pour rétablir les conditions de la croissance est tout simplement inexact. La doctrine budgétariste ne repose sur aucun fondement sérieux.

Le constater ne conduit pas pour autant à prôner une augmentation de la dépense publique ou à nier qu'elle doive être réduite. Et en premier lieu les dépenses de sécurité sociale. Celles-ci déterminent en effet l'essentiel de l'accroissement des prélèvements obligatoires qui entraîne des pertes sociales plus que proportionnelles, et qui frappe particulièrement le travail. Or l'impôt sur le travail est le responsable principal du développement d'un chômage structurel ou « naturel » devenu si important dans nos économies.

On comprend bien que ces coûts croissants rendent de plus en plus inacceptable la poursuite de la tendance de hausse des dépenses. Mais ce dont nous avons besoin pour enrayer cette hausse, c'est une réforme profonde des systèmes publics d'assistance et d'assurance parce que c'est là que se trouve l'origine du problème.

Il faut donc réformer, tailler dans les dépenses sociales, pour alléger la charge fiscale sur l'emploi et redonner à ce dernier une assise plus large capable de mieux soutenir la croissance de l'économie.

C'est une tâche qui se situe dans le moyen terme parce qu'elle demande du temps, alors que les pertes sociales de l'enlisement et du chômage atteignent un niveau qui ne permet plus d'attendre. D'autre part, la réforme sociale et fiscale ne peut guère se faire qu'en phase d'expansion en raison des bouleversements qu'elle peut induire sur le marché du travail et des pertes de revenus immédiates, bien que transitoires, qu'elle engendrera. Elle n'est donc politiquement envisageable qu'à l'occasion d'une reprise économique que seule peut induire l'adoption d'une politique monétaire dynamique.

LA BONNE POLITIQUE MONÉTAIRE

Nous revenons ainsi à notre constat de premier chapitre. La bonne politique monétaire est ce dont les économies européennes ont besoin aujourd'hui pour retrouver une croissance vigoureuse. Et l'indépendance monétaire nationale conditionne la mise en œuvre d'une politique « sur mesure », conçue pour répondre aux besoins particuliers de l'économie d'un pays donné, à un moment déterminé. Le retour durable de la croissance passe en conséquence par la fin de l'euro-monétarisme.

La remontée récente du dollar face au mark et au franc apporte l'illustration frappante de l'efficacité et du rôle puissant des changes et des taux d'intérêt sur la conjoncture réelle. A l'inverse de tout ce que soutiennent les intégristes. Tous les observateurs ont salué dans la hausse du dollar la promesse d'une bouffée d'oxygène pour l'économie en France et en Allemagne.

Ce qu'ils ne disent pas, bien sûr, c'est que le dollar fort correspond en réalité à un affaiblissement relatif du mark, et donc du franc.

L'expérience en cours sur le marché des changes montre ainsi que la reprise des économies continentales résulte directement de la dépréciation du mark et du franc. Une hérésie pour les tenants de l'étalon-mark et de l'euro fort ! Le taux de change le meilleur pour l'économie ne serait ainsi pas nécessairement le plus élevé.

QUEL TAUX DE CHANGE POUR LA CROISSANCE?

Une nouvelle politique monétaire doit mettre un terme à la surévaluation du franc. Cela peut se faire avec ou sans le mark. Dans le premier cas la dépréciation s'effectuera vis-à-vis de toutes les devises sauf le mark qui suivra le franc dans sa baisse et dans les mêmes proportions. Dans le second elle interviendra contre toutes les devises, mark compris.

Le premier cas signifie une dévaluation simultanée du mark et du franc contre le dollar, la parité entre franc et mark restant inchangée. Dans le second le franc se déprécie de façon identique par rapport au mark et par rapport au dollar, tandis que le mark reste à parité inchangée contre le dollar.

Entre ces deux solutions extrêmes, il y a toute une gamme possible de dépréciations différenciées du franc vis-à-vis du dollar et du mark, ce dernier, par hypothèse, ne suivant pas intégralement la baisse du franc par rapport à la devise américaine. Le mark s'apprécie alors contre le franc.

Comment apprécier la « grille » des changes souhaitable du franc envers ces deux grandes devises ? Comment définir la bonne politique monétaire et les bons taux de change ?

Une première approche consiste à rechercher la parité qui équilibre les échanges commerciaux. On peut remarquer, comme le fait Jean-Pierre Vesperini [2], que le dernier exercice en équilibre de la balance commerciale entre les Etats-Unis d'un côté et la France et l'Allemagne de l'autre est celui de 1990. Si l'on admet qu'il existe un décalage d'environ une année dans l'action des taux de change sur le flux du commerce extérieur, on peut conclure que les prix relatifs à l'exportation de 1989 étaient des prix d'équilibre, et que par suite le taux de change l'était également.

Sur les cinq années précédant 1995 (dernier chiffre disponible), les prix à l'exportation des Etats-Unis par rapport à ceux de l'Allemagne comme de la France se sont abaissés exactement dans les mêmes proportions, à savoir de 24 % par rapport à la base de 1989.

Si nous prenons le cas d'un maintien de la parité franc-mark, il faudra alors, pour restaurer la position concurrentielle relative de la France et de l'Allemagne par rapport aux Etats-Unis et la ramener à son niveau de 1989, que le dollar s'apprécie dans les mêmes proportions.

Ce qui donnait en 1995, en prenant le taux de change moyen du dollar contre le franc et le mark observé sur l'année (4,99 francs et 1,43 mark pour un dollar), un taux de change d'équilibre d'environ 6,50 francs et 1,90 mark pour un dollar.

A supposer que la compétitivité française et allemande ne se soit pas dégradée depuis cette date, on constatera que même la récente appréciation du dollar qui l'a porté jusqu'à 6,20 francs n'a pas suffi à rétablir les changes d'équilibre.

Dans l'hypothèse d'un ajustement du franc seul par rapport au dollar, le mark restant dans une parité fixe vis-à-vis de la devise américaine à son niveau récent moyen de 1,55 mark pour un dollar, il faudrait alors que le mark passe à 4,19 ou 4,20 francs au lieu des 3,37 ou 3,38 habituels.

La modification unilatérale du taux de change du franc contre le dollar entraînerait ipso facto une dépréciation du franc à l'égard du mark, ce qui pénaliserait en conséquence l'économie allemande. Elle constitue ainsi un moyen de pression sur la Bundesbank pour l'amener à changer de politique vis-à-vis du dollar. Si cette dernière acceptait de suivre le mouvement il y aurait combinaison d'une dépréciation du franc par rapport au mark et d'une dépréciation du mark par rapport au dollar. Le niveau précis de ces deux variations serait le résultat d'une négociation avec le gouvernement allemand.

Dans cette perspective, les proportions dans lesquelles ces deux ajustements pourraient se réaliser ne peuvent être déterminées à l'avance puisqu'ils découleraient d'une négociation politique dont les ressorts sont incertains.

Les différentes solutions ont cependant des conséquences très différentes sur la croissance. Si l'on retient les deux hypothèses limites, les variations de parités amenant le dollar à 6,50 francs produiraient un supplément de croissance du PIB français de 1,6 % dans le cas d'un mark restant à 3,38 francs, tandis qu'il atteindrait 3,6 % si le mark passait à 4,19 francs.

L'économie française bénéficierait donc davantage, à environnement interne et international inchangé, d'une décision de change unilatérale à la façon de celles prises respectivement par la Grande-Bretagne et par l'Italie lors de la crise de 1992-1993.

Mais on peut se demander également s'il n'existe pas une parité franc-mark qui s'impose plus qu'une autre à partir de considérations plus générales que le simple équilibre des balances commerciales à un moment donné. Le jugement sur les taux de change d'équilibre fait souvent référence à la condition dite de « parité des pouvoirs d'achat » entre deux pays.

Le principe en est simple. Dans une économie internationale ouverte et compétitive, un même produit doit se vendre partout au même prix. Exprimé en francs à Paris, celui-ci doit être égal, après conversion des francs en dollars à la parité courante, à ce qu'il est exprimé en dollars à New York. Faute de quoi des importateurs et des exportateurs vont mettre à profit ces différences, ce qui finira par égaliser effectivement les prix en France et aux Etats-Unis. La tendance à la convergence des prix, ou « loi » du prix unique, se vérifiera.

L'ÉTALON BIG MAC ET LES PARITÉS D'ÉQUILIBRE

C'est le principe qui inspire le calcul de « l'étalon Big Mac » imaginé et présenté par l'hebdomadaire *The Economist* depuis plus d'une décennie. Ainsi, pour le Big Mac de McDonald's qui est strictement identique dans tous les pays où il est vendu, le prix en monnaie locale dans un pays quelconque, corrigé pour le taux de change en francs ou en dollars de la devise considérée, doit être égal au prix auquel il est vendu en francs à Paris ou en dollars à New York.

En réalité cette égalité, qui correspond à la « parité des pouvoirs d'achat », condition selon laquelle les taux de change s'ajustent pour égaliser les prix d'un même produit partout dans le monde, n'est généralement pas observée pour le Big Mac.

Cela vient de ce que les taux de change choisis par les autorités monétaires ne correspondent pas à l'équilibre naturel des économies. Il est alors possible de calculer ce que devrait être le taux de change du dollar par rapport au franc pour que le prix du célèbre sandwich soit exactement le même exprimé en dollars ou en francs à Paris et à New York. Ce taux de change théorique est celui de la parité des pouvoirs d'achat.

Comparé au taux de change courant observé sur le marché il donne une indication de la surévaluation ou de la sous-évaluation d'une monnaie par rapport à une autre. Ce sont ces chiffres que nous reproduisons dans le tableau ci-dessous. Ils montrent qu'en avril 1997, même lorsqu'il atteignait 5,76 francs, le dollar restait sous-évalué par rapport au franc, ou ce dernier surévalué par rapport au dollar.

D'une façon générale toutes les monnaies européennes et en particulier celles liées au mark étaient largement surévaluées par rapport au dollar : Belgique + 28 %, France + 26 %, Danemark + 63 %, Pays-Bas et Autriche + 17 % et Allemagne + 18 %.

Ces différences de surévaluation donnent aussi une indication sur les rapports des différentes devises entre elles.

C'est ainsi que le franc apparaît, au sein de l'Europe,

surévalué par rapport au mark, au florin et au schilling, sans parler des pays qui ont adopté une politique monétaire indépendante par rapport à l'Allemagne comme la Grande-Bretagne et l'Italie jusqu'à une période récente. L'écart par rapport au sterling, qui a suivi récemment une pente ascendante, est de + 4 % et par rapport à la lire de + 13 %.

Il s'ensuit un désavantage compétitif certain pour la France, non seulement à l'égard des Etats-Unis (comme c'est le cas de tous les pays européens) mais également par rapport à tous ses partenaires européens y compris l'Allemagne, et vis-à-vis des pays de la petite zone mark, à l'exception seulement du Danemark et de la Belgique.

Cette simple illustration suffit à faire comprendre l'ampleur des déséquilibres qui résultent du dirigisme de change, le franc étant surévalué de 26 % par rapport au dollar, même après l'appréciation de ce dernier au début de 1997. De son côté le mark était encore surévalué de 18 % par rapport au billet vert. Mais il s'ensuit que le franc est aussi surévalué par rapport au mark de quelque 8 %.

L'étalon Big Mac nous donne ainsi une idée approximative de la grille « idéale » des changes, notamment entre le franc, le mark et le dollar, celle qui correspond à la parité des pouvoirs d'achat.

En appliquant à la parité courante du dollar en 1977, soit 5,70 francs environ, une réduction correspondant au pourcentage de surévaluation indiqué par le Big Mac, on obtient une parité d'équilibre assurant l'égalité des pouvoirs d'achat qui se situerait à 7 francs environ.

De son côté le mark, qui valait en 1997 en moyenne 1,67 dollar, se retrouverait, au terme d'une dépréciation de 18 %, à 1,90 dollar.

Dans ces conditions la parité d'équilibre entre le franc et le mark se situerait à 3,65 francs pour un mark au lieu des 3,36 ou 3,37 francs actuels.

Il en résulterait, en reprenant l'estimation des effets de croissance sur l'économie française d'une modification de la parité avec le mark et le dollar évoqués plus haut, une augmentation d'environ 3,5 % du rythme de croissance du produit national par rapport à la situation initiale des parités de change.

La baisse du mark et du franc par rapport au dollar intervenue au cours de l'été 1997, le dollar atteignant le cours de 6,20 francs, nous fait faire une partie du chemin. Mais elle est insuffisante si l'on se réfère à une parité d'équilibre de 7 francs pour un dollar. Celle-ci reste d'autant plus envisageable que la baisse du franc-mark s'est produite sans aucune réduction des taux d'intérêt. Et il subsiste des marges de réduction de ces derniers.

L'INFLUENCE DE TAUX D'INTÉRÊT NULS

Les taux d'intérêt exercent une action puissante sur l'ensemble de l'activité économique par de multiples canaux parce qu'ils agissent sur toutes les grandes composantes de la demande. Ils agissent sur la consommation des ménages, sur l'investissement des entreprises, sur l'investissement en logement des ménages, sur la formation des stocks et sur les exportations.

Cette influence sur la croissance est indiscutable en théorie comme en pratique mais elle est cependant difficile à chiffrer de façon très précise. Toutefois, l'Ocde propose une estimation de l'incidence d'une baisse des taux réels grâce à son modèle Interlink. Il ressort de ces analyses empiriques qu'une diminution de deux points des taux d'intérêt courts réels entraîne un supplément de croissance du PIB de 0,5 %. Dans la mesure où ces taux sont actuellement fort proches des 2 %, il s'ensuivrait que les ramener à zéro provoquerait une croissance additionnelle de 0,5 %.

Ce qui appelle deux remarques.

D'une part, l'effet des taux courts sur la croissance est moins spectaculaire que celui des variations de change, notamment parce que ces taux ont déjà fortement baissé depuis 1993 et plus particulièrement depuis 1995. Il ne reste donc plus une très grande marge de manœuvre pour stimuler la croissance avec cet instrument de politique monétaire. Néanmoins les taux au jour le jour se situent à plus de 3 % alors que l'inflation approche de zéro. Il reste donc une marge de baisse des taux réels de trois points, ce qui est encore au-dessus des deux points de réduction que nous envisageons.

D'autre part, il n'est pas certain non plus que l'on puisse cumuler les effets que nous venons de distinguer : le supplément de croissance de 2 % dû à la dépréciation du change, dans l'hypothèse la plus modérée, et celui de 0,5 % dû à la baisse des taux courts. En effet, la baisse des taux courts contribue aussi bien à faire baisser le change qu'à exercer une influence indépendante sur la consommation et l'investissement. Il est donc difficile de démêler ces deux voies d'influence.

Toutefois, les résultats de l'Ocde permettent d'estimer d'une manière prudente à au moins 2 %, et peut-être 3 % ou plus en fonction des diverses hypothèses d'ajustement des changes, le supplément de croissance qui serait induit par la nouvelle politique monétaire.

Si l'on admet qu'en l'absence de changement de politique monétaire la croissance du PIB serait de 2 % en 1997, un changement de taux de change et de taux d'intérêt de cet ordre permettrait d'atteindre un taux de croissance du PIB d'environ 4 à 5 %. Il pourrait même être légèrement plus élevé si la dépréciation du franc par rapport au dollar et au mark atteignait celle proposée sur la base de l'indicateur « Big Mac ».

En tout état de cause, une accélération de la croissance

de cette importance aurait des conséquences directes sur l'emploi et sur le chômage.

DES CONSÉQUENCES POSITIVES SUR L'EMPLOI ET LE CHÔMAGE

Pour un supplément de croissance d'au moins 2 % par rapport à une croissance spontanée du PIB qui se situe elle-même aux environs de 2 %, nous obtiendrions un taux effectif de croissance d'au moins 4 %, soit celui observé en 1989, dernière année avant la mise en place de la politique monétaire et de change de Maastricht.

Il est connu en macroéconomie que la croissance du produit et l'emploi sont directement liés, ce qui signifie que la croissance et le chômage sont en liaison inverse. C'est la relation dite « d'Okun », analysée au chapitre premier.

Grâce à quelques estimations statistiques simples, Jean-Pierre Vesperini mesure ces influences. Ses résultats montrent bien qu'en France aussi les fluctuations de l'emploi sont fortement liées aux variations du PIB de la période courante et de la période précédente. Selon ses estimations, si la croissance du PIB passait à 4 % par an, le nombre d'emplois augmenterait de 1,4 %, ce qui correspond à la création de 320 000 emplois.

D'autre part, on observe que la création de 320 000 emplois entraînerait une baisse du chômage de 170 000 personnes, soit une diminution du taux de chômage de 0,6 % dans l'année en question. En effet, les variations du taux de chômage sont égales aux variations de la population active moins les variations de l'emploi. Si l'on suppose que l'augmentation de la population active est de 150 000 personnes, il en résulte que le chômage baisserait de 170 000 personnes du fait de la création de 320 000 emplois.

Cet effet se répéterait ensuite d'année en année tant que la parité de change maintiendrait la croissance à 4 %. Trois années d'expansion réduiraient alors de près d'un demi-million le nombre des chômeurs, soit la moitié environ du chômage conjoncturel français. Encore s'agit-il là d'une estimation particulièrement prudente, les Etats-Unis et la Grande-Bretagne ayant fait beaucoup mieux dans le même laps de temps.

En conclusion, une politique monétaire propre à la France induirait une forte accélération de la croissance et par conséquent une augmentation sensible de la création d'emplois et une diminution corrélative du chômage.

Il reste alors le problème du chômage structurel et des dépenses explosives de l'Etat-providence. La reprise de l'activité permet d'envisager la réforme structurelle, qui produira ses effets dans le moyen terme.

LA RÉFORME FISCALE ET SOCIALE

Les dépenses de la sécurité sociale constituent la part la plus fortement croissante de l'ensemble des dépenses publiques. Elles expliquent ainsi pour l'essentiel la montée des prélèvements obligatoires au cours du dernier quart de siècle. Les deux prélèvements qui ont augmenté de façon significative sont l'impôt direct sur le revenu et l'impôt sur le travail. Et le même constat vaut dans toutes les grandes économies. De sorte que les dépenses sociales sont aussi le moteur de la crise de l'emploi : les dépenses de l'Etat-providence ont déterminé l'accroissement des prélèvements obligatoires et ces derniers, sous la forme des cotisations sociales, introduisent un « coin fiscal » (ou coin social) sur le marché du travail, qui a pour effet direct de détruire l'emploi. C'est, avec la politique macroéconomique restrictive, la source principale du chômage. C'est ce qu'il faut changer.

Ce constat est aujourd'hui connu. Il a été repris par exemple, pour la France, par le récent rapport La Martinière sur la fiscalité.

> Depuis sept ans, la France est, de tous les grands pays développés, celui où les ressources courantes des administrations publiques ont représenté le pourcentage le plus élevé des productions intérieures brutes. Cette proportion a constamment dépassé chez nous d'environ douze points la moyenne observée au sein des Etats membres du G7...
>
> Il va de soi – bien que cette évidence soit quelquefois perdue de vue – que le niveau des prélèvements obligatoires est étroitement conditionné par celui des dépenses publiques : ce sont celles-ci qui rendent ceux-là nécessaires...
>
> A cet égard, il paraît à peine utile de souligner que les dépenses sociales, jusqu'à une époque récente, ont été caractérisées par un alourdissement continu, passant de 25,4 % du produit intérieur brut en 1980 à 29,8 % en 1994. La moitié de cette évolution est due à la progression des dépenses de santé...
>
> L'évolution démographique entraînera mécaniquement des surcoûts importants dans quelques années. Ces perspectives confirment que la maîtrise des dépenses de l'assurance-maladie est indispensable et qu'une priorité doit être donnée à la reprise de la croissance et des créations d'emplois qui répond à une exigence budgétaire autant qu'à une préoccupation d'ordre moral. (*Rapport de synthèse*, pp. 6-8.)

Et le rapporteur poursuit :

> A tous égards, l'impôt sur le revenu se trouve engagé dans un cercle vicieux. Les taux élevés du barème, alourdis au fil des ans par des prélèvements annexes, incitent le législateur à multiplier les dérogations, les exonérations, les déductions et les réductions. Exploitées avec une

expertise croissante, ces facilités font entrer l'impôt dans la zone des rendements décroissants. Il faut impérativement sortir de ce cercle vicieux et tenter d'amorcer un cercle vertueux : une baisse sensible des taux du barème doit rendre possible le nettoyage d'un maquis de dérogations qui portent atteinte à l'égalité des citoyens et à la neutralité fiscale...

En outre, la réduction des taux et l'élargissement des tranches pourront être d'autant plus importants que l'extension de l'assiette fournira des marges de manœuvre. (*Rapport de synthèse*, pp. 19-20.)

Voilà qui cerne très exactement les deux problèmes majeurs du système fiscal français que l'on retrouve aussi partout ailleurs sur le continent :

En premier lieu, l'expansion des cotisations sociales, l'impôt qui a augmenté le plus vite dans les dernières années, et celui qui pénalise le plus directement l'emploi ;

En deuxième lieu, la progressivité de l'impôt sur le revenu qui, à l'autre extrémité du spectre des salaires, décourage l'initiative et l'effort.

Alors que dans la plupart des autres pays les taux marginaux extrêmes ont été abandonnés, ils restent très élevés en France sans pour autant rapporter de recettes significatives à l'Etat. On sait, par plusieurs expériences étrangères, que les taux punitifs réduisent très fortement l'assiette que constituent les salaires et revenus déclarés. La progressivité du barème ne joue donc pas non plus de rôle véritable de redistribution des revenus puisqu'elle tarit la source même de l'impôt.

Ensemble, les deux impôts dégradent la compétitivité de nos entreprises, et pénalisent à la fois la croissance et l'emploi. On ne peut donc espérer retrouver les conditions structurelles d'une croissance soutenue, ni en bénéficier à plein si elle redevenait possible du fait d'une modification éventuelle de la politique macroéconomique ou d'un environnement international plus favorable, qu'après avoir remédié à la double pénalisation fiscale que nous infligeons à la production et à l'emploi.

Ce diagnostic conduit à envisager une réforme fondamentale qui ait pour objectif d'alléger à la fois les cotisations sociales et le taux d'imposition des revenus. Par nécessité cela demande une restructuration complète des systèmes sociaux qui sont financés par l'impôt sur le travail.

En matière de retraites les analyses sont nombreuses et bien connues. Nous nous concentrerons par conséquent sur la réforme du système d'assurance-maladie, qui semble opposer des difficultés si insurmontables aux timides tentatives de réforme que celles-ci se sont limitées jusqu'à présent à des projets de rationnement administratif des dépenses.

Or cette méthode, qui ne modifie pas les incitations économiques des divers partenaires du système, consiste inévitablement à les mécontenter tous. En effet les mécanismes en place poussent tous dans le sens d'une augmentation des dépenses : couverture maladie très complète et qui n'est pas choisie, prélèvement d'office des primes sous la forme d'impôt sur le travail, absence d'objectif de profit ou même d'équilibre financier chez l'assureur de monopole, et d'autre part, ce qui est naturel, souci des médecins de traiter le mieux possible leurs malades, ce qui veut souvent dire de la façon la plus coûteuse puisque ces derniers bénéficient d'office de l'assurance maximale.

Dans ces conditions, le gouvernement qui limite arbitrairement les dépenses que tous souhaitent accroître fait très régulièrement l'unanimité contre lui. Le rationnement administratif dont chaque nouveau ministre nous annonce qu'il sera impitoyable et efficace est habituellement abandonné après quelques mois et le cycle des dépenses et des impôts reprend son cours.

La seule façon d'y mettre un terme, et d'obtenir une

allocation des dépenses et des ressources qui soit économiquement et socialement plus efficace, c'est d'ouvrir les marges de choix de tous les intéressés en les confrontant aux vrais prix et coûts de leurs décisions. Il faut changer les incitations individuelles tant du côté des assurés que du côté des offreurs de soins. Ce qui nécessite une profonde réforme de l'architecture du système.

UN PROJET RÉALISTE

Pour être politiquement acceptable une réforme fiscale de grande ampleur doit respecter un cahier des charges très strict. Elle ne doit appauvrir ni les salariés ni l'Etat, et ne doit pas compromettre le caractère social des redistributions de revenus antérieures.

Ce qui conduit à deux difficultés apparemment insolubles. Comment réduire les taux moyens et marginaux de l'impôt sur le revenu sans réduire les recettes qu'il apporte à l'Etat? Comment, d'autre part, réformer le système de santé, faute de quoi il ne peut y avoir de réduction des cotisations sociales, sans compromettre sa dimension sociale par laquelle les salariés les plus aisés paient actuellement une part, voire la totalité, de l'assurance-maladie des salariés les plus pauvres?

En effet les cotisations maladie sont proportionnelles au salaire, alors que le coût de l'assurance est le même pour deux salariés qui ne diffèrent que par leur revenu mais pas par le risque. Cette subvention dont bénéficient les salaires les plus modestes permet à chacun d'obtenir la même couverture d'assurance très complète et qui constitue un avantage social pour les salariés les moins aisés.

Un projet de réforme réaliste doit par conséquent s'imposer d'atteindre simultanément les cinq objectifs suivants :

1. Déconnecter l'impôt sur le travail que constituent les cotisations sociales maladie de l'évolution des dépenses de santé tout en incitant les assurés à un contrôle plus strict de ces dépenses et de leur couverture d'assurance ;
2. Réduire massivement le taux des cotisations maladie, et par suite diminuer le coût du travail pour les entreprises, ce qui déterminera un accroissement sensible de l'emploi et une réduction substantielle du chômage ;
3. Réduire les taux d'imposition du revenu pour toutes les catégories de salariés ;
4. Maintenir les transferts de revenus en faveur des salaires les plus modestes qu'opère actuellement l'assurance-maladie ;
5. Et ce tout en maintenant le niveau de vie réel de l'ensemble des salariés et les recettes fiscales que l'Etat retire de l'impôt sur le revenu.

La proposition qui suit vise à répondre à ces objectifs en réduisant massivement l'impôt sur le travail, en réduisant les taux d'imposition sur le revenu, tout en maintenant les transferts sociaux actuellement opérés par le système d'assurance-maladie en faveur des salaires les plus modestes et en maintenant les possibilités d'assurance-maladie actuelle de tous les salariés, quel que soit leur niveau de revenu.

LE DISPOSITIF

L'idée générale consiste en premier lieu à modifier les modalités d'achat de l'assurance-maladie, achat qui ne doit plus passer par l'impôt. En versant directement aux salariés la prime d'assurance-maladie qui est aujourd'hui retenue à la source on augmente les salaires nets, ce qui permet de diminuer les taux d'imposition de revenus imposables préalablement augmentés par la réforme.

Les cotisations sociales (impôt sur le travail) ne servent

plus désormais qu'à assurer les transferts de revenus des salaires les plus élevés vers les salaires les plus faibles, qui permettent aujourd'hui à ces derniers d'être subventionnés pour l'achat d'assurance-maladie Ces transferts sont intégralement maintenus.

On déconnecte ainsi les dépenses de santé et l'assurance-maladie d'une part, et l'impôt cotisations sociales qui, réduit, ne sert plus qu'à la redistribution de revenus destinés à aider les salariés les plus modestes à acheter l'assurance-maladie obligatoire, d'autre part.

Comme conséquence de ce dispositif, les salaires nets vont augmenter, ce qui accroîtra les recettes de l'impôt sur le revenu, autorisant ainsi l'Etat à baisser les taux d'imposition du barème de façon à ne conserver que le même montant de recettes qu'auparavant. La charge fiscale reste instantanément inchangée mais les incitations à l'effort sont améliorées pour le futur.

La solution part d'un constat simple : le prélèvement actuel des cotisations maladie de la sécurité sociale mélange intimement l'achat d'une couverture d'assurance-maladie obligatoire pour tous les salariés et une redistribution de revenus, à cette occasion, entre salaires élevés et salaires modestes.

En effet, en assurance, la prime actuarielle est habituellement indépendante du revenu de l'assuré. Elle dépend uniquement du niveau du risque couvert, qui n'est pas fonction, généralement, du niveau de salaire lorsque la garantie est la même pour tous, ce qui est le cas de la couverture du risque de maladie aujourd'hui.

Or les cotisations sociales ne sont pas identiques pour tous les salariés mais en gros proportionnelles au niveau du salaire. Ce qui fait que les salaires élevés paient plus que le niveau requis de la prime d'assurance-maladie, tandis que les faibles salaires obtiennent la même couverture d'assurance en payant moins que le vrai coût de l'assurance. Ces derniers reçoivent ainsi une subvention de la part des salariés les plus aisés, par l'intermédiaire de la sécurité sociale qui prélève davantage sur les premiers.

Il est facile de mettre ce phénomène en évidence. L'ensemble des salariés assurés, soit 19,4 millions de personnes, ont payé, en 1993, un total de 495 000 milliards de francs pour le risque maladie. Dans un système d'assurance où les bien-portants paient pour les malades, la prime actuarielle s'alignerait sur la dépense moyenne par assuré, soit 25 000 francs par an (495 000 milliards / 19,4 millions).

Par suite, tous les assurés sociaux qui paient une cotisation maladie C plus de 25 000 francs versent en fait un impôt net de C – 25 000 francs à la sécurité sociale. Cet impôt sert à subventionner tous les salariés qui paient moins de 25 000 francs de cotisation maladie. Ces derniers reçoivent 25 000 – C, C étant leur cotisation maladie (versement employeur et versement salarial confondus).

Chacun peut donc faire aisément le calcul du versement net ou de la subvention nette qu'il reçoit de la collectivité.

Il y a donc deux grandes catégories de salariés, ceux qui sont des contributeurs nets de la solidarité sociale et ceux qui sont des bénéficiaires nets de cette solidarité. Il faut garantir le maintien à l'identique de cette solidarité sociale.

Dans ces conditions il s'agit de verser effectivement à chaque salarié le montant de la prime d'assurance-maladie qu'il souscrit actuellement en payant l'impôt sur le travail, ce qui permettra de réduire d'autant les cotisations sociales.

Ces dernières, beaucoup plus légères, ne serviront plus qu'à garantir les transferts sociaux permettant aux bénéficiaires nets de se procurer à moindre coût la même couverture d'assurance-maladie que les contributeurs les plus aisés, exactement comme dans le système actuel.

Chaque employé, dont le salaire aura été ainsi préalablement majoré du montant de la prime d'assurance-maladie, devra acheter lui-même cette assurance dans le cadre d'une obligation légale, comme cela existe déjà par exemple en matière de responsabilité automobile.

Dans le cas d'un salarié qui paie un transfert net (salarié B), l'entreprise lui versera désormais la fraction des cotisations qui correspond au montant de la seule prime d'assurance-maladie (soit 25 000 francs). Elle continuera à prélever sur le salaire brut et versera à la sécurité sociale la différence avec les cotisations actuelles au-delà de 25 000 francs, c'est-à-dire l'impôt de redistribution.

Pour le salarié qui verse à la sécurité sociale (par l'intermédiaire de son entreprise) moins que le montant de l'assurance (salarié A), le salaire sera augmenté de l'intégralité de cette somme par l'entreprise, à laquelle viendra s'ajouter chaque mois un « salaire indirect » sous forme de chèque de la sécurité sociale correspondant au complément du coût de l'assurance-maladie (25 000 francs moins la cotisation actuelle).

Le salarié A est ainsi, comme par le passé, subventionné par l'intermédiaire de la sécurité sociale pour l'achat d'une couverture maladie identique à celle du salarié le plus aisé et reste donc en mesure d'acheter exactement le même montant de couverture d'assurance qu'aujourd'hui, sans payer davantage de sa poche. Comme aujourd'hui il est subventionné par les impôts de redistribution (les cotisations sociales excédentaires) qu'acquittent les salariés les plus riches.

Dans le même temps l'impôt sur le salaire a été considérablement réduit tandis que les salaires nets ont tous été augmenté du montant de la prime d'assurance-maladie, laissant inchangé le niveau de vie réel de chacun, sous réserve d'une réduction des taux d'imposition du revenu que nous examinons plus loin.

Schéma simplifié de la réforme

	Salarié A		Salarié B	
	Avant	Après	Avant	Après
Salaire brut	20	20	100	100
Cotisations sociales patronales et salariales (En % du salaire brut)	2 (10)	0 (0)	10 (10)	4 (4)
Salaire net	18	18 + 2 + 4 = 24	90	90 + 6 = 96
Impôt sur le revenu	(10 %) 1,8	2,4	(50%) 45	48
Revenu disponible après prélèvements obligatoires	16,2	21,6	45	48
Niveau de vie réel avant réforme				
Revenu disponible plus consommation de soins financée par les cotisations sociales	16,2 + 6 = **22,2**	21,6	45 + 6 = **51**	48
Restitution du surcroît de recettes de l'IR aux salariés	2,4 - 1,8 = 0,6		48 - 45 = 3	
Niveau de vie réel après réforme (et après réduction des taux d'imposition du revenu)	**22,2**		**51**	

Alors, comment en sortir?

L'ensemble du système, actuel et après la réforme, est présenté de façon simplifiée dans le tableau chiffré ci-contre qui donne une idée du nouvel équilibre des comptes pour les deux catégories de salariés, le salarié A qui est un bénéficiaire net des transferts sociaux et le salarié B qui est un contributeur net.

DES AVANTAGES MULTIPLES

La nouveauté dans cette réforme vient alors du fait que chacun peut désormais choisir l'assureur de son choix, public ou privé, commercial ou caisses d'assurance-maladie existantes, dans le cadre d'une obligation légale d'assurance que devra définir le Parlement, sur la base de la couverture des risques qui existe actuellement.

Un tel système d'obligation d'assurance avec compétition des assureurs existe déjà, par exemple en matière de responsabilité civile des conducteurs d'automobiles.

La compétition ainsi introduite en matière d'assurance-maladie doit, comme c'est le cas dans les autres domaines, bénéficier au consommateur en réduisant les prix du service pour une qualité donnée, ou en augmentant également la qualité du service. Les consommateurs doivent ainsi voir leur niveau de vie rehaussé d'autant que les primes d'assurance-maladie doivent baisser sous l'effet de la concurrence entre les assureurs, publics et privés.

Il est possible également d'introduire à cette occasion un degré de liberté dans le choix de la couverture d'assurance pour ceux des salariés qui voudraient accepter des franchises modérées (des « tickets modérateurs ») dans le cadre défini par l'obligation légale d'assurance, moyennant quoi leur prime serait encore réduite et ils pourraient conserver pour eux la différence par rapport à leur prime ancienne. Il en résulterait une incitation à l'économie, tant sur l'assurance elle-même et le degré choisi de couverture que sur les dépenses ultérieures de santé couvertes par l'assurance.

Une politique sociale. Au total, le nouveau système a maintenu intégralement le caractère social des transferts sociaux antérieurs, mais en diminuant très sensiblement le taux d'imposition par les cotisations sociales et en ouvrant des possibilités de choix individuel qui n'existaient pas auparavant dans le choix du degré de couverture. Il crée de nouvelles possibilités de gain pour les salariés grâce à la compétition accrue entre les assureurs, tout en créant de véritables incitations à l'économie pour les assurés.

Qui plus est, la croissance des dépenses de santé est désormais découplée de l'imposition des salaires. Les cotisations sociales ne servent plus en effet qu'à redistribuer les revenus entre salaires élevés et salaires modestes, ce qui ne représente qu'une fraction du montant des cotisations sociales actuelles.

L'augmentation éventuelle des dépenses de santé se reflète désormais dans les primes d'assurance-maladie, qui ne sont plus financées par l'impôt mais achetées individuellement par les salariés. Et ces derniers sont désormais incités à mieux les contrôler et à ne plus accepter de dérive permanente à la hausse. Il s'ensuit que les transferts (qui servent à payer les primes) devraient se stabiliser d'eux-mêmes sans nécessiter de relèvement permanent de l'impôt sur le travail.

La baisse des cotisations. Du fait de la réforme on obtient une baisse des taux de cotisations sociales, qui passent de 10 % à zéro pour le salarié A et de 10 % à 4 % pour le salarié B.

Certes, dans notre exemple, le coût du travail n'a pas diminué puisque les salaires nets sont majorés du montant même de la réduction des cotisations. Il s'agit de l'effet instantané de la réforme, avant ajustement des comportements et renégociations sur le marché du travail. Mais ultérieurement, la diminution de cotisations va déterminer une diminution du coût total du travail pour l'entreprise, la diminution de l'impôt donnant lieu pour l'essentiel mais non pour l'intégralité à une augmentation du salaire net.

La réduction du chômage structurel. Autrement dit, la majoration du salaire net sera, en fonction de l'élasticité de la demande de travail (qui apparaît assez forte dans l'ensemble des études sur le fonctionnement du marché du travail), légèrement inférieure à la réduction des cotisations sociales. Il y aura donc une diminution réelle bien que modérée du coût du travail pour l'entreprise. Mais en raison de la forte élasticité-prix de la demande de travail (une faible baisse du prix du travail accroît fortement l'utilisation de travail par les entreprises), elle déterminera une très forte création d'emplois supplémentaires.

Par ailleurs, le fait que les salaires nets n'augmentent qu'un peu moins que la réduction des cotisations sociales (ce qui permet d'abaisser le coût total du travail pour les employeurs) est compensé d'une part par la baisse du coût de l'assurance-maladie, qui résulte de l'introduction de la compétition et du libre choix de l'assuré dans le secteur, et, d'autre part, par les recettes fiscales supplémentaires que reçoit l'Etat du fait du développement de l'emploi et de la production.

Celui-ci peut alors procéder à des allégements supplémentaires des cotisations sociales ou de l'impôt sur le revenu qui compensent facilement la légère baisse des salaires nets et maintiennent effectivement les niveaux de revenus réels d'avant la réforme.

L'IMPÔT SUR LE REVENU

Le premier élément de la réforme, la dissociation de l'achat d'assurance-maladie et de l'impôt de redistribution sur le travail, permet alors de modifier l'impôt sur le revenu. En effet, le versement au salarié des sommes qui allaient auparavant à la sécurité sociale vient augmenter les salaires nets, ce qui élargit la base fiscale de l'impôt sur le revenu, on voit dans le tableau que celui-ci est passé, après la réforme, de 1,8 + 45, soit 46,8, à 2,4 + 48, soit 50,4.

Il est donc possible de maintenir les recettes fiscales de l'impôt sur le revenu à leur niveau antérieur de 46,8 en restituant (2,4 – 1,8) au contribuable A et (48 – 45) au contribuable B. Cela se traduit par une baisse des taux d'imposition, qui passent de 10 % pour le contribuable A à 1,8 / 24 = 7,5 %, et de 50 % pour le contribuable B à 45 / 96 = 46,8 %.

L'impôt de chacun peut ainsi être maintenu à son niveau précédent (ou sa répartition modifiée si on le souhaite entre salaires élevés et salaires modestes, au sein d'une enveloppe inchangée) tandis que les taux d'imposition vont être abaissés (de manière uniforme ou de manière sélective selon les préférences politiques).

Au total, tous les salariés, ou ceux d'entre eux qui auront bénéficié de façon sélective de cette réduction de taux, pourront désormais conserver une plus large fraction de leurs revenus supplémentaires futurs, ce qui constitue une forte incitation à travailler davantage et à prendre des initiatives rentables.

Dans notre exemple, le taux moyen de l'imposition du revenu est passé de 30 % à 27,5 %. Bien que dans l'immédiat aucun des deux salariés n'améliore son revenu réel puisque la diminution des taux d'imposition a été compensée par une augmentation du revenu imposé (du fait de l'intégration des primes d'assurance-maladie), il n'en demeure pas moins que pour toutes les augmentations de revenu futures les taux d'imposition seront plus bas qu'aujourd'hui.

En d'autres termes, l'incitation à l'accroissement du travail et des efforts jouera à plein pour les périodes futures.

CONCLUSION

La dynamique de l'Etat-providence échappe aujourd'hui au contrôle des gouvernants et met en péril l'équilibre des finances publiques. Elle constitue un fardeau qui s'alourdit constamment et pénalise à coup sûr l'emploi, et probablement aussi la croissance économique. Elle résulte d'incitations fiscales perverses qui stimulent en permanence la dépense. Une réforme majeure est à la fois indispensable et urgente.

Elle peut être réalisée sans remise en cause des transfert sociaux existants. On peut bien au contraire dissocier la politique de redistribution sociale des revenus de la protection contre les risques de la vieillesse et de la maladie. On obtient ainsi le bénéfice de l'efficacité d'un système compétitif tout en poursuivant une politique sociale aussi généreuse qu'on le souhaite, mieux ciblée que l'actuelle sur les moins favorisés, et donc plus efficace.

Mais se lancer dans une vaste réforme de l'Etat-providence n'est envisageable que dans une économie où la croissance est soutenue et l'emploi abondant. La clé de la reprise est avant tout à chercher dans une nouvelle politique monétaire qui tourne le dos au mirage néfaste de l'euro. Elle sera d'autant plus efficace que l'on renoncera également à un budgétarisme que ne fonde aucune justification théorique sérieuse.

L'équilibre des finances publiques suivra le rétablissement de la croissance et la réforme fiscale et sociale, alors que poursuivi obstinément dans une phase de récession il ne peut qu'enfoncer l'économie dans des difficultés accrues.

La séquence appropriée des politiques et la distinction claire des divers horizons de la décision jouent donc un rôle crucial pour sortir l'Europe de l'enlisement. Avec le projet de monnaie unique cette fin de siècle a commencé par une erreur majeure des politiques économiques. Elle doit se clore par l'abandon de ce même projet.

CONCLUSION

La solution démocratique

La création de la monnaie unique, l'euro, est la plus grave erreur économique commise par les gouvernements européens depuis les politiques déflationnistes qui ont transformé la crise boursière de 1929 en une décennie de dépression mondiale, tout au long des années 30. Elle conduit à une erreur politique plus grave encore : la tentative de fusion des Etats-nations du continent en un Etat unique de très grande dimension.

La marche vers l'euro interdit aux Etats membres d'adopter les politiques monétaires « sur mesure » qui conviendraient aux besoins particuliers de leurs entreprises. Aligner ainsi toutes les gestions monétaires nationales sur le modèle le plus conservateur, celui de l'Allemagne, provoque le marasme chronique et le sous-emploi de masse dont souffrent nos économies. Ce coût prohibitif ne se limitera pas à la phase de mise en place de l'euro. Il persistera après sa création puisqu'il résulte de la politique monétaire unique.

L'erreur est aussi politique. La monnaie unique

conduit inévitablement à la création d'un super-Etat européen, sans lequel elle n'est pas viable. Entre nations souveraines la monnaie ne se partage pas et il n'existe aucun exemple, contemporain ou historique, de monnaie gérée collectivement par plusieurs Etats.

C'est justement le calcul des partisans de l'euro qui veulent imposer l'unification politique en se dispensant de l'accord explicite de leurs concitoyens, par l'artifice « technique » de la création de la nouvelle monnaie.

Mais la construction d'un Etat de dimension continentale va à l'encontre de toutes les exigences et de toutes les tendances de l'économie contemporaine. Depuis près d'un quart de siècle toutes les grandes organisations, publiques et privées, se fragmentent, se décomposent, et recherchent l'efficacité dans la petite dimension comme le montre notamment l'exemple de la Russie.

Un super-Etat continental sera peu efficace et coûtera cher en impôts supplémentaires qui viendront s'ajouter aux impôts nationaux existants. Il n'apportera pas d'amélioration des services publics en Europe. A l'inverse, en supprimant la concurrence entre Etats nationaux, il paralysera la réforme des vieilles structures qui freinent la croissance sur le continent.

L'Europe utile, celle du grand marché et de la concurrence des entreprises et des Etats, est déjà faite. Vouloir la coiffer d'un Etat unique c'est en détruire les vertus et en casser durablement l'expansion.

Pourquoi alors, devant un aussi sombre bilan, l'erreur européenne, poursuivie obstinément depuis une dizaine d'années ? On ne peut éviter de s'interroger devant une entreprise menée avec une telle constance, au mépris du bon sens économique le plus élémentaire.

***

La responsabilité est clairement celle du couple franco-allemand. Le projet européen est l'expression de l'entente entre les deux pays. Les dirigeants allemands y ont consenti, souvent contre leur opinion publique, à condition que l'euro ne soit qu'une extension du deutsche Mark. Grisés par le succès politique de la réunification, malgré son coût astronomique, ils sont victimes de leur nouvelle ambition internationale et d'une boulimie de pouvoir après un demi-siècle de frustration diplomatique, et ne peuvent qu'être flattés par la perspective de diriger une nation de 280 millions d'habitants.

Mais le rôle moteur en cette affaire appartient à la France. Nos élites sont en effet incapables de concevoir une société continentale qui ne soit pas régie par un Etat central alors que l'Allemagne dispose d'une constitution fédérale et décentralisée. C'est aussi la France qui poursuit aveuglément, depuis l'entre-deux-guerres, le Graal des changes fixes alors que la Bundesbank ne considère en aucun cas la parité du mark comme un objectif de la politique monétaire, ce qui signifie tout simplement que l'Allemagne pratique, pour ce qui la concerne, un régime de change flottant. Et c'est finalement la volonté de puissance de notre classe politico-administrative unanime, qui réconcilie le gaullisme et le socialisme dans la poursuite du vieux rêve d'asservissement de la puissance économique germanique au service de sa propre grandeur, qui constitue le ressort profond de cette entreprise délétère.

Cette politique contraire aux intérêts nationaux témoigne, dans les deux pays, d'une divergence grandissante entre dirigeants et électeurs. La construction de la monnaie unique et du super-Etat répond aux intérêts des premiers. Elle se traduit par un double refus du mécanisme de marché : refus de laisser jouer librement le marché des changes, alors que partout dans le monde la tendance est, depuis l'abandon du système de Bretton Woods, à l'adoption des changes flottants, et refus également de la concurrence entre Etats-firmes dans l'espace européen de libre-échange. Au lieu de laisser les « firmes étatiques nationales » rivaliser entre elles pour attirer les entreprises et les capitaux, la constitution d'un Etat unique remplacerait le jeu compétitif des nations par une mécanique de décision à l'intérieur d'une seule bureaucratie, intégrée verticalement.

Cela correspond naturellement aux préférences des fonctionnaires et des politiques : maximiser le nombre des postes et maximiser leur pouvoir sur le reste de la société. Le développement des pyramides hiérarchiques leur permet de s'affranchir plus commodément du contrôle des contribuables et des consommateurs.

C'est la tendance constante de la hiérarchie, de la technostructure, de la bureaucratie en un mot, que de prendre progressivement son autonomie par rapport aux administrés qui sont censés, en démocratie, la contrôler et l'utiliser à leurs propres fins. L'affaiblissement de la démocratie autorise cette dérive, que les économistes d'entreprise qualifieraient de déviation « managériale ». Elle s'accompagne d'une collusion entre contrôleurs et contrôlés au sein d'une caste unique politico-administrative qui fonctionne en circuit fermé et indépendamment des attentes du public.

Cependant, en se mettant hors du contrôle réel des électeurs, la classe dirigeante perd l'accès aux informations pertinentes sur l'évolution du pays et persiste alors inlassablement dans la poursuite de ses intérêts étroits, qui peuvent constituer autant d'erreurs coûteuses.

Le processus est exactement semblable à celui de l'autocontrôle des entreprises qui échappent à leurs actionnaires, dépossédés de leur pouvoir au profit des managers. Ceux-ci deviennent en conséquence insensibles aux préférences de leurs mandants et peuvent céder impunément au vertige de la volonté de puissance, de l'agrandissement constant de leur champ d'action, même si celui-ci se traduit par une diminution de la valeur de l'entreprise.

Pour l'euro il s'agit de l'entreprise Etat, mais sa valeur est tout aussi bien dilapidée par le managérialisme que celle d'une entreprise privée [1]. En effet, dans toute organisation hiérarchique, qu'il s'agisse d'une entreprise commerciale ou de l'Etat, la séparation du contrôle et de la décision est indispensable à la bonne gestion. Il faut laisser le dernier mot à ceux qui paient, qu'il s'agisse des actionnaires ou des contribuables, si l'on veut obtenir l'utilisation la plus efficace des ressources disponibles et enrichir la collectivité.

Tel est le rôle de l'actionnariat et des OPA et des marchés financiers d'un côté, de la démocratie réelle et compétitive de l'autre. Mais lorsque les dirigeants finissent par ne faire qu'un avec le conseil d'administration ou de surveillance, lorsque les fonctionnaires et les politiques ne forment plus qu'une seule classe quasi autonome, la base perd tout contrôle réel. Actionnaires, clients, contribuables ne peuvent plus alors espérer faire entendre leurs voix.

C'est ainsi que la poursuite du projet de monnaie unique et d'Etat unique constitue une bonne perspective pour l'appareil politico-administratif, mais une aventure inquiétante pour le bien-être des Français en particulier et des Européens en général.

***

Que faut-il faire pour éviter le désastre ? En présence d'un projet néfaste la seule proposition raisonnable consiste à renoncer. Il faut faire demi-tour. En l'occurrence il faut tourner le dos à la monnaie unique et refuser de construire un Etat unique en Europe. Mais ce ne sera pas facile. Non pas en raison de quelque catastrophe économique à laquelle nous exposerait l'abandon de l'euro, menace que brandissent les intégristes tout comme ils menaçaient hier du pire l'Angleterre si elle abandonnait la parité fixe avec le mark. Ce qui a si bien réussi à la Grande-Bretagne réussira aussi à la France et aux autres pays européens. L'abandon de la monnaie unique leur permettra de retrouver le chemin de la prospérité.

La difficulté en réalité consistera à abandonner un projet qui va dans le sens des idées et des intérêts de la classe politico-administrative. Tourner le dos à la monnaie unique et à l'Etat unique constituerait une remise en cause démocratique de la technocratie française, c'est-à-dire de l'exception française dans un monde qui accorde de plus en plus de place aux mécanismes du marché et à la démocratie politique. Notre classe dirigeante le sent bien qui en fait un dogme et le point d'appui de sa crispation conservatrice. Elle n'entend pas accepter l'érosion de ses pouvoirs discrétionnaires.

Pourtant la solution du marasme européen existe. Elle est connue et son efficacité n'est pas douteuse. Elle est à portée de main et peut être rapidement mise en œuvre. Mais nos responsables politiques ne veulent pas en entendre parler. Prisonniers de conceptions fausses et d'objectifs chimériques, comme dans les années 30, ils ne céderont vraisemblablement qu'en dernière extrémité, devant la ruine de l'économie et la révolte démocratique de masse.

Tout comme les électeurs ont imposé jadis l'abandon

du conservatisme financier et de l'étalon-or au profit d'une politique de reflation, de flottement de la monnaie et de retour au plein emploi, ils s'acheminent en cette fin de siècle vers un renvoi systématique de majorités successives qui refusent d'entendre raison et s'acharnent à mettre en œuvre la déflation relative, la surévaluation de la monnaie, et le développement d'une superstructure politique déjà hypertrophiée.

Renoncer à la monnaie et à l'Etat uniques constituerait en somme une révolution démocratique dans notre monarchie républicaine. Il n'est que temps de s'y préparer en attendant l'échec de l'euro, qui va à coup sûr bouleverser profondément les équilibres politiques traditionnels.

NOTES

Introduction **Le dilemme**

1. *The European Miracle*, Environments, Economics and Geopolitics in the History of Europe and Asia, Cambridge University Press, 1981.

Chapitre premier
L'impasse

1. « Crime and Punishment : An Economic Approach », *Journal of Political Economy*, mars-avril 1968.
2. *Autopsie d'une émeute. Histoire exemplaire du soulèvement d'un quartier*, Albin Michel, 1997.
3. Selon une étude de Jeff Grogger, « Market Wages and Youth Crime », *NBER Working Paper* n° 5983, mars 1997.
4. *Perspectives de l'emploi*, 1993.
5. Voir par exemple mon article « Le smic, un destructeur d'emploi », *Le Monde des Débats*, septembre 1994.
6. Dans *Le Rapport Rosa* (tome 1, *La Macro-économie et l'Etat*, Bonnel, 1983).
7. C'est en particulier le cas de l'étude de Nicholas F.R. Crafts et Terence C. Mills, « Europe's Golden Age : An Econometric Investigation of Changing Trend Rates of Growth », *CEPR* n° 1087, janvier 1995.
8. Cela ressort notamment d'une étude d'Angel de la Fuente (« Catch-up, Growth and Convergence in the OECD », *CEPR Working Paper* n° 1274, novembre 1995) sur la convergence des niveaux de technologie et ses liens avec les dépenses de recherche et développement.
9. Variations des dépenses sociales en pourcentage du PIB et variations du taux de chômage

Pays	Variations des dépenses sociales en pourcentage du PIB * 1960/1988	Variations du taux de chômage 1969/1973-1986/1992
Espagne	4,30	15,4
Danemark	2,64	9,8
France	2,40	7,3
Belgique	2,25	6,5
Italie	2,18	4,8
Grande-Bretagne	2,03	5,6
Allemagne	1,46	4,6
Irlande	1,20	9,8

* Les dépenses sociales incluent la maladie, l'infirmité, la vieillesse, le chômage, les allocations familiales, les allocations maternité, la formation professionnelle et les allocations logement.

Source : Meltzer A. H., « Commentary », in *Reducing Unemployment : Current Issues and Policy Options*, Federal Reserve Bank of Kansas City, 1994.

10. « Past and Prospective Causes of High Unemployment », *Reducing Unemployment : Current Issues and Policy Options*, Federal Reserve Bank of Kansas City, 1994.

11. « Sense and Nonsense in the Globalization Debate », *Foreign Policy*, Summer 1997, ainsi que son ouvrage *Has Globalization Gone Too Far ?,* Institute for International Economics, 1997.

12. En particulier Robert Barro dans son étude récente, *Determinants of Economic Growth, A Cross-Country Empirical Study*, MIT Press, 1997, ainsi que Robert E. Hall et Charles I. Jones dans leur article « The Productivity of Nations », *NBER Working Paper*, novembre 1996.

13. Barry Eichengreen, *Golden Fetters : The Gold Standard and the Great Depression, 1919-1939*, Oxford University Press, 1995.

14. C'est ce que montrent Robert J. Gordon (« Macroeconomic Policy in the Presence of Structural Maladjustment », *NBER Working Paper* n° 5739, septembre 1996) et Alberto Alesina et Roberto Perotti (« Fiscal Expansions and Fiscal Adjustment in OECD Countries », *NBER Working Paper* n° 5214, août 1995).

15. Comme tente de le montrer Robert Barro dans *Getting it Right, Markets and Choices in a Free Society*, ch. 2, MIT Press, 1996.

16. Qui en propose une brillante analyse dans son article « Contre l'intégrisme monétaire », *Politique Internationale*, hiver 1996-1997.

17. Elle est bien soulignée par Barry Eichengreen et Marc Uzan, « The 1933 World Economic Conference as an Instance of Failed International Cooperation », in Peter B. Evans et al., eds., *Double-Edged Diplomacy*, University of California Press, 1993.

Chapitre II
La monnaie unique contre l'économie

1. Cette théorie a été développée simultanément par Milton Friedman (« The Role of Monetary Policy », *American Economic Review*, mars 1968) et Edmund Phelps (« Money-Wage Dynamics and Labor Market Equilibrium », *Journal of Political Economy*, 1968).

2. « The Relation between Unemployment and the Rate of Change of Money-Wage Rates in the United Kingdom, 1861-1957 », *Economica*, novembre 1958.

3. « A Sticky-Price Manifesto », *NBER Working Paper* n° 4677, mars 1994.

4. « Does Monetary Policy Matter ? A New Test in the Spirit of Friedman and Schwartz », *NBER Macroeconomics Annual*, 1989.

5. « What Determines the Sacrifice Ratio ? » *NBER Working Paper* n° 4306, 1993.

6. « The Time-Varying NAIRU and its Implications for Economic Policy », *NBER Working Paper*, n° 5735, août 1996.

7. C'est le cas notamment de l'économiste de Harvard Gregory Mankiw dans son article « Small Menu Costs and Large Business Cycles : A Macroeconomic Model of Monopoly », *Quarterly Journal of Economics*, 1985.

8. Comme le montrent Laurence Ball et Gregory Mankiw dans « Relative-Price Changes as Aggregate Supply Shocks », *Quarterly Journal of Economics*, février 1995.
9. Geoffrey M.B. Tootell, « Central Bank Flexibility and the Drawback to Currency Unification », *New England Economic Review*, mai-juin 1990.
10. Atish R. Gosh et Holger C. Wolf, « How Many Monies ? A Genetic Approach to Finding Optimum Currency Areas », *NBER Working Paper* n° 4805, juillet 1994.
11. « The Case against EMU », *The Economist*, 13 juin 1992.
12. « Fiscal Federalism and Optimum Currency Areas : Evidence for Europe from the United States », *NBER, Working Paper*, octobre 1991.
13. « Exchange Rates and Economic Recovery in the 1930s », *The Journal of Economic History*, décembre 1985.
14. « Macroeconomic Policy in the Presence of Structural Maladjustment », *NBER Working Paper* n° 5739, septembre 1996.
15. Edmund Phelps, « Le chômage structurel : causes et remèdes », *Le Figaro*, 27 mai 1994.
16. Comme le montrent Allechi M'Bet et Amlan Madeleine Niamkey, « European Economic Integration and the Franc Zone : The future of the CFA Franc after 1996 », *African Economic Research Consortium*, juillet 1993.
17. *Bulletin du FMI*, 14 mars 1994.
18. C'est la démarche que suivent par exemple Jürgen von Hagen et Manfred J. M. Neumann (« Real Exchange Rates Within and Between Currency Areas : How Far Away is EMU ? », *The Review of Economics and Statistics*, 1994) ainsi que Tamim Bayoumi et Barry Eichengreen (« One Money or Many ? Analyzing the Prospects for Monetary Unification in Various Parts of the World », *Princeton Studies in International Finance*, septembre 1994).
19. Voir ci-après, p. 302.

20. Le régime de change optimal – Méthode de Heller

	Pays ayant intérêt à conserver des changes flottants				**Pays ayant intérêt à entrer dans une zone mark**		
Année	Allemagne	France	Italie	Royaume-Uni	Belgique	Danemark	Pays-Bas
1975	5.47	4.28	2.74	3.98	- 1.78	- 1.53	- 0.86
1980	6.68	5.24	3.85	4.30	- 1.57	- 1.50	- 0.74
1985	7.14	5.82	4.31	5.26	- 1.72	- 1.42	- 0.77
1990	8.79	7.11	5.39	6.26	- 1.48	- 1.21	- 0.32

Sources statistiques : OCDE, FMI

19. Il s'agit notamment de Robert Heller (« Determinants of Exchange Rates Practices », *Journal of Money, Credit and Banking*, août 1978), Paul Holden, Merle Holden et Esther C. Suss (« The Determinants of Exchange Rate Flexibility : An Empirical Investigation », *The Review of Economics and Statistics*, août 1979) et Gordon Weil (*Exchange-Rate Regime Selection in Theory and in Practice*, Salomon Brothers Center for the Study of Financial Institutions, 1983).

20. Voir *supra*, p. 301.

21. Un calcul un peu différent, reprenant la méthode de Gordon Weil qui repose sur les caractéristiques d'ouverture économique, d'inflation relative, de diversification géographique du commerce extérieur, et de mobilité des ressources, aboutit à une conclusion semblable.

L'indice de Weil est compris entre zéro et un. La proximité de zéro conduit aux changes flottants, la proximité de un aux changes fixes. On peut considérer que la ligne de partage s'établit en conséquence à une valeur 0,5 de l'indice. Au-dessus, le pays a intérêt à recourir au régime de change fixe, en dessous, à celui des changes flexibles.

L'application de cet indice aux différents pays européens montre de nouveau que la France, l'Allemagne et le Royaume-Uni ont des caractéristiques qui appellent les changes flottants, ainsi peut-être que l'Italie, tandis que la Belgique et les Pays-Bas se situent davantage du côté des changes fixes.

Le régime de flexibilité optimal – Méthode de Gordon Weil

	Y *	**Y**	**Y**	**Y**	**Y**	**Y**	**Y**
Année	France	Royaume-Uni	Allemagne	Italie	Danemark	Pays-Bas	Belgique
1975	0.1805	0.2206	0.2023	0.2569	0.2614	0.2668	0.2915
1980	0.1938	0.1299	0.22386	0.1959	0.2736	0.3377	0.3236
1985	0.1905	0.1080	0.2430	0.1973	0.2575	0.4053	0.3398
1990	0.1960	0.1944	0.2449	0.2076	0.2466	0.2450	0.3259

* Y est la probabilité d'être en changes fixes tel que 0<Y<1.

Sources statistiques : OCDE, FMI.

22. Ben S. Bernanke, « The Macroeconomics of the Great Depression : A Comparative Approach », *Journal of Money, Credit and Banking*, février 1995, page 4.

23. Dans *Courrier international* (24-30 juillet 1997).

24. *European Monetary Union since 1848 : A Political and Historical Analysis*, Edward Elgar, 1996.

Notes

Chapitre III
Le contresens du Très Grand Etat

1. *Determinants of Economic Growth, A Cross-Country Empirical Study*, MIT Press, 1997.
2. « The Productivity of Nations », *NBER Working Paper* n° 5812, novembre 1996.
3. « The Growth Tax in the United States », *Public Choice*, 1995.
4. « The Optimal Government Size : Further International Evidence on the Productivity of Government Services », *Economic Inquiry*, avril 1996.
5. Comme le montrent Michael Piore et Charles Sabel dans leur livre *The Second Industrial Divide*, Basic Books, 1984.
6. Document ronéoté, MIT, 1979.
7. « Employment in Small and Large Firms : Where Have the Jobs Come From ? », *Employment Outlook*, septembre 1985.
8. « The Re-emergence of Small-Scale Production : An International Comparison », *Small Business Economics*, n° 3, pp. 1-37, 1991.
9. Comme l'ont montré Rexford E. Santerre et Stephen P. Neun, « Corporate Control and Performance in the 1930s », *Economic Inquiry*, juillet 1993.
10. Selon une étude révélatrice de Constantinos C. Markides, *Diversification, Refocusing, and Economic Performance*, MIT Press, 1995.
11. « The Use of Knowledge in Society », *American Economic Review*, septembre 1945.
12. Angus Maddison, *L'Economie mondiale 1820-1992, Analyse et statistiques*, Ocde, 1995.
13. *The Word and the Sword, How Techniques of Information and Violence Have Shaped Our World*, Blackwell, 1991, pp. 272-275.
14. Vendredi 4 avril 1997.
15. *Power, Trade, and War*, Princeton University Press, 1994.
16. Albin Michel, 1996.
17. Jeffrey Frankel, Ernesto Stein, Shang-jin Wei, « Continental Trading Blocks : Are they Natural or Super-Natural ? », *NBER Working Paper* n° 4588, décembre 1993.
18. *Parkinson's Law and Other Studies in Administration*, Ballantine, 1957.
19. *Markets and Hierarchies : Analysis and Antitrust Implications*, Free Press, 1975.
20. « The Nature of the Firm », *Economica*, 1937.
21. Voir Julian Franks et Colin Mayer, « Corporate Ownership and Control in the U.K., Germany, and France », *Journal of Applied Corporate Finance*, hiver 1997.
22. Rafael La Porta, Florencio Lopez-de-Silanes, Andrei Shleifer, Robert W. Vishny, « Legal Determinants of External Finance », *NBER Working Paper* n° 5879, janvier 1997.
23. Comme l'ont montré Armen Alchian et Harold Demsetz qui sont à

l'origine de la théorie contemporaine de l'entreprise et de l'organisation (« Production, Information Costs, and Economic Organization », *American Economic Review*, 1972).

24. C'est ce que soulignent Albert Breton et Ronald Wintrobe dans leur ouvrage *The Logic of Bureaucratic Conduct. An Analysis of Competition, Exchange and Efficiency in Private and Public Organizations*, Cambridge University Press, 1982.

25. « Europe's Dash for the Future », 13 août 1994.

26. Voir notamment mes articles « De l'inculture économique », interview publiée dans *Le Figaro*, 17 juillet 1981, et « L'économie globale et les désarrois devant le marché », *Le Figaro*, 20 décembre 1991.

27. *La Construction de l'Etat moderne en Europe*, Presses Universitaires de France, 1994.

28. Dans un livre consacré aux *Ressorts cachés de la réussite française,* Seuil, 1995.

29. En particulier dans *Les Elites en France, Grands corps et grandes écoles*, Seuil, 1979.

30. *La Noblesse d'Etat. Grandes écoles et esprit de corps*, Editions de Minuit, 1989.

31. Ce que montre de façon saisissante Elie Cohen dans *L'Etat brancardier : politique du déclin industriel, 1974-1984*, Calmann-Lévy, 1989.

32. C'est le groupe des « Nouveaux économistes » que je rassemble avec Florin Aftalion pour publier *L'Economique retrouvée*, Economica, 1978.

33. *The World Crisis in Social Security*, Bonnel, 1982.

34. « The Modern Industrial Revolution, Exit, and the Failure of Internal Control Systems », *Journal of Applied Corporate Finance*, hiver 1994.

35. *International Herald Tribune*, 14-15 juin 1997.

Chapitre IV
Alors, comment en sortir ?

1. « Fiscal Adjustment in OECD Countries : Composition and Macroeconomic Effects », *NBER Working Paper* n° 5730, août 1996.

2. *Redresser l'économie de la France*, Economica, 1997.

Conclusion :
La solution démocratique

1. Comme je le montre dans mon article sur « La valeur de l'Etat », *Le Figaro*, 26 janvier 1995.

TABLE

Cet ouvrage a été réalisé par la
SOCIÉTÉ NOUVELLE FIRMIN-DIDOT
Mesnil-sur-l'Estrée
pour le compte des Éditions Grasset
en janvier 1998

Imprimé en France
Dépôt légal : janvier 1998
N° d'édition : 10630 – N° d'impression : 40956
ISBN : 2-246-55571-X